이자익 목사
그 생애를 묻고 답하다

금산교회 창립 120주년 기념

이자익 목사
그 생애를 묻고 답하다

금산교회 창립 120주년 기념

문성모 지음

하드츠파사

차례

저자의 말/ 문성모　　　13
축하의 글/ 김종원　　　18
축하의 글/ 김홍수　　　20
축하의 글/ 이상규　　　22

1. 이자익 목사는 누구인가? 25
　1-1. 이자익 목사 요약 정리　　　25
　1-2. 이자익 목사에 대한 오해와 진실　　　27
　1-3. 이자익 목사의 주요 경력　　　29

2. 역사 속에 묻힌 이자익 목사는 어떻게 부활했나? 31

3. 이자익 목사의 증언자들은 누구인가? 33

4. 이자익 목사에 관한 연구는 어디까지 왔나? 36

5. 이자익의 생년월일과 출생지는 언제 어디인가? 38
　5-1. 이자익의 생년월일과 출생지　　　38
　5-2. 이자익의 조상이 남해로 내려온 시기　　　39

6. 이자익의 족보와 부모의 이름은 무엇인가? 42
　6-1. 장수(長水) 이씨(李氏) 가문　　　42
　6-2. 이자익의 족보에 기록된 부모 이름　　　43

7. 부모의 사망 연도와 고아가 된 시기는 언제인가? 46

8. 부모의 사망 이후 친척 집 생활은 어떠했을까? 49

9. 고향을 떠난 이유와 여수로 온 시기는 언제인가? 52
10. 김제 금산사(金山寺)에 온 시기는 언제인가? 54
11. 조덕삼의 마부로 일한 시기는 언제인가? 56
12. 마부라는 직업은 무엇인가? 58
13. 마부 생활 이후의 독립 시기는 언제인가? 60
14. 이자익은 장사 밑천을 어떻게 마련했을까? 62
15. 이자익은 김선경과 언제 어떻게 결혼했을까? 65
    15-1. 마부 생활 청산 후 부농의 딸 김선경과 결혼   65
    15-2. 신부 김선경의 나이와 장남의 출산 연도 문제   67
    15-3. 결혼 시기와 장소   69
    15-4. 잉골드 선교사가 본 당시 결혼식 풍경   71
16. 김선경의 친척 해광(海光) 스님은 누구인가? 73
    16-1. 해광 스님과 김선경의 관계   73
    16-2. 금산사의 해광 스님 김극인   74
    16-3. 완주 송광사의 해광 주지 스님   76
17. 이자익의 교육 수준과 글공부 실력은 어떠했나? 78
18. 이자익이 예수 믿은 연도는 언제인가? 80
19. 이자익의 학습과 세례, 그리고 금산교회의 시작은 언제인가? 84
20. 이자익의 회심(回心) 사건과 영수(領袖) 임명 후 겪은 시련은 무엇이었나? 87
    20-1. 첫 번째 시험   89
    20-2. 두 번째 시험   90
    20-3. 결과   93

21. 이자익의 장로(長老) 장립과 조사(助師)로서의 활동은 어떠했나? ⸺ 94
   21-1. 장로로 임직받음   94
   21-2. 구봉리교회 분립   95
   21-3. 조사(助師)로 임명됨   96

22. 신학교 입학과 5년간 수업 기간 중의 사역은 어떠했나? ⸺ 99

23. 목사 안수 후 교회 목회와 노회의 사역은 어떠했나? ⸺ 104
   23-1. 두정리교회와 구봉리교회 2대 목사   104
   23-2. 목사 총대로 노회와 총회에 참석   106
   23-3. 두정리교회와 구봉리교회 사이의 목회 딜레마   106
   23-4. 최의덕 선교사의 조정   109
   23-5. 전북노회장 선출과 조덕삼 장로 소천   110
   23-6. 군산의 큰 교회 청빙 거절   110
   23-7. 전국적인 인물이 되어가다.   111

24. 이자익 목사는 어떻게 총회장이 되었나? ⸺ 114

25. 김제에서 거창 순회 목사로 가게 된 과정과 동기는 무엇이었나? ⸺ 118
   25-1. 이자익 목사의 개인 사정   118
   25-2. 호주 선교부의 긴급한 상황   120

26. 호주선교회 거창지부 순회 목사 시절의 사역은 어떠했나? ⸺ 124
   26-1. 호주 장로교선교회 거창지부   125
   26-2. 다사다난했던 거창 선교 시기   126
   26-3. 이자익 목사가 돌본 거창지부 교회들   127
   26-4. 이자익 목사 거창지부 순회 목회의 성과   131
   26-5. 과소평가 된 이자익 목사의 위상과 업적   133

27. 거창에서 김제로 복귀한 이후에는 어떻게 지냈나? ——— 136
27-1. 전북노회 '이자익목사전별공'(餞別貢) 136
27-2. 김제 금산교회와 원평교회 제5대 위임목사 139
27-3. 신사참배 반대의 길, 야인으로 맞은 해방 141

28. 해방 후 총회와 전북노회의 재건에 어떻게 기여했나? ——— 145
28-1. 일본기독교 조선교단 145
28-2. 새문안교회에서의 '남부대회'(1945년 9월 8일) 147
28-3. 정동제일교회에서의 '조선기독교 남부대회'(1945년 11월 27~30일) 148
28-4. 제2차 '조선기독교 남부대회'(1946년 4월 30~5월 2일) 149
28-5. 김관식의 '조선기독교연합회'와 WCC 대표 파송 150
28-6. 장로교 단독 '조선예수교장로회 남부총회'(1946년 6월 11~13일) 153
28-7. 전북노회 재건과 이자익 목사 155
28-8. 금산읍교회 동사목사 156

29. 제33~34회 총회장 이자익 목사의 역할과 업적은 무엇인가? ——— 158
29-1. 교회학교 교육을 바로 세우고 초교파적 화합을 선도하다 160
29-2. 장로교 찬송가를 회복하고 '합동찬송가'의 길을 열다 161
29-3. 분열된 교단 신학교를 중재하고 화합의 길을 모색하다 165
29-4. 조선신학교 학생 51명의 진정서 사건 166
29-5. 조선신학교 김재준 문제와 박형룡의 장로회신학교 169
29-6. 고려신학교 문제와 박형룡 교장 174
29-7. 경남노회 문제와 이자익 총회장의 결의 178
29-8. 사회 문제와 교회 문제에 관한 결의 184
29-9. 총회장 직무 수행의 과로와 건강 악화 186

30. 이자익 총회장 이후에 장로교단은 어떻게 분열했나? ·········· 188
- 30-1. 고신측 교단의 분열 188
- 30-2. 기장측 교단의 분열 192
- 30-3. 합동측과 통합측의 분열 197

31. 교단 분열의 아픔과 이자익 목사의 가치 222
- 31-1. 한국교회 최고의 법통, 이자익 목사가 살아있었다면! 222
- 31-2. 역사 속에 묻힌 이자익 목사의 가치 228

32. 대전에서의 마지막 사역은 무엇이었나? ·········· 231
- 32-1. 충남고등성경학교 개교 231
- 32-2. 6·25전쟁 발발과 피난 생활 234
- 32-3. 대전노회 초대 노회장, 오정교회 초대 당회장 236
- 32-4. 대전고등성경학교와 대전성서신학원 241
- 32-5. 대전신학교 설립 242
- 32-6. 대전노회 공로목사 추대와 성역 47주년 및 77회 생신 축하 246
- 32-7. 총회 헌법 개정 247

33. 이자익 목사의 임종과 장례는 어떻게 진행되었나? ·········· 252

34. 인간 이자익은 누구인가? ·········· 256
- 34-1. 인자한 호랑이 선생님 256
- 34-2. 장관직 제의 거절 257
- 34-3. 뛰어난 유머 감각 258
- 34-4. 사모의 내조와 원만한 부부 관계 258
- 34-5. 겸손한 지도자 259
- 34-6. 폭넓은 대인관계 260
- 34-7. 증산교도 탐낸 이자익 목사의 유명세 261

35. 이자익 목사 시대의 성경과 찬송가는 어떤 것이었나? ······ 265
    35-1. 구역 성경과 개역 성경   265
    35-2. 찬숑가와 신편찬송가   266

36. 이자익 목사 시대의 예배순서는 어떠했을까? ······ 268

37. 이자익 목사 시대의 예배당과 예배 풍경은 어떠했나? ······ 272
    37-1. 기역자 예배당에서의 예배와 결혼식   272
    37-2. 여신도의 휘장 세례   273
    37-3. 성가대와 반주 악기   274
    37-4. 설교와 찬송가와 연보   275
    37-5. 성찬식   275
    37-6. 예배당 휘장 문화의 변천   276

38. 이자익 목사의 후손들은 누구인가? ······ 279
    38-1. 장남 이봉환 장로   280
    38-2. 장녀 이희순 권사   281
    38-3. 차남 이봉호 집사   281
    38-4. 차녀 이보은 집사   283
    38-5. 삼남 이성환 집사   283
    38-6. 사남 이중환 성도   284
    38-7. 오남 이창환 집사   284
    38-8. 육남 이영환 집사   285
    38-9. 삼녀 이은희   285
    38-10. 사녀 이경희   285

39. 금산교회 조덕삼, 조영호, 조세형 장로는 누구인가? 287
    39-1. 조덕삼 장로 288
    39-2. 조영호 장로 289
    39-3. 조세형 장로 292

40. 이자익 목사 기념 사업은 어떤 것이 있었나? 294
    40-1. 대전신학대학교 초대 교장 이자익 목사 기념행사 294
    40-2. 이자익 목사 서거 50주기 기념추모예배 295
    40-3. 이자익목회자상 296
    40-4. 이자익목사기념사업회 297
    40-5. 기역자(ㄱ) 예배당 전라북도 문화재 지정 298
    40-6. 이자익 목사의 묘 299

부록 301
    부록 1. 이자익 목사 연보(年譜) 303
    부록 2. 이자익(李自益) 목사 제적등본(除籍謄本) 314
    부록 3. 이자익 목사 관련 도시 315
    부록 4. 사람 이름 찾기 318
    부록 5. 교회, 신학교, 지역 이름 찾기 326

참고문헌 331

이자익 목사 화보 367

저자의 말

올해는 역사 속에 묻혀있던 이자익 목사가 다시 세상에 알려진 지 꼭 20년이 되는 해이다. 저자는 2005년, 대전신학대학교 총장으로 재직 중 '이자익 목사 기념행사'를 개최하여 그의 생애와 업적을 재조명하고, 역사 속에 묻혀 있던 인물을 되살려냈다.

올해는 또한 이자익 목사가 첫 목회를 시작한 김제 금산교회(담임 김종원 목사)가 창립 120주년을 맞는 뜻깊은 해이다. 이자익 목사의 일대기를 문답식으로 정리한 이 책은 금산교회의 120주년을 기념하여 발행되었다. 금산교회는 1905년 이자익이 조덕삼과 함께 최의덕(테이트) 선교사에게 학습을 받으며 시작되었는데, 이자익 목사는 금산교회의 초대 장로로 피택되었고, 목사 안수 후 이곳에서 첫 목회 사역을 시작했다.

이자익 목사의 목회 사역은 4기로 나눌 수 있는데, 제1기는 1909년 최의덕 선교사의 조사(助師)가 되어 두정리교회(현 금산교회)와 구봉리교회(현 원평교회)를 비롯한 여러 교회를 섬긴 때부터 1925년 거창으로 이주할 때까지이다. 그는 이 기간에 1915년 목사 안수를 받고, 위의 두 교회 전도목사와 위임목사로 최의덕 선교사를 도와 목회하였다. 그리고 1919~1920년 전북노회장을 역임한 후, 1924년 시골 교회 목사로 제13회 장로교 총회장에 선출되어 그 이름을 전국에 알렸다.

제2기는 이자익 목사가 1925년 호주 장로교선교회의 초청을 받아 경남 거창지부 순회 목사로 경남노회에 파송되어 1936년까지 활동한 시기이다. 그는 1927~1928년 연거푸 경남노회 노회장에 선출되었고, 11년 동안 거창, 함양, 합천군에 산재한 31개 교회 이상을 순회 목회하며 10여 개의 교회를 건축하고 14개 교회 이상을 개척하면서 거창지부 교회의 부흥을 주도하였다.

제3기는 1936년 다시 전남노회로 복귀한 이후부터, 1950년 대전에서 사역을 시작하기 전까지의 시기를 가리킨다. 이자익 목사는 1936년 거창에서 전남노회로 돌아와 그동안 이름이 바뀐 옛 목회지 김제 금산교회(구 두정리교회)와 원평교회(구 구봉리교회)의 제5대 위임 목사로 목회를 시작하였다. 그러나 불과 2년 뒤인 1938년 이후에는 일제의 신사참배 강요에 항의하는 표시로 해방이 될 때까지 총회, 노회, 개교회 목회를 차례로 중단하고 두문불출하였다.

해방 후 이자익 목사는 일제에 의해 무너진 전남노회를 복구시키고 1947년 다시 전남노회장에 선출되었다. 그리고 1942년 이후 중단된 장로교단 총회의 회복을 위하여 노력하였고, 1947년과 1948년 연속으로 총회장에 선출됨으로 3선 총회장이라는 전무후무한 기록을 남겼다.

제4기는 1950년 대전에서 사역을 시작한 후 1958년 원평에서 소천할 때까지 말년의 시기이다. 이 짧은 기간에 이자익 목사는 70세의 노령에도 불구하고 충남고등성경학교와 대전고등성경학교를 개교하고, 대전신학교(현 대전신학대학교)를 설립하여 초대 교장이 되었다. 또한 대전노회를 창립하여 초대 노회장이 되고, 오정교회 초대 당회장으로 목회하였다. 그는 1958년 병약한 몸으로 원평으로 이주한 후 소천하였다.

이자익(李自益) 목사는 한국 교회사에서 누구보다 중요한 인물이지만, 그의 업적과 가치는 아직 세상에 충분히 알려지지 않았고, 알려진 자료에도 오류가 많아 재조명이 필요하다. 가장 많이 회자(膾炙)되는 이야기는 '그가 종이었던 시절 상전을 제치고' 먼저 금산교회 장로가 되었다는 일화인데, 이것은 사실과 다르다. 이자익이 장로로 임직을 받을 때는 마부 생활을 마치고 부잣집 딸과 결혼해 가정을 꾸리고 장사하여 독립한 후였다. 비록 그가 몇 년간 조덕삼 지주의 집에서 마부로 일한 것은 사실이지만, 당시 마부는 종이 아니라 월급을 받는 조건으로 고용된 일종의 직업이었다.

이런 이야기뿐만 아니라 이자익이 장로가 된 1908년(29세) 전까지 그의 행적을 정확히 아는 사람은 현재 아무도 없다. 이 시기까지의 그에 관한 주장들은 모두 후손들에게 들었거나 추측이거나 소설에 불과하다. 그러므로 서로의 주장이 다르며, 어느 것이 사실에 가까운 주장인지는 여러 정황을 맞추어 짐작해야 한다.

자료가 없을 때 가장 신빙성이 있는 주장은 이자익 목사를 만났던 가족이나 후손의 증언이다. 마치 성경 원본에 가까운 사본들이 신빙성이 있는 것처럼, 이자익 목사를 직접 만난 사람들의 증언에 무게를 두어야 한다.

저자는 '이자익목사기념사업회' 이사장으로서 이자익 목사의 생애를 새롭게 정리하여 책으로 펴낼 시점이 되었다고 생각하였다. 마침 2025년 5월에 이자익 목사의 국한문 자필 일기를 현대어로 옮겨

출판하면서 이에 대한 의지를 더 굳힐 수 있었다. 일기에 나타난 이자익 목사는 지금 알려진 것보다 훨씬 더 중요한 인물이기 때문이다.

저자는 이자익 목사에 대한 지금까지의 연구물들을 한곳에 모아 객관적인 시각으로 비교 분석하였다. 여기에 더하여 지금까지 살아 있는 증언자들과의 만남과 인터뷰를 통하여 가장 사실에 근접한 이자익 목사의 생애를 재정리하려고 노력하였다. 이자익이 장로가 된 1908년 이후의 생애는 어느 정도 정리가 되었기에, 이 책은 주로 출생부터 장로 장립을 받기 전까지 베일에 싸인 그의 생애를 추적하고 잘못된 것을 바로잡으려는데 집중하였다.

이 책에는 그의 출생과 부모의 사망, 김제 조덕삼의 마부가 되는 과정, 결혼을 둘러싼 의문점들, 금산교회 최초의 장로가 되는 상황 등이 새로운 시각으로 재정리되었다. 그리고 저자가 출판한 '이자익 목사 일기'의 내용을 참고하여, 그동안 널리 알려지지 않았던 거창 순회 목사 시절(1925-1936)의 활동을 자세하게 다루었다.

아울러 교회사가들이 상대적으로 간과해 온 장로교 총회장으로서의 이자익 목사의 위상과 역할을 심도 있게 정리하였다. 또한 그의 인간적인 면모를 함께 살펴보고 후손들의 명단 또한 체계적이고 알기 쉽게 소개하였다.

이 책을 통하여 이자익 목사의 한국교회를 위한 헌신과 열정이 바로 알려지고 평가받기를 바란다. 그는 일제강점기와 해방공간의 어려운 시기에 총회장을 세 번이나 역임하면서 한국교회를 바로 세운 거목이었다. 그는 세 번의 총회장과 전라도, 경상도, 충청도의 삼남 지역에서 모두 다섯 번이나 노회장을 역임하는 경이로운 기록의 소유자였지만, 평생 농촌교회를 떠나지 않고 섬겼던 착하고 충성된 목회자의 표상이었다. 이자익 목사는 한국교회 역사 속에서 존경받는 큰 어른으로 활약했지만, 사역지가 주로 농촌교회였기에 그의 업적이 충분히 기념되지 못하고 평가받지 못한 측면이 있다.

현재 한국교회는 이자익 목사가 활동하던 시대처럼 깊은 혼란 속에 놓여 있다. 사회적 불안과 교계의 분열, 교회 내 갈등이 갈수록 심화되고 있으며, 이를 해결할 수 있는 지도력을 찾아보기 어렵다. 오늘날 가장 큰 문제는 이자익 목사와 같은 인물이 부재하다는 점이다. 노회나 총회에서 법과 원칙을 분명히 세우고 이를 소신 있게 실천하는 지도자는 드물고, 한국교회를 하나로 묶어 난국을 헤쳐 나갈 수 있는 존경받는 어른의 모습도 보이지 않는다. 이 책을 통해 이자익 목사의 삶을 마주하고 그에게서 배우는 것은, 오늘날 한국교회의 여러 문제를 풀어가는 데 있어 중요한 해답을 찾는 길이라고 확신한다.

이 책을 집필하는데 자료제공과 조언을 해주신 한인수 목사님과 정병준 교수님, 임채광 교수님, 김형대 목사님, 문정일 장로님께 감사드린다. 그리고 이자익 목사님에 관한 증언을 해주신 김양호, 김승자 권사님과 이규석, 이숙희, 장옥문, 장은옥, 이민자, 최완열 등 후손 여러분들과 이자익 목사의 제자였던 김병연 목사님께 감사를 드린다.

이 책의 출판을 위해 축하의 글을 써 주시고 물음에 친절하게 답해주신 금산교회 김종원 목사님과 목원대학교 김흥수 명예교수님과 백석대학교 이상규 석좌교수님께 감사를 드린다. 그리고 이 책의 출판을 맡아 주신 한들출판사 정덕주 목사님께도 깊은 감사의 마음을 전한다.

2025년 8월 31일

저자 문성모 목사 (이자익목사기념사업회 이사장)

축하의 글

　기왓장 파편 하나로 역사 속에 사라진 건축물을 복원하는 것이 쉽지 않듯이, 삶의 일부에 불과한 조각들을 모아 한 사람의 생애를 다시 들여다본다는 것이 어려운 일임을 알고 있습니다. 문성모 목사님은 이 어려운 일을 하나님의 은혜 안에서 해내셨습니다. 하나님의 은혜로 이자익 목사의 삶과 사역의 발자취를 담은 전기가 출간됨을 진심으로 축하드립니다.

　이자익 목사는 금산교회에서 중생으로 인한 세례를 받고, 장로 직분과 목사 직분을 감당한 분입니다. 이 전기를 통하여 존경하는 이자익 목사님을 다시 대할 수 있게 된 것은 큰 기쁨과 영광이 아닐 수 없습니다. 더욱이 산고로 출간된 책을 금산교회 설립 120주년을 맞아 기증해 주신 문성모 목사님에게 온 교우들과 함께 감사를 드립니다.

　한국 선교 140년의 역사 속에서 오늘의 영적 기상도를 살펴보면, 외적으로는 화려함과 성장을 자랑할 수 있으나, 내적으로는 신학과 신앙의 허약함, 교회의 유약함을 절감하게 되는 이때에, 전 생애를 오직 거룩한 교회를 위해 헌신하셨던 이자익 목사님을 다시 지면을 통해 읽고, 기억하며, 본받고자 하는 일은 마치 삼 년 육 개월 가뭄 속에 내리는 단비처럼 절실한 일이었습니다.

'이자익 목사 전기'를 누구나 쉽게 접근하고 이해할 수 있도록 '질문과 대답' 형식으로 기록하신 것은, 문성모 목사님의 탁월한 지혜와 능력이 드러나는 부분이라 여겨집니다. 종말의 때가 점점 깊어져 가는 이 어두운 시대에, 이 전기를 통해 오늘을 살아가는 우리의 삶과 사역, 그리고 무엇보다 하나님의 거룩한 교회를 향한 비전과 방향을 새롭게 정립하는 계기가 되기를 진심으로 기대합니다.
  은퇴 이후에도 한국교회를 사랑하는 마음으로 섬기시는 문성모 목사님께 머리 숙여 감사드리며, 『이자익 목사 전기』 출간을 마음 모아 축하드립니다.

2025년 4월 9일
김종원 목사(김제 금산교회)

축하의 글

문성모 박사께서 한국교회의 큰 지도자이셨던 이자익 목사님의 생애를 한 권의 책으로 펴내셨습니다. 이 책의 의의는 크게 세 가지 측면에서 살펴볼 수 있습니다.

첫째, 문성모 박사님은 대전신학대학교 총장 재임 시절, 학교 내에 이자익 사료관을 설립하셨고, 이후에도 이자익 목사님 관련 1차 사료를 꾸준히 수집해 오셨습니다. 그 오랜 연구의 결실이 바로 이 책으로, 이자익 연구의 결정판이라 할 만합니다. 특히 이 책은 생존 증언자들의 인터뷰를 바탕으로 이자익 목사님의 초기 생애(출생부터 장로 장립까지)를 정확히 기록하고 있으며, 얼마 전 출간된 『이자익 목사 일기, 자필본 해제(解題)』를 참고하여 거창 순회 목사 시절의 활동도 소개하고 있습니다.

둘째, 이자익 목사님은 장로교단 총회장을 세 차례나 역임하셨음에도 불구하고, 한국교회 역사서에서 충분히 조명받지 못했습니다. 이번 책 출간을 통해 목사님의 공적이 비로소 역사 속에 제대로 자리매김할 수 있는 토대가 마련되었고, 한국교회가 다시금 그의 선교 정신을 되새기는 계기가 될 것입니다.

셋째, 이 책은 한국교회사 연구의 지형에도 중요한 전환점을 제시합니다. 지금까지 한국교회사에서는 선교사의 역할이 많이 부각되어 왔고, 2024년 개신교 선교 140주년을 맞아 이러한 경향이 더욱 뚜렷해지고 있습니다. 그러나 문성모 박사님은 이 책을 통해 선교사 못지않게 중요한 토착 지도자인 이자익 목사님의 선교 활동과 삶에 주목하셨고, 그를 과거의 인물이 아닌, 오늘날 교회의 정체성과 비전을 일깨우는 현존하는 스승으로 새롭게 조명하셨습니다. 이는 한국교회를 이끌어 온 인물들에 대한 기억의 균형을 회복하고, 그들이 제시한 신앙적 비전을 오늘에 되살리는 작업이기도 합니다.

이처럼 의미 깊은 저작을 세상에 내놓으신 문성모 박사님과 '이자익목사기념사업회'에 진심으로 축하와 감사를 드립니다.

2025년 4월 10일
김흥수 교수 (목원대학교 명예교수)

축하의 글

　이번에 문성모 박사의 『이자익목사, 그 생애를 묻고 답하다』의 출판을 환영하고 축하합니다. 이자익 목사는 특이한 삶을 사신 전도자, 목회자, 사회개혁가이자 교회 지도자였고, 세 차례나 장로교 총회장을 역임하시는 등 특별한 이력을 지니신 한국교회 거목이었습니다. 그럼에도 불구하고 그에 관한 연구나 저술이 부족했습니다. 이런 현실에서 문성모 박사는 이전 연구 결과를 수용하되 새로운 자료와 문헌을 섭렵하고, 이처럼 완벽에 가까운 이자익 목사 평전을 출판하게 된 것을 축하드립니다.

　이 책의 구성은 목차와 저자 서문에서 확인할 수 있습니다만. 저자는 이 평전을 집필하며 가난했던 청소년 시절부터 시작해 이자익 목사의 삶과 신앙, 목회 및 신학, 그리고 총회장으로서의 활동을 실증적으로 연구했습니다. 특히 한국 교회사적 맥락 속에서 그의 삶을 조명함으로써, 독자들이 이자익 목사님을 통해 격변기 한국 사회와 교회의 역사와 현실을 함께 성찰할 수 있도록 안내합니다.

　저는 이 책 원고를 보면서 이자익 목사의 생애는 물론이지만, 그와 관련된 한국교회 역사를 바르게 정리하고 객관적으로 기술하려는 저자의 노력에 감동을 받았습니다. 기존의 기록을 의지하거나 답습

하기 쉽지만, 저자는 안이한 길을 걷지 않고 각종 문서와 기록을 세심하게 성찰하여 역사를 정확하게 기술하였습니다. 그래서 기독교 인물 전기가 빠지기 쉬운 하기오그래피(Hagiography)와는 다른 평전을 집필하고 '역사의 이자익'을 제시했다고 생각합니다.

저는 이 책을 통해 많은 것을 배웠습니다. 해방 후 1945년 6월에 모인 제1회 남부대회에서는 1938년 9월 장로교 제27회 총회에서 가결했던 신사참배 결의를 취소했는데, 그 제안자가 이자익 목사였다는 점을 알게 되었고, 1950년대 혼란한 교회의 대립과 분열의 와중에서 질서를 유지하고 신앙적 정의를 세우고자 노력했던 이도 다름 아닌 이자익 목사였다는 점을 알게 되었습니다.

저는 이 책이 이자익 목사와 그의 시대에 대한 값진 기록이라고 판단하고 한국교회를 위한 소중한 선물이라고 확신하면서 출판을 축하드립니다.

2025년 7월 20일
이상규(전 고신대학교 교수,
현 백석대학교 대학원 석좌교수)

1. 이자익 목사는 누구인가?

1-1. 이자익 목사 요약 정리

1) 이자익 목사는 분열 이전의 장로교단 총회장을 세 번이나(13, 33, 34회) 역임한 전무후무한 한국교회 최고의 어른이다.
2) 이자익 목사는 충청도(대전노회), 전라도(전북노회), 경상도(경남노회)의 삼남 지역에서 모두 다섯 번이나 노회장을 역임한 유례를 찾을 수 없는 경력의 소유자이다.
3) 이자익 목사는 가난과 고아, 마부라는 밑바닥 인생에서 시작해 목사로서 최고의 영예와 영광의 자리에까지 오른 입지전적인 인물이다.
4) 이자익 목사는 예수를 믿은 후, 마부로 일하던 시절에 모셨던 옛 주인 조덕삼을 전도하여 함께 교회를 세웠으며, 그보다 먼저 장로로 임직받음으로 한국교회 역사상 최고의 감동적 일화를 남겼다.
5) 이자익 목사는 농촌교회 목회 시절 도시의 큰 교회 청빙을 사양하고 농촌교회를 지켰던 위대한 목회자의 모범이다.
6) 이자익 목사는 일제의 신사참배에 가담하지 않았으나 본인의 신

사참배 거부 사실을 전혀 자랑하지 않았으며, 신사참배 가담자들을 정죄하지도 않은 훌륭한 인격의 소유자이다.

7) 이자익 목사는 교회 헌법에 정통하고 회의 규칙에 완벽한 지식을 갖추었던 전설적인 사회자(moderator)로서 정치적 흥정에 좌우됨이 없이 한국교회에 법치주의 정신을 심어주었던 최고의 법통(法通), 깨끗한 교회 정치인의 표상이다.

8) 이자익 목사는 총회장을 지냈으나 호주선교회의 요청을 받고 거창지부 순회 목사로 31개 이상의 농촌교회를 돌보며 사도바울처럼 교회를 개척하고 건축하며 목회하였던 최고의 전도자이다.

9) 이자익 목사는 대전으로 이주하여 70세가 넘는 고령에도 대전신학교 설립, 대전노회 신설, 오정교회 목회 등 여러 사역에 헌신하였고, 초대 교장, 초대 노회장, 초대 당회장으로 생애 마지막까지 죽도록 충성한 하나님의 종이다.

10) 이자익 목사는 친구 함태영 부통령이 정부의 장관 자리를 권했을 때, 단호히 거절하며 장관보다는 목회자로 종신 할 것을 선언했던 투철한 소명 의식을 가진 최고의 목사이다.

11) 이자익 목사는 화려한 경력의 소유자였지만 자기 자랑이 전혀 없었고, 일신상의 명예나 권력을 탐하지 않았던 한국교회 역사상 최고의 거목(巨木)이다.

1-2. 이자익 목사에 대한 오해와 진실

1) 마부는 머슴이고 머슴은 종의 신분이었나?

마부는 머슴의 일종이지만, 머슴은 하인이나 종이 아니다. 양민의 신분으로 계약에 의해 일정한 급료(새경)을 받고 일하는 고용직이다.

2) 이자익은 종으로 상전보다 먼저 장로가 되었나?

이자익은 족보가 있는 양반 가문 출신으로 종의 신분이 아니다. 장로가 된 시기는 그가 마부 생활을 청산하고 부잣집 딸과 결혼하여 독립했을 때이다. 그가 먼저 장로가 된 이유는 최의덕 선교사의 영수(領袖)로 앞장서서 교회를 섬겼기 때문이다.

3) 이자익은 2살 때 부모를 모두 잃고 고아가 되었나?

이자익은 2살 때 아버지를 잃었지만, 어머니는 12살까지 살아있었다. 따라서 부모를 모두 잃고 고아가 된 시기는 12살이다.

4) 이자익의 아버지 이름이 이기진인가?

아버지 이름은 호적과 묘비에 이부일(李富日)로 되어 있다. 이기진은 자(字)이다.

5) 이자익은 소학교도 나오지 못한 일자무식이었을까?

이자익은 1879년생으로 선교사 입국 이전에 태어났고, 당시에는 신식 학교 자체가 없었다. 따라서 그를 '소학교도 나오지 못한 일자무식'이라고 말하면 안 된다. 학교가 없던 시절 그는 서당이나 여러 곳에서 글을 배웠고 한문 실력이 뛰어났다.

6) 이자익은 양반 가문에서 태어나 하인으로 몰락한 것인가?

이자익의 가문은 고려시대 충선왕(忠宣王) 때로부터 4대에 걸쳐 정승을 배출한 가문이다. 이자익의 부모 시대에 가난했지만, 여전히 양반 가문이었다. 청소년 시절 고아로 가난하여 머슴살이했지만, 집안이 몰락하여 신분이 바뀐 것은 아니다.

7) 이자익은 육지로 나와 하동, 임실, 남원을 거쳐 김제 조덕삼 집으로 왔나?

이자익은 14살에 고향 남해에서 여수로 나왔다가 김제로 왔다. 그리고 김제 금산사에 머무르다가 조덕삼 집안의 마부가 되었다.

8) 이자익은 예수 믿은 후 최의덕 선교사의 주례로 교회에서 결혼했나?

이자익은 1900년 21살에 결혼했고, 1902년 23살에 예수를 믿었다. 따라서 결혼은 최의덕 선교사를 만나 예수 믿기 전의 일이다.

9) 이자익은 조덕삼 장로의 재정적 후원으로 신학교를 졸업했나?

이자익은 1911년 평양신학교에 입학하여 1915년 졸업하였다. 이때는 부잣집 딸과 결혼하고 장사하여 재산을 모으고, 최의덕 선교사의 조사로 월급을 받으며 일하던 때였다. 그러므로 조덕삼의 후원을 받을 이유가 없었다.

1-3. 이자익 목사의 주요 경력

1879년 [0세] 7월 25일(음력) 경상남도 남해군 이동면 다천리 출생.
1900년 [21세] 김선경(金善慶) 사모와 결혼.
1902년 [23세] 최의덕(테이트) 선교사의 전도로 예수 믿음.
1905년 [26세] 두정리교회(현 금산교회) 학습 교인.
1906년 [27세] 두정리교회 세례 교인.
1908년 [29세] 두정리교회 초대 장로.
1909년 [30세] 최의덕 선교사의 조사(助師).
1911년 [32세] 평양신학교 입학.
1915년 [36세] 평양신학교 제8회 졸업.
　　　　　　 목사 안수 후 두정리교회와 구봉리교회 시무.
1919년 [40세] 전북노회 노회장.
1924년 [45세] 제13회 장로교 총회장.
1925년 [46세] 호주 장로교선교회 거창지부 순회 목사. (1936년까지)
1927년 [48세] 경남노회 노회장(22~23회기).
　　　　　　 평양신학교 이사(1938년 9월까지).
1928년 [49세] 경남노회 노회장 연임(24~25회기).
1929년 [50세] 김선경(金善慶) 사모 거창에서 소천.
1931년 [52세] 강학빈(姜學彬) 전도사와 재혼.
1936년 [57세] 거창지부 순회 목사 사임.
　　　　　　 금산교회와 원평교회 제5대 목사로 부임.
1947년 [68세] 전북노회 노회장.
　　　　　　 제33회 장로교 총회장.

1948년 [69세] 제34회 장로교 총회장.

1950년 [71세] 충남고등성경학교 신설, 부교장.(교장 보이열 선교사)

1952년 [73세] 대전노회 신설 초대 노회장.

　　　　　　　대전고등성경학교 설립.

1953년 [74세] 대전 오정교회 초대 당회장.

1954년 [75세] 대전신학교(현 대전신학대학교) 설립 및 초대 교장.

　　　　　　　'대한예수교장로회 헌법' 발행.

1958년 [79세] 10월 7일 김제 원평에서 79세로 소천.

그림1. 이자익 목사(1915년 평양신학교 졸업 시절)

그림2 김선경 사모 (1910년경)

2. 역사 속에 묻힌 이자익 목사는 어떻게 부활했나?

　이자익 목사는 2004년 이전까지 역사 속에 묻혀 있던 인물이었기에 아무도 관심을 가지지 않았다. 그가 역사적 인물로 세워지지 못한 이유는 그의 사역지가 도시의 대형교회가 아닌 농촌의 작은 교회들이었기 때문이다. 그는 비록 장로교 분열 이전에 총회장을 세 번이나 역임하였고, 전라도, 경상도, 충청도의 삼남 지역에서 모두 다섯 번이나 노회장을 지낸 전무후무한 기록의 사람이지만, 평생을 농촌교회의 전도와 부흥을 위해 헌신하였기에 그의 업적을 기리고 위인(偉人)으로 세워 줄 만한 후대의 교회나 사람이 없었다.

　이자익 목사는 말년에 대전으로 이주하여 활동했으며, 1954년 75세의 고령에도 불구하고 대전신학교(현 대전신학대학교)를 설립하고 초대 교장이 되었다. 그런데 이것이 그의 업적을 재조명하게 만든 씨앗이 된 것이다. 2004년, 저자가 대전신학대학교 총장으로 재직하던 시절, 개교 50주년을 기념하며 『대전신학대학교 50년사』를 발간했다. 이를 통해 세상에 잘 알려지지 않았던 초대 교장 이자익 목사의 행적이 밝혀지며, 그에 관한 관심이 급격히 높아지기 시작하였다.

저자는 총장으로서 2005년 4월 19일 '이자익 목사 기념행사'를 개최하였다. 교회사학자인 김수진[1]에게 이자익 목사의 전기(傳記)를 의뢰하여 『이자익 이야기』를 출간했고, 대전신학대학교 내에 '이자익 사료관'을 설치하여 그의 유품을 한곳에 모았다. 또한 이자익 목사의 친필 자료집『변함없는 신앙의 거목 이자익 목사』를 출판하고, 이자익 목사의 손자 이규완[2]과 협의하여 '이자익 목사 기념사업회'를 발족시켰다. 이로써 이자익 목사는 세상을 떠난 지 47년 만에 역사 속에서 다시 살아났다. 그리고 올해(2025년)는 이자익 목사가 역사 속에서 부활한 지 20년이 되는 해이다.

그림3. 이자익 목사 기념행사

---

1. 김수진 목사는 가장 먼저 이자익 목사에 관한 관심을 가지고 여러 책과 글을 통해 소개하였다.
2. 고(故) 이규완 장로는 이자익 목사의 차남 이봉호의 장남으로 당시 대전제일교회 시무장로였다.

3. 이자익 목사의 증언자들은 누구인가?

현재 가장 중요한 1차 증언자는 이자익과 함께 생활한 김제에 사는 자부(子婦) 김양호와 그의 동생 김승자, 이자익 목사의 고향 남해에 사는 조카 이동환, 그리고 글을 남긴 선교사 애너벨 니스벳과 최의덕(테이트)[3] 선교사의 부인 잉골드이다.

김양호 권사는 이자익 목사의 3남 이성환의 부인으로, 김제에 거주하며 올해(2025년) 96세이다. 함께 20여 년 동안 생활하는 동생 김승자 권사도 중요한 증인이다. 현재 김양호 권사보다는 김승자 권사가 오히려 정신이 맑고 확실한 증언을 하고 있다.[4] 이동환은 이자익 목사의 조카로 큰아버지(이영도)의 아들이며 남해 이동면에 살고 있다. 부산의 김형대 목사가 여러 번 방문하여 만났다.[5]

---

3. 최의덕 선교사(Lewis Boyd Tate)는 1892년 11월 3일 조선에 입국하여 선교 활동을 시작하였다. 그는 1925년에 심장병이 악화되어 미국으로 귀국하였으며, 1929년 2월 19일 67세를 일기로 소천하였다. 조선에서 33년간 선교에 헌신하며, 78곳의 교회를 개척하고 21명의 장로를 세우며 5명의 목사를 안수하였다. 또한 그의 세례를 받은 교인의 수는 1,500명 이상에 달했다.
4. 저자는 김양호 권사와 김승자 권사를 여러 차례 만나 증언을 녹취하고, 여러 번 전화를 통하여 이자익 목사에 관한 이야기를 정리하였다.
5. 저자는 이동환을 만나려고 했으나 고령에 건강이 좋지 않아 연락이 닿지 않았고, 김형대의 증언에 의지할 수밖에 없었다.

애너벨 니스벳(Anabel Lee Major Nisbet, 한국명 유애나)은 존 니스벳(유서백, 柳西伯) 선교사의 부인으로 목포정명여학교 교장을 지낸 교육자이다. 이자익은 1908년 니스뱃 선교사의 조사(助師)로 일하였는데, 이 시기에 니스벳 부인은 이자익의 삶에 관해 많은 이야기를 들은 것으로 생각된다.

잉골드(Mattie Ingold Tate)는 이자익을 전도한 최의덕(테이트) 선교사의 부인으로 전주예수병원을 세운 의사이다. 이자익은 1902년 최의덕 선교사를 통해 예수 믿고 1925년 그와 작별하기까지 23년을 함께하였기에 이자익에 관한 잉골드의 증언은 어떤 것보다 확실하다.

그다음 2차 증언자는 할아버지 이자익에 대한 증언을 남긴 손자녀 고(故) 이은소[6]와 고(故) 이규완[7]을 비롯하여, 생존하는 손주 대(代) 후손 중에 이규석, 이숙희, 장옥문, 장은옥, 이민자, 최완열 등의 증언이 중요하다.

또한 남해의 조카 이동환이나 자부 김양호를 여러 번 만나 이야기를 듣고 기록을 남긴 부산의 김형대[8]의 증언이 중요하다. 그리고 대전에서 말년의 이자익 목사 부부를 모시고 생활했던 진남숙[9]이나 이

---

6. 고(故) 이은소 권사는 이자익 목사의 장남 이봉환 장로의 차녀로 한인수 목사에게 가장 확실한 증언을 남겼다.
7. 고(故) 이규완 장로(대전제일교회)는 이자익을 기리는 사업에 가장 적극적이었고 많은 증언을 남겼다.
8. 김형대 목사는 부산 산성교회를 목회하였고, 현재 공익법인 JRP 문화재단 법인이사장이다. 이자익 목사의 후손들을 많이 만나고, 이자익 목사가 목회한 거창지부 교회들을 조사하여 글을 남겼다.
9. 진남숙은 대전고등성경학교 5회 졸업생이다. 2회 졸업생인 그녀의 언니 진윤옥이 수양딸이 되어 연로한 이자익 목사 부부를 모시다가 졸업하고 서울 총회신학교로 간 후, 동생 진남숙이 1955년부터 3년 동안 그 자리를 대신해서 모셨다고 한다. 사모(광

자익 목사에게 직접 배운 김병연[10] 같은 제자들의 증언도 소중하다. 기억에 의한 증언자들의 주장이 상충 될 때는 다른 정황을 맞추어 이자익 목사의 젊은 시절을 추적할 수밖에 없다.

그림4. 잉골드 테이트 선교사   그림5. 애너벨 니스벳 선교사

그림6. 자부 김양호 권사와 저자
(김제 자택에서 인터뷰 후)

주 삼애교회)가 된 진남숙은 고(故) 이규완 장로의 부탁으로 2008년 10월 9일 당시의 회고담을 편지에 썼고, 이를 부인 이숙희 권사가 소유하고 있었는데, 저자가 그 원본을 받아 책에 인용하였다.
10. 김병연 목사(동대전교회 원로)는 이자익 목사에게 직접 배운 대전고등성경학교 제1회 졸업생이다.

4. 이자익 목사에 관한 연구는 어디까지 왔나?

이자익 목사에 관한 책 중에는 위의 1차 증언자들의 직접적인 증언을 바탕으로 쓴 한인수[11]의 『호남교회 형성 인물』[12]과 『호남선교 초기 역사』[13]가 제일 중요하다. 한인수는 이자익의 후손들을 직접 만나 확실한 고증을 토대로 하여 글을 남겼는데, 이자익의 초기 생애에 관하여 비교적 정확한 자료를 제시하고 있기에 대부분의 다른 문헌들이 한인수의 책을 인용하고 있다.

김수진의 『이자익 이야기-마부에서 총회장까지』와 『금산교회 이야기』는 후손에게 들은 여러 에피소드를 소설식으로 재구성하여 썼는데, 진실과 허구 사이의 경계가 모호하여 문제가 되지만 소중한 자료이다. 이밖에도 『호남기독교100년사』와 『조덕삼 장로 이야기』가 있다.[14] 주명준의 『원평교회100년사』[15]와 허호익의 『이자익 목

---

11. 한인수 목사(경건신학연구소장)는 일찍부터 이자익 목사의 후손들을 만나 증언을 모았으며, 그의 학자적인 필체로 간결하면서도 분명하게 이자익 목사에 관해 조명하는 글을 썼다.
12. 한인수, "이자익 목사", 『호남교회 형성 인물』(서울, 경건, 2000).
13. 한인수 역, "시험을 극복한 신앙: 이자익 목사", 『호남선교 초기 역사』, 에너벨 메이지 니스벳 지음, 『Day In and Day Out in Korea』(서울, 경건, 1998).
14. 김수진, 『이자익 이야기-마부에서 총회장까지』(서울, 한국장로교출판사, 2005); 『금산교회 이야기』(김제, 금산교회문화재보존위원회, 1999); 『호남기독교100년사』(서울, 쿰란출판사, 1998); 『조덕삼 장로 이야기』(서울, 진흥, 2008).
15. 주명준, 『원평교회100년사』(서울, 민영사, 2011).

사의 영성과 리더십』,[16] 김형대의 『섬기는 리더십』[17] 등도 주목할 만한 문헌이다.

이 밖에도 짧은 아티클(Article) 수준의 글을 남긴 양정호, 이승하, 고무송, 김명찬, 신성종, 양창삼, 전영철, 최정원, 차종순과 「국민일보」나 「한국기독공보」를 비롯한 여러 신문보도, 몇몇 학술 논문 등의 자료가 있으나, 중요 증언자들과의 접촉 없이 이미 발표된 글들을 참고하여 쓴 것이 대부분이다.

저자인 문성모는 『한국교회 설교자 33인에게 배우는 설교』[18]에 "이자익 목사의 설교"라는 글을 남겼고, 최근에 이자익 목사가 1929년 거창에서 쓴 육필 일기를 해제(解題)하여 『이자익 목사 일기』[19]를 출판하였는데, 거창 순회목사 시절의 자세한 내용이 담겨 있어서 중요한 문서이다.

이런 연구물들은 장로 장립 이후 이자익 목사의 활동을 정리하는 데 도움을 주고 있다. 하지만 출생부터 장로가 되기까지의 생애는 상반된 주장 속에서 오류와 의문투성이로 남아있다.

---

16. 허호익, 『이자익 목사의 영성과 리더십』(서울, 동연, 2014)..
17. 김형대, 『섬기는 리더십』(부산, 도서출판 GloVil, 2017). (26~73쪽)
18. 문성모, "이자익 목사의 설교", 『한국교회 설교자 33인에게 배우는 설교』(서울, 두란노, 2012),
19. 문성모, 『이자익 목사 일기, 1929년 자필본 해제(解題)』(서울, 한들, 2025).

5. 이자익의 생년월일과 출생지는 언제 어디인가?

5-1. 이자익의 생년월일과 출생지

이자익은 1879년 7월 25일에 태어났는데 이것은 음력 생일이다. 대부분의 사람들이 이를 양력 생일로 알고 있지만, 우리나라에 양력이 들어온 해는 1896년 김홍집 내각에 의한 을미개혁 이후이다.

출생지는 경상남도 남해군 이동면 다천리(南海郡 二東面 茶川里)[20] 섬마을이다. 현재는 다정리(茶井里)라는 법정리의 행정리로 다천리가 속해 있다. 행정리는 행정기관이 법정리를 기준하여 행정 편의상 나누는 마을 단위이다.

다정리에는 다천, 다정, 금석리 등 3개의 행정리가 속해 있다. 다천리는 개천이 많은데, 냇가에 작설차(雀舌茶)의 원료인 작설(雀舌) 다(茶) 나무가 많이 있었으므로 다천(茶川)이라 하였다. 지금도 이 마을에는 장수 이씨(長水李氏) 성을 가진 사람들이 많이 살고 있고, 이자익의 조카(큰아버지의 아들) 이동환이 90세 후반인데도 생존해 있다.

---

20. 다천리를 탑정리라고도 한다. 다천리는 다정리의 일부인데, 다정리 삼층석탑이 있어서 이 지역을 탑정리 또는 탑골이라고도 부른다.

5-2. 이자익의 조상이 남해로 내려온 시기

이자익의 족보에 기록된 장수 이씨 직계 조상을 열거하면 다음과 같다.

> 시조 이임간(李林幹) - 2세손 이원만(李元萬) - 3세손 이길상(李吉祥) - 4세손 이을진(李乙珍) - 5세손 이종화(李從華) - 6세손 이봉춘(李逢春) - 7세손 이임(李任) - 8세손 이수림(李壽林) - 9세손 이한경(李漢卿) - 10세손 이공충(李恭忠) - 11세손 이희점(李希點) - 12세손 이몽열(李夢說) - 13세손 이지화(李之華) - 14세손 이이권(李以權) - 15세손 이세정(李世貞) - 16세손 이맹삼(李孟三) - 17세손 이일홍(李一弘) - 18세손 이서욱(李瑞郁) - 19세손 이면직(李勉直) - 20세손 이부일(李富日) - 21세손 이자익(李自益)[21]

이자익의 조상이 남해로 내려온 시기는 조선 세종 1년 이종무(李從茂)의 대마도 정벌이 있었던 1419년이다. 이에 관련된 자료는 장수 이씨 6세손(이자익 15대 조부) 만호(萬戶) 이봉춘(李逢春)이 숙부 이종무(李從茂) 장군과 함께 대마도 정벌에 나섰다가 나라의 명을 받고 남해현에 머물렀다는 족보상의 기록이다.

> 逢春/官萬戶/自京畿道廣州從叔父從茂將軍對馬島征伐從軍至南海縣此地山明水麗土沃壤肥能爲　老後之地遂定意除平山萬戶然而僻在海中故物或聚或散雖設宰牧之治不成邑民愚王化未足是以国家軫沿革之躍特選麗朝士族三姓中備詩禮忠孝有文學者訓導

---

21. 「장수 이씨 대동보 제1권」(長水李氏大同譜卷之一), 1~3, 22~24, 185쪽 참조.

之即其首[22]

(이봉춘/관직 만호/그는 경기도 광주로부터 숙부인 종무 장군을 따라 대마도 정벌에 참여했다. 정벌 후 고향으로 돌아가던 중 남해현에 이르렀는데, 이곳의 산과 물이 아름답고 땅이 비옥하여 노후를 보낼 만한 곳이라 생각했다. 이에 그는 이곳에 정착하기로 결심하고, '평산만호'라는 벼슬을 내려받았다. 그러나 이곳은 외딴 바다 한가운데에 치우쳐 있어 사람들이 모였다 흩어지기를 반복했고, 목민관을 두어 다스렸음에도 불구하고 제대로 된 고을이 이루어지지 못했다. 백성들은 어리석어 아직 왕의 가르침(왕화, 王化)이 미치지 못하는 상황이었다. 이에 나라는 이러한 상황을 안타깝게 여겨, 고을의 발전을 위해 특별히 고려 시대 사족의 세 성씨(麗朝士族三姓) 중에서 시와 예절을 갖추고 충효가 깊으며 학문이 있는 사람들을 뽑아 백성을 가르치도록 했다. 이것이 바로 이곳 교화의 시작이었다.)

이후 장수 이씨 후손들은 계속 남해에 살았다. 11세손 이희점(이자익의 10대 조부)의 형인 이희급(李希伋)[23]은 조선 중기 문신이자 이순신 장군을 도와 임진왜란 때 의병장으로 활약한 인물인데, 1553년 경상남도 남해군 이동면 난양리(蘭陽里)에서 출생하였다.

---

22. 「장수 이씨 대동보 제1권」(長水李氏大同譜卷之一), 2쪽.
23. 이희급의 호는 난계(蘭溪)이고 1553년 경상남도 남해군 이동면 난양리에서 출생하여 1597년 임진왜란 중 이순신 장군을 도와 싸우다가 순절하였다. 1605년 조선 선조는 그를 '선무원종공신 2등'에 봉하고, 그의 공적을 기록한 '선무원종공신녹권'을 하사하였다. 이 기록물은 현재 경상남도 문화재자료 제637호로 지정되어 남해유배문학관에 보존되어 있다. (남해유배문학관, 난계 이희급 선무원종공신녹권 전시, 프레시안, 2018.01.28.)(https://www.pressian.com/pages/articles/184147).

이희급은 남해 이동면 출신이기에 이자익과 고향이 같다. 그러므로 이자익의 조상도 그곳에 함께 살았다고 봐야 한다. 이자익의 족보에 따르면, 그의 5대 조부인 이맹삼(李孟三)은 조선 영조 3년인 1727년(정미년)에 남해군 삼동면 갈현리에 묻혔고(三東葛峴 西麓艮坐), 그 부인은 남해 고막산(古莫山巽坐)에 묻힌 것으로 기록되어 있다.[24]

조선 시대에는 가문의 분파에 따라 지방으로 이주하는 경우가 많았고, 분파에 따라 족보도 작성된 것으로 본다. 남해는 조선 후기부터 해상 교통과 어업, 농업이 발달한 지역으로, 일부 가문들이 생계 기반을 마련하기 위해 이주한 사례가 많았다.

참고로 이자익의 9대 조부 이몽열(李夢說)은 조선 광해군 시대 정7품 벼슬인 사복사정(司僕司正)이었고, 8대 조부 이지화(李之華)의 사촌 이익화(李益華)는 정3품 벼슬인 형조참의(刑曹參議)였다.[25]

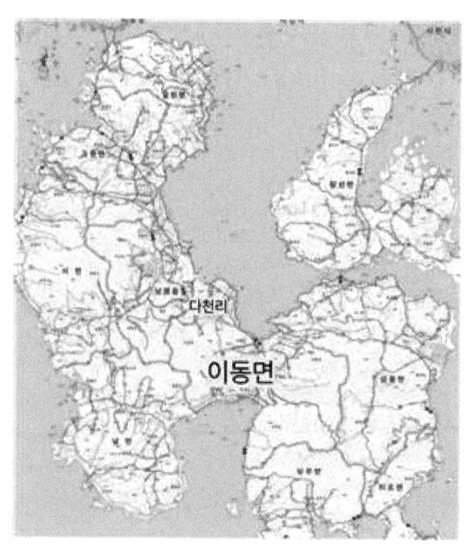

그림7. 이자익 목사 출생지 경상남도 남해군 이동면 다천리(南海郡 二東面 茶川里) 지도 (남해군청 홈페이지)

---

24. 장수 이씨 대동보 제1권(長水李氏大同譜卷之一), 185쪽.
25. 장수 이씨 대동보 제1권(長水李氏大同譜卷之一), 22~23쪽 참조.

6. 이자익의 족보와 부모의 이름은 무엇인가?

6-1. 장수(長水) 이씨(李氏) 가문

이자익은 장수 이씨 21세손(정언공파 17세손)이다. 장수 이씨의 시조는 이임간(李林幹)이다. 그는 경주 이씨 51세손이며, 고려 충선왕(忠宣王) 때 평장사(平章事) 정승(政丞)으로 왕을 잘 보필하고 외교에 능하여 상국(上國)인 원나라와의 화평을 도모하였다. 왕은 장천 일대의 땅을 하사하며 그를 장천부원군(長川府院君)으로 봉(封)하였는데, 이때부터 장천(長川)을 본관(本貫)으로 하였고, 장천의 지명이 장수로 바뀌면서 장수 이씨의 시조가 되었다.

족보에 의하면, 장수 이씨 가문은 시조 이후 4대에 걸쳐(이임간, 이원만, 이길상, 이을진) 고려 왕조의 정승(문하시중)을 지냈다는 기록이 있다. 그러나 다른 문헌에는, 시조 이임간이 평장사(平章事) 정승을 지냈다는 것 외에 확실한 것은 없다. 하지만 나머지 조상들도 고위 관직에 있었던 것은 틀림없다.

4세조 이을진은 고려 우왕 때 무신으로 활약하다가 장천부원군(長川府院君)에 봉해졌고, 말년에 이성계의 조선왕조가 들어서자 모함을 받아 유배를 당했다. 그러나 그의 아들 이종화와 이종무가 다시 가문을 일으켰다. 조선 세종 시대에 대마도를 정벌한 장군 이종무(李從茂)는 장수 이씨 가문의 5세손이며, 그의 형 이종화(李從華)가 이자익의 직계 조상이다.

조선 시대에 벼슬을 지낸 장수 이씨 집안의 인물은 앞에서 언급한 이희급을 비롯하여 총 38명에 달한다. 남해에서 삼일 독립운동을 주도한 이예모(李禮模)는 19세손으로 건국훈장 애족장(1990)이 추서되었다.

대한민국 정부 수립 이후 장수 이씨 문중의 유명인 중에는 이상민(전 국회의원), 이봉조(색소폰 연주자 겸 작곡가), 이효원(제4대 거제시장), 이중섭(화가), 이정수(축구 선수), 이수영(가수), 이석준(농협금융지주 회장), 이규삼(제12대 강원도지사), 이천근(육군 준장), 이용표(제35대 서울특별시 경찰청장) 등이 있다.[26]

6-2. 이자익의 족보에 기록된 부모 이름

가문의 족보[27]에 의하면 이자익의 할아버지는 장수(長水) 이씨 이면직(李勉直)이고, 아버지는 이부일(李富日), 큰아버지는 이영도(李永道)이다. 큰아버지의 아들은 이유복(李遺腹)으로 이자익의 사촌이다. 이자익의 어머니는 밀양(密陽) 박씨 박재진(朴在鎭)의 딸인데 족보에는 이름이 없고, 제적등본에는 박정근(朴正根)으로 기록되어 있다.

이자익은 외아들로 1879년에 태어났다. 아버지 이부일은 1853년

---

26. 성씨뉴스닷컴(http://www.sungssi.co.kr/news/12146); 나무위키/ 장수 이씨(https://namu.wiki/w/%EC%9E%A5%EC%88%98%20%EC%9D%B4%EC%94%A8)
27. 「장수 이씨 대동보 제1권, 185쪽 참조.

(계축년)생으로 이자익을 26세(1879년)에 낳은 것이다. 그런데 아버지의 이름 '이부일'이 제적등본에는 이기진(李基珍)으로[28] 다르게 기록되어서 혼동을 준다.

족보에는 큰 세로글씨로 이부일(李富日)이 적혀 있고, 그 왼쪽에 작은 글씨로 '자 기진'(字 基珍)이 쓰여 있다. 이는 본명(本名)이 '부일'이고, 자(字)가 '기진'임을 나타낸다. 자(字)는 한자문화권에서 성인이 된 남성에게 주어지는 또 다른 이름으로, 본명을 대신하여 예의를 갖춰 부르는 데 사용되었다. 이는 손윗사람이나 존경하는 인물의 이름을 직접 부르는 것을 피하고 존중을 표하는 문화적 관습이었다.

족보에서 이자익의 아버지 이부일에게만 자(字)가 붙어 있는 이유는 분명하지 않지만, 그가 명문 가문 출신으로서 남다른 사회적 지위를 가지고 있었을 가능성을 고려해 볼 수 있다.

남해 이동면 고향의 선산 묘비에도 고인의 이름이 이부일(李富日)로 새겨져 있다. 이에 대하여 손 자부 이숙희[29]는 증조부 이름을 이부일로 알고 있고, 이기진은 처음 듣는 이름이라고 하였다.[30] 손자 이규석[31]은 제적등본만 보고 이기진으로 알고 있었는데, 묘비와 족보를 보고 증조부의 본명이 '이부일'이라는 것을 확인했다고 하였다.[32]

지금까지 모든 이자익 관련 문헌에서는 족보와 묘비를 확인하지 않고 제적등본만을 근거로 부친 이름을 이기진으로 기록했다. 하지만 이제부터는 이부일로 수정되어야 할 것이다.

---

28. 제적등본에는 "전 호주와의 관계 亡李基珍의 子"(사망 이기진의 아들)로 되어 있다.
29. 이숙희 권사는 이자익 목사의 손자 이규완 장로(이봉호의 장남)와 결혼한 손 자부이다.
30. 이숙희 권사와의 통화 녹취(2025.02.18.).
31. 이규석 목사는 이자익 목사의 차남 이봉호의 3남(막내아들)이다. (청주 동막교회 은퇴 목사)
32. 이규석 목사와의 통화 녹취(2025.02.18.).

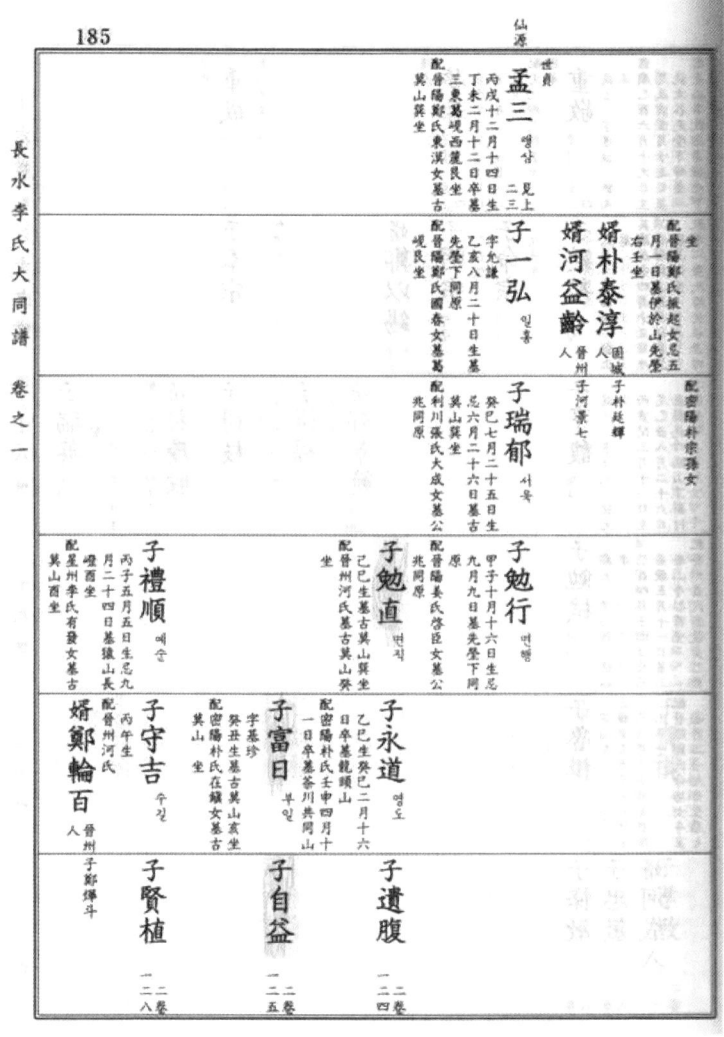

그림8. 이자익 목사 족보

7. 부모의 사망 연도와 고아가 된 시기는 언제인가?

이자익의 부친 이부일(李富日)은 1881년 28세로 별세하였다. 이자익이 2세 되던 해이다. 사망 원인은 유행하던 전염병이라고 하는데, 당시 조선을 휩쓸던 콜레라에 걸렸을 가능성이 높다. 아버지의 사망 연도가 족보에는 없고, 제적등본에는 이름을 이기진으로 하여 "전 호주 이기진(李基珍) 사망에 인(因)하여 단기 4214년(1881년)[33] 1월 26일 호주 됨"이라고 기록되어 있다.

그런데 어머니(밀양 박씨)의 사망 연도는 확실하지 않다. 한인수는 이자익의 나이 12세 때라고 기록하였다.

> 자익의 어린 시절은 그리 행복스럽지 못했다. 출생한 지 2년이 못되어 아버지를 여의었을 뿐만 아니라, 그의 나이 12세가 되었을 때엔 어머니마저 세상을 떠나는 비운을 맛보았기 때문이다.[34]

한인수는 정확한 증언자의 이름을 지금 기억하지는 못하지만, 이것은 확실한 고증에 의한 기록이라고 하였다.[35]

---

33. 단기 4214년은 서기 1881년으로 이자익이 만 2살 때이다.
34. 한인수, 『호남교회 형성 인물』, 같은 책, 98쪽.
35. 한인수 목사와의 통화 녹취.(2025.02.20.)

한편 김형대는 남해에 사는 이자익의 조카 이동환을 만나서 들은 증언을 바탕으로, 이자익이 어린 시절인 3세에 부모를 잃었다고 했다.[36] 손 자부 이숙희는 "이자익 할아버지가 아주 어렸을 때 그 지역에 전염병이 돌아 부모가 함께 사망한 것으로 알고 있다"라고 하였다.[37] 자부 김양호는 "아주 어렸을 때" 부모가 돌아가셨다고만 기억하고 있다.

이런 증언들을 종합하면, 어머니는 아버지와 함께 이자익이 2살 되던 해(1881년)에 사망했을 수도 있고, 한인수의 주장대로 이자익이 12세 되던 해(1893년)에 별세했을 가능성도 있다. 이와는 달리 김수진은 6세에 부모가 함께 사망했다고 주장하나,[38] 아버지의 사망 연도가 확실하므로 사실이 아니다.

그런데 손자 이규석에게 얻은 사진 자료에 의하면, 이자익의 부친 이부일의 묘와 모친 박정근의 묘가 합장(合葬)이 아닌 별도의 묘로 서로 멀리 떨어져 있다. 손 자부 이숙희는 오래전에 직접 남해를 방문하여 떨어져 있는 두 사람(증조부모)의 묘를 확인했다고 하는데, 그 거리가 차를 타고 이동해야 할 정도로 멀었다고 하였다.[39]

그렇다면 이자익의 부모는 함께 사망하지 않았을 가능성이 크다. 만약 동시에 사망하였다면, 부모의 묘는 당연히 합장(合葬)의 형태로 남아있어야 하기 때문이다. 그리고 족보를 확인한 결과 두 사람의 묘가 처음부터 합장되지 않은 것이 드러났다. 족보에서 부친 이부일의 묘지 자리는 '古莫山亥坐'(고막산 돼지 자리)라고 명시되어 있지

---

36. 김형대, 같은 책, 46쪽.
37. 이숙희 권사와의 통화 녹취.(2025.02.18.)
38. 김수진, 『이자익 이야기』, 같은 책, 19쪽 참조.
39. 이숙희 권사와의 통화 녹취.(2025.02.20.)

만, 모친 밀양 박씨의 묫자리에 대해서는 그냥 고막산으로 되어 있고 어느 자리인지는 밝히지 않았다.

> 子 富日[큰 글씨] 字 基珍 癸丑生墓古莫山亥坐 配密陽朴氏在鎭女 墓古莫山 坐(아들 부일, 자 기진, 계축년에 태어남. 묘지는 고막산 돼지 자리, 아내 밀양 박씨 재진의 딸 묘지는 고막산 O 자리.)

여기서 한인수의 주장을 받아들인다면, 어머니 박정근(朴正根)은 아버지 사망 10년 후인 1891년 이자익 나이 12세에 세상을 떠난 것이라고 정리할 수 있다.

합장하지 않은 이자익의 부친 이부일의 묘 사진을 받고 마지막으로 김제에서 자부 김양호와 오랫동안 함께 생활하는 김승자에게 이자익 모친의 사망 연도를 물은 결과, "어머니는 아버지보다 더 늦게 돌아가신 것으로 알고 있다."라는 답을 얻었다.[40]

---

40. 김승자 권사와의 통화 녹취.(2025.02.24.) 현재 김양호의 기억은 고령으로 확실하지 못하다. 김승자 권사는 이자익 목사 생전에 자주 뵈었고 장례식에도 참석했다고 한다.

8. 부모의 사망 이후 친척 집 생활은 어떠했을까?

고아가 된 이자익을 돌본 친척은 누구였을까? 이숙희(손 자부)의 기억으로는 아마도 큰아버지(이영도)였을 것이라고 한다.[41] 그 집에는 사촌 이유복이 있어서 이자익은 친구삼아 함께 컸을 것으로 생각한다. 그런데 김형대가 남해에 사는 이동환으로부터 들은 이야기는, 큰아버지뿐만 아니라 여러 친척들이 돌아가며 어린 이자익을 맡았다는 것이다. 만약 한인수의 주장대로 어머니가 이자익의 나이 12세까지 살아있었다면, 이자익은 모친 사망 후 한 2년간 이집 저집을 돌면서 지냈을 수도 있다.

이자익은 14세에 고향을 떠나 육지로 나온다. 만약 이자익이 2살 때 모친이 사망했다면 무려 12년간이나 남의 집을 돌며 큰 것이고, 12살 때 별세했다면 이자익은 2년간 여러 친척 집 신세를 진 것이다.

이런 정황을 종합하면, 어머니는 이자익이 12살이 될 때까지 살아있었을 가능성이 높다. 왜냐하면 부모를 함께 잃은 나이가 2살이었다면, 큰아버지나 어떤 가까운 혈육이 이자익을 양자로 호적에 올려 친자식처럼 한 집에서 키웠을 것이기 때문이다. 두 살배기 어린 것이 무려 12년 동안 여러 친척 집을 돌며 컸다는 것은 이해하기 어

---

41. 이숙희는 작은아버지로 잘못 알고 있었지만, 호적에 의하면 큰아버지가 맞다.

렵다. 이자익이 12살 때 어머니가 죽고 한 2년간 어린 이자익은 이집 저집을 돌며 고생하다가 14세에 고향을 뛰쳐나온 것으로 생각해야 자연스럽다.

또 한 가지 생각할 것은 이자익이 그 시절 글공부를 했을 것이라는 주장이다. 지금까지는 이자익이 어린 시절 고향에서 배우지 못했다거나, 조덕삼의 집에 마부로 올 때까지 무학(無學)이었다는 주장이 지배적이었다. 그러나 이런 주장들은 그의 일기(日記)를 보지 못했기 때문에 생겨난 편견이다. 일기의 한문 실력으로 보아 이자익은 어린 시절부터 공부한 것이 틀림없다는 것이 전문가의 의견이다.[42] 주명준은 이자익이 고향에서 4년간 한문을 수학하였다고 주장한다.[43]

그렇다면 이자익의 공부는 누가 시켰고, 어디서 글을 배웠을까? 당시 공부는 서당에 다니며 천자문을 배우거나, 아니면 집에서 어른들에게 배우는 것이다. 서당의 입학 연령은 6~7세부터지만, 실제로는 연령 제한이 없었다. 서당의 수업료는 훈장의 생활을 위한 생필품을 제공하는 형태였는데, 가난한 집안에서는 이를 감당하기 어려웠다. 따라서 친척 집에서는 이자익을 서당에 보내지 못했을 가능성이 높다.

이자익의 집안은 대대로 양반 가문이었다. 그러므로 친척들이 비록 가난했지만, 자식들의 글공부에는 소홀함이 없었을 것으로 생각된다. 학구열이 한창일 나이에 이자익은 낮에는 고된 농사일을 돕고,

---

42. 이자익 일기의 한문 해독에 도움을 준 문정일 목원대학교 명예교수의 의견이다. 그는 어린 시절 서당에서 한문을 배웠고, 한문 관련 서적도 집필하였다.
43. 주명준, 같은 책, 102쪽. 주명준은 이자익의 출생 연도를 1875년으로 잘못 계산하였다. 따라서 이자익이 고향에서 한문을 수학한 나이(14~18세)는 10~14세로 수정되어야 한다.

밤에는 지친 몸으로 사촌과 함께 큰아버지에게 한문을 배웠을 것으로 짐작된다.

그런데 어머니가 이자익이 12살이 될 때까지 생존해 있었다면, 어려운 살림에도 불구하고 어린 아들을 서당에 보냈을 가능성도 있다. 김형대의 책에는 남해 출신의 장수호와 장원두[44]의 이름이 나오는데,[45] 김형대는 이들에게서 어린 시절 이자익이 고향에서 매우 똑똑하고 영특한 소년으로 소문이 나 있었다는 말을 들었다고 했다. 이는 지금 남해에 사는 조카 이동환의 증언과도 일치한다.

그렇다면 이자익이 서당 공부를 했을 가능성이 커진다. 똑똑하고 영특하다는 것을 고향 사람들에게 인정받았다는 것은, 서당에서 다른 아이들과 함께 공부하는 과정에서 드러난 이자익의 암기력이라고 생각한다. 그는 한번 듣고 배운 것을 잊어버리지 않는 암기력이 있었고, 따라서 공부 속도가 빨랐을 것이다. 그러므로 비록 오랜 기간은 아니더라도 어린 이자익이 고향에서 서당에 다니며 글공부를 한 것은 사실인 것 같다. 주명준의 주장대로 그 기간이 한 4년 정도였을 가능성이 있다. 그리고 어머니는 그때까지 생존에 있었다고 보는 것이 맞다.

---

44. 김형대는 장원두 이름을 장원도라고 잘못 기록하였다.
45. 장수호는 부경대학교 수산경영학과 명예교수로, 대한민국 수산경제학의 개척자 중 한 사람이다. 그리고 장원두는 부경대학교 컴퓨터·인공지능공학부 교수이며, 머신러닝과 패턴인식 분야에서 주목할 만한 학자이다. 이들은 기독교인이 아니면서도 자기 고향 남해에서 훌륭한 어른이 태어났다고 하면서, 이자익 목사를 홍보하는 「한국기독교사에 찬연히 빛나는 이자익 목사님의 활약상」이라는 전단지를 만들어 홍보하였다. (김형대, 같은 책, 3쪽 참조.)

9. 고향을 떠난 이유와 여수로 온 시기는 언제인가?

이자익은 14살이 되던 1893년 봄 어느 날 남해 섬에서 여수행 배에 무임 승차하여 고향에서 탈출하였다. 이자익이 14살에 여수로 배 타고 왔다는 것은 김제에 사는 자부 김양호와 남해의 조카 이동환 및 기타 여러 후손들의 공통된 증언이므로 믿을만하다.

이자익은 왜 하필 14세의 어린 나이에 무작정 고향을 떠났을까? 그 이유는 두 가지로 정리할 수 있다. 우선 어머니가 12세에 사망했다면, 그 후 한 2년 동안 친척 집을 돌며 설움을 당하고 고생하다가 마음에 큰 결심을 품고 여수로 왔다고 생각된다.

또 한 가지 이유는 족보에서 찾을 수 있다. 고아가 된 이자익에게 가장 가까운 혈육인 큰아버지 이영도가 48세의 나이로 계사년(1893년) 2월 16일, 이자익이 14세 때 사망한 것이다. 어머니를 잃고 큰아버지마저 세상을 떠났기에, 어린 이자익은 고향에서 의지할 사람도, 있을 집도 없어진 셈이다. 그가 고향을 떠난 시기는 큰아버지 사망 직후인 1893년 봄이라고 생각한다.

이자익이 육지로 나오는 경로를 하동, 임실, 남원 등으로 추정하는 사람들도 있다. 그러나 이자익의 자부(김양호)와 조카(이동환)와 손자(이규석)와 외손녀(장은옥)의 증언을 기초로 하면 남해 섬에서 배

타고 바다 건너편에 있는 가까운 여수에 도착한 것이 분명하다. 위의 증언자들을 만난 김형대는 그의 책에서 다음과 같이 적고 있다.

> 마침 선한 선주 한 분을 만나서 그분이 누구도 기다리지 않는 여수 땅에 내려 주었다. 이때가 14살이었다고 증언(이자익의 셋째 며느리 김양호 권사(88세), 조카 이동한[이동환][46] 다천리 거주, 손자 이규석 목사)하였다. 여수의 한 여관의 심부름꾼으로 일을 할 때 김제 금산사 스님의 눈에 영특한 면이 보여져서 그가 김제 금산사로 인도하여 마침내 김제 금산 지역 부자 조덕삼 마방의 마부의 자리로 가게 된 것이 확실하다고 이자익 가문 후손들은 증언하였다.[47]

---

46. 김형대는 이동환을 이동한으로 잘못 기록하였다.
47. 김형대, 같은 책, 46쪽.

10. 김제 금산사(金山寺)에 온 시기는 언제인가?

    자부 김양호의 증언에 의하면, 어린 이자익은 여수의 어느 여관에서 청소하고 손님 방에 물 주전자를 날라다 주는 등의 잔심부름하며 지냈다. 부지런하고 총명한 소년 이자익은 어느 날 여관에 묵은 금산사 승려의 눈에 들어 그를 따라 김제 금산사로 오게 되었고, 절에서 일하며 절밥을 오래 먹었다고 한다.[48]

    이자익이 금산사와 조덕삼 집에서 "오래 일했다"는 김양호의 증언을 존중한다면, 여수 여관에 머문 기간은 짧았다고 결론지을 수 있다. 추측건대 이자익은 14세에 여수로 와서 여관에서 일한 지 오래지 않아 금산사 스님을 만나게 되었고, 그해(1893년)에 스님을 따라 금산사에 온 것으로 여겨진다.

    그런데 이 승려가 금산사 주지 스님이라는 증언[49]도 있는데 확인할 길은 없다. 그러나 사람을 임의로 데려다가 방을 제공하여 살게 하고 일자리를 줄 정도라면 금산사의 직책이 높은 스님이었을 것으로 봐야 한다.

    소년 이자익은 금산사에 얼마나 오래 머물렀을까? 이자익이 금산

---

48. 자부 김양호 권사는 그저 "오래 있었다"라고만 하고 정확한 기간을 모른다고 하였다.
49. 손녀 장옥문, 장은옥 권사의 증언.

사에서 청소와 잔심부름을 하며 지낸 기간은 약 3~4년 정도로 추정된다. 자부 김양호의 증언에 따르면, 이자익은 절에서 일하는 동안 틈나는 대로 글공부를 했다고 한다. 이는 이자익이 어려운 환경 속에서도 꾸준히 공부해 나갔음을 보여준다. 무슨 공부를 어떻게 했는지는 알 수 없다. 그러나 그의 일기에서 드러난 한문 실력은 지속적인 공부의 흔적을 강하게 시사한다.

11. 조덕삼의 마부로 일한 시기는 언제인가?

이자익은 금산사에서 나와 가까운 동네인 금산리의 유지(有志) 조덕삼의 집에 마부(馬夫)로 들어가 일하게 된다. 조덕삼은 물려받은 재산에 장사와 광산업으로 큰 부자가 되었다. 이자익이 조덕삼 집의 마부가 된 해를 1896년(17세)[50]이나 1897년(18세)[51]으로 추정하지만, 정확한 연도는 아무도 모른다. 후손들의 기억도 서로 다르고 확실하지 않으므로 모두 추측에 불과하다. 하지만 마부라는 힘든 일을 감당할 만한 나이라면 18세(1897년)가 맞지 않나 생각한다.

이자익은 약 3년 정도 마부 생활을 했던 것으로 추정된다. 자부 김양호는 그저 "오래 일했다."라고 하지만 정확한 기간을 기억하지 못하고, 외손녀 장은옥은 "2~3년의 짧은 기간이었다."라고 한다.

김양호와 그의 동생 김승자의 증언에 의하면, 조덕삼 지주의 아들 조영호가 공부할 때 이자익은 어깨너머로 공부를 따라 했다고 하는데, 총명한 머리로 한 번 들은 것을 다 외웠다고 한다. 김수진은 당시 조덕삼의 아들 조영호가 집에서 한문 서당 훈장을 모셔놓고 공부하였는데, 이자익이 일하면서 방안에서 새어 나오는 소리를 모두 암기

---

50. 김수진, 『이자익 이야기』, 같은 책, 21쪽.
51. 허호익, 같은 책, 57쪽.

하여 한문을 공부했다고 한다. 그리고 나중에는 조덕삼의 배려로 한 방에서 훈장에게 배웠다고 한다.[52]

이자익이 한 방에서 조덕삼의 아들과 같이 배웠다는 말은 믿기 힘들다. 이는 자부 김양호를 비롯한 어떤 후손도 그런 증언을 하지 않는 것으로 보아 사실이 아니다. 하지만 방안에서 흘러나오는 소리를 듣고 암기하며 배웠다는 것은 사실이다. 이는 김양호에게 몇 번을 물어도 같은 대답을 하는 것으로 미루어 확인할 수 있다. 그리고 이것은 이자익이 천자문에 대한 사전 지식을 가지고 있었다는 것을 증명하는 사건이다. 그는 이전에 천자문을 배워 알고 있었기 때문에, 안에서 들려오는 소리를 머릿속에 글자로 떠올리며 복습하는 방식으로 암기했을 것이다.

이자익은 한 3년 마부로 일하면서 글도 배우고, 장사를 하던 조덕삼에게 장사 수완을 익히며 독립할 준비를 하였을 것으로 생각된다.

---

52. 김수진, 『이자익 이야기』, 같은 책, 30~31쪽 참조.

12. 마부라는 직업은 무엇인가?

　　이자익은 지주 조덕삼의 마부였다. 마부가 하는 일은 말을 끌거나 마차를 몰아 집안사람이나 손님을 안전하게 목적지까지 모시는 것이다. 당시 마부는 머슴의 일종이었다. 그리고 머슴은 노비 신분이 아니라 계약직 직업인이었다. 그러므로 이자익과 조덕삼의 관계를 "종과 상전"으로 표현하는 것은 옳지 않다. 이에 대하여 주명준은 '원평교회100년사'에서 다음과 같이 적고 있다.

　　어느 해엔가는 나의 친 이모부가 머슴으로 들어왔다. 이모부가 우리 집의 머슴이라고 해서 마음속으로부터 멸시하거나 무시해 본 기억이 단 한 번도 없다. 우리 집에서 머슴을 살던 사람은 반드시 자기들의 집으로 돌아가서 잘들 살았다. [...] 머슴의 자식이라 해서 무시한 적이 없다. 그 이유는 간단하다. 우리 집에 와서 일한 머슴은 새경을 받는 직업인이지 우리 집의 종이 아닌 까닭이다. [...] 우리나라는 1894년 갑오경장 때에 계급을 타파하였다. 계급을 형식적으로만 타파하여 시민이 평등하게 된 것이 아니라 실질적으로 평등한 사회가 되었다. [...] 머슴은 종이 아니다. 이자익은 족보도 정확하게 있다. 이자익의 며느리는 시집이 양반 가문이었다고 증언하고 있다. 어버이를 어려서 잃고 천애 고아가 되어, 살기 위해 부자의 집에 와서 머슴이 되었고 충실하게 머슴 생활을 이행하여 주인의 사랑을 받았고, 그 결과 동네 부호의 눈에 들어 사위가 된 과정은 당시 그 마을과 교계에서는 누구나 아는 사실이었다. 당시 교계에서 이자익을 종 출신의 천한 사람이었다고 그 누구도 인식하지 않았다. [...] 가난하고 못살았던 시절에 남의 집 머슴살이는 누구에게나 있을 법한 일이었기 때문이다.[53]

이자익은 조덕삼 집에서 마부 생활을 마친 후에 그 지방 부농(富農)의 딸 김선경과 결혼하는데, 이 또한 그의 신분이 양민이었음을 증명한다. 그러므로 나중에 이자익이 장로가 되는 과정에서 "종이 상전을 누르고 먼저 장로가 되었다."든지, "조덕삼이 자신의 종이었던 이자익 목사의 설교를 들었다."라는 표현은 잘못된 것이다.

이자익이 먼저 장로가 되었고, 이를 조덕삼이 받아들인 일화는 서울의 승동교회나 연동교회에서 백정이나 갓바치 출신 인물이 장로로 세워지자, 양반 신자들이 교회를 떠난 사건과는 본질적으로 다른 맥락에서 이해되어야 한다. 두 사례를 동일하게 비교해 온 기존의 인식은 수정되어야 한다.

---

53. 주명준, 같은 책, 104~106쪽.

13. 마부 생활 이후의 독립 시기는 언제인가?

이자익은 약 3년간의 마부 생활 후, 1900년 21세가 되었을 때 독립하였다. 이자익이 언제 조덕삼의 집 마부 생활을 청산하고 독립하였는지 정확히 아는 사람은 없다. 단지 그가 1900년에 결혼하고 장사를 시작하였다면, 그 이전에 마부 생활을 끝낸 것으로 봐야 한다.

그는 인근 마을 청도리(淸道里)에 사는 친구 김종규[54]와 함께 장사에 손을 대어 돈을 벌었다. 둘은 서울을 오가며 물건을 팔았다. 여기에 대하여 한인수는 후손들의 증언을 바탕으로 다음과 같이 기술하고 있다.

> 청년기로 접어들자 자익은 같은 지역에 있는 친구 김종규와 함께 장사를 시작했다. 그들은 한양을 수시로 왕래하며 이곳저곳에 물건을 가져다 팔았다. 장사에 손을 댄 자익은 특유의 근면과 성실성을 발휘하여 수년 후엔 안정된 생활 기반을 구축해 놓을 수 있었다.[55]

---

54. 김종규는 나중에 그의 딸 김옥례를 이자익의 장남 이봉환과 결혼시킴으로 사돈 간이 되었다.
55. 한인수, 『호남교회 형성 인물』, 같은 책, 99쪽.

후손들의 증언에 따르면 이자익은 장사 수완이 있었고, 성품이 근면하고 성실하여 안정된 생활 기반을 갖출 수 있었다고 한다. 그가 무엇을 팔고 어떤 장사를 하였는지는 기억하는 사람이 없지만 장사에 수완이 남달랐던 것만은 확실하다.

이자익의 장사에 대한 결심과 경영 능력은 아마도 마부 시절 조덕삼의 영향이 컸을 것이라고 본다. 마부였던 이자익은 다른 머슴과는 달리 주인 조덕삼을 모시고 다니면서 그와 대화를 나누고 장사에 대한 경험과 지식을 배울 시간이 많았을 것이다. 여기에 이자익의 타고난 총명함과 부지런함이 더해져서 그런대로 안정된 생활 기반을 잡아갔을 것이다.

14. 이자익은 장사 밑천을 어떻게 마련했을까?

그런데 여기서 의문점이 생긴다. 장사를 하려면 밑천이 있어야 한다. 보통 생각으로는 마부로 일하면서 열심히 돈을 저축하여 장사 밑천을 모았다고 상상해 볼 수 있다. 그러나 이는 당시의 상황을 전혀 모르는 억측이다. 머슴이 받는 급료를 '새경'이라고 하는데 겨우 연명할 정도의 형편없이 낮은 수준이었다. 이에 대해 '한국민족문화대백과사전'에서는 다음과 같이 설명하고 있다.

> 머슴의 새경(농가에서 1년 동안 일해 준 대가로 주인이 머슴에게 주는 곡물 또는 돈)은 통상 현물로 지불되었는데, 대개 벼 1석 내지 1석 반이었고, 1930년대 초반의 경우 금전으로는 160원 내외로부터 30~40원까지도 받았다. 농번기에 계절적으로 고용되는 경우는 비교적 많아서 약 3개월에 60~70원의 보수를 받고 의식은 자비로 해결하기도 하였다. 이러한 임금은 대단히 낮은 것으로 5~10년의 머슴살이를 하고 한 푼도 저축하지 못해 머슴으로 전전하는 자가 대부분이었다.[56]

---

56. 한국민족문화대백과사전 – 머슴(https://encykorea.aks.ac.kr/Article/E0018100)

그런데 이것도 상머슴의 경우에 해당한다. 머슴에도 종류가 있는데 상머슴부터 젖머슴까지 다양하였고, 청소년기의 남자는 젖머슴에 해당하였다.

> 머슴에도 종류가 있는데 나이와 노동력에 따라 상머슴, 중머슴, 달머슴, 젖머슴 등이 그것이다. 상머슴은 단지 힘만 좋은 것이 아니라 농사일에 능숙하되, 특히 쟁기질을 잘해야 최고의 머슴으로 쳤다. 일머리가 서툴거나 나이가 많이 들면 중머슴의 대우를 받았고, 젖머슴은 나이가 어린 청소년으로서 별도의 새경 없이 먹여 주고 재워 주며 일을 시켰다.[57]

이와 같은 당시 상황을 고려한다면 17~8세의 청소년 이자익은 상머슴이 아닌 젖머슴 대우를 받았을 것으로 보아야 한다. 즉 월급(새경)은 없고 그저 주인집에서 숙식을 해결하는 정도였다. 그러므로 이자익이 조덕삼의 집에서 3년 정도 일하면서 돈을 모아 장사 밑천을 마련했을 것이라는 상상은 허구에 불과하다.

이자익 스스로가 장사 밑천이 없었다면, 외부의 도움이 있어야 한다. 우선 조덕삼이 장사 밑천을 대주었을 가능성을 생각해 볼 수 있다. 그러나 이것도 당시 상황으로는 쉽지 않은 일이다. 조덕삼은 후덕한 인품이었을 것이지만, 머슴이 한두 사람도 아닌데 유독 젖머슴 이자익에게 많은 돈을 주며 독립시켜 준다는 것은 형평성 차원에서도 어려웠을 것이다. 나중에 이자익이 평양신학교에 입학하여 공부할 때도 비용을 처가에서 받은 재산이나 장사해서 번 돈으로 해결했고,

---

57. 디지털서산문화대전 - 머슴새경(https://seosan.grandculture.net/seosan/toc/GC04101673)

조덕삼의 후원은 받지 않았다고 후손들은 증언한다. 그렇다고 동업자였던 김종규가 장사 밑천을 대 주었다는 기록은 없다.

이제 마지막으로 이자익의 장사 밑천의 출처와 관련하여 생각해 볼 수 있는 것은 결혼이다. 이자익의 처가는 그 지역에서 제일가는 부농이었고, 그의 장인은 혼인 예물로 딸과 사위에게 논 문서를 내어주었다. 그리고 이것을 밑천으로 이자익은 장사를 시작하였다. 이러한 추측이 가능한 것은, 이후에도 이자익이 사업상 어려움에 처했을 때, 장인이 땅문서를 주어 장사 밑천을 대주었다는 기록이 있기 때문이다.

만일 이자익이 결혼 후 장인에게 받은 땅을 팔아 이를 밑천으로 장사를 시작했다는 가정이 성립된다면, 그의 결혼 연도를 1900년으로 본 한인수의 주장은 충분히 신빙성이 있다.

15. 이자익은 김선경과 언제 어떻게 결혼했을까?

15-1. 마부 생활 청산 후 부농의 딸 김선경과 결혼

한인수는 그의 책에서 이자익과 김선경의 결혼 연도를 1900년이라고 하였다. 장인이 이자익의 총명함과 성실함이 마음에 들어 딸을 주었다는 것이다.

> 1900년경 자익은 같은 지역의 부농 김여장 씨의 딸 김선경(金善慶)을 아내로 맞아 새 가정을 이루었다. 김씨가 홀홀단신인 자익을 자신의 사위로 삼은 것은 자익의 '사람 됨됨이'에 반해서 그리했다고 한다.[58]

한인수는 이 주장이 손녀 이은소, 자부 김양호 등 후손들의 증언에 근거한 것이라고 밝혔다.[59]

이것이 사실이라면, 이자익은 조덕삼의 집을 나온 직후 결혼하였고, 곧이어 장사를 시작하며 자립한 것으로 해석할 수 있다.

---

58. 한인수, 『호남교회 형성 인물』, 같은 책, 99쪽.
59. 한인수 목사와의 통화 녹취(2025년 2월 13일).

그렇다면 다른 총각도 아닌 고아와 마부 출신의 완전한 빈털터리 이자익 청년을 지역의 부호였던 장인 김여장(金汝長)이 어째서 사위로 맞이했는지 의문이 생긴다. 이에 대하여 후손들의 증언은 한결같이 "총명하고 착하고 성실해서" 그랬다는 것이다. 그 외 다른 이유는 기록이 없어 확인 할 수 없다.

여기서 이자익을 보내는 조덕삼 지주와 사위로 맞는 장인 김여장의 마음을 분석해 볼 필요가 있다. 당시 풍습에 따르면, 고용주와 머슴 사이에 신뢰가 쌓이면 고용주는 머슴에게 결혼과 독립을 위한 약간의 토지나 가옥을 주는 것을 도리로 여겼다. 한편, 남자가 귀한 집에서는 머슴을 데릴사위로 맞아들이기도 했다.

> 머슴이 오랫동안 고용주에게 봉사하여 신뢰를 얻는 등, 양자 간에 온정적 관계가 이루어졌을 때에는 고용주는 머슴을 혼인시키고 약간의 토지·가옥을 마련, 독립시켜 주는 것을 도리로 생각하기도 하였다.[60]

금산면의 조덕삼과 봉남면의 김여장은 모두 부자였으므로 멀지 않은 동네에 살면서 서로 알고 지냈을 것이다.[61] 둘은 서로의 마음이 통하여 조덕삼은 자신이 신뢰하는 마부 이자익을 김여장에게 소개하였을 것이고, 김여장은 조덕삼이 보장하는 청년 이자익을 사위로 삼았을 것이다. 조덕삼은 자신이 데리고 있었던 이자익 청년의 결혼과 독립 자금을 김여장에게 넘긴 셈이고, 김여장은 신체와 정신이 건

---

60. 한국민족문화대백과사전 - 머슴(같은 인터넷 자료).
61. 김수진은 김선경의 집이 김제 봉남면 월성리라고 한다.(김수진, 『이자익 이야기』, 같은 책, 32쪽.)

강한, 부모 없는 사위를 아들로 여기며 데릴사위처럼 맞아들인 것으로 생각할 수 있다.

김선경은 농사로 큰 부자가 된 김여장과 김성녀(金姓女)의 맏딸이었다. 김양호의 증언으로는 김선경에게 여동생과 남동생이 하나씩 있었다고 한다. 그리고 김선경의 남동생(또는 사촌)이 금산사에 있었던 해광(海光) 스님이라고 했다.[62] 그렇다면 김선경의 집안은 불교 집안이었을 가능성이 크다.

그런데 김양호의 증언에 의하면 청소년기에 금산사에서 일하던 이자익의 총명함과 부지런함을 보고 금산사의 어떤 사람이 나중에 김선경의 집안에 소개하여 결혼하게 되었다고 한다. 이 증언을 신뢰한다면, 금산사에서 일하며 이자익을 지켜보았던 동네 사람의 중매로 김여장이 이자익을 알게 되었고, 그에 관하여 조덕삼에게 물어서 결혼이 성사된 것으로 볼 수도 있다.

김수진은 월성교회 김필수 조사(助師)가 같은 교회 교인 김선경을 조덕삼에게 소개하여 이자익과의 결혼이 성사된 것으로 주장하지만,[63] 당시 불신 가정의 10대 초반 처녀가 혼자서 교회를 다녔다는 것은 지나친 비약이다. 오히려 자부 김양호의 증언이 더 신빙성이 있다.

15-2. 신부 김선경의 나이와 장남의 출산 연도 문제

이자익의 족보에 의하면 김선경은 1888년(무자년) 3월 2일생이다. 그런데 1900년에 결혼했다면, 김선경의 나이가 문제가 될 수 있

---

62. 자부 김양호 권사와의 면담(2025년 4월 6일, 김제 자택).
63. 김수진, 『이자익 이야기』, 같은 책, 32쪽 참조.

다. 즉 이자익은 21세의 적령기지만, 9살 연하의 신부 김선경은 12살 밖에 안 된다. 또한 첫아들을 6년이나 늦은 1906년에 출산한 것도 문제이다. 그런데 당시 여성의 결혼 연령이 15세 전후였음을 알면 이 문제는 풀린다.

> 1907년(융희 원년) 8월에는 남자 만 17세, 여자 만 15세 이상이 되어야 혼인할 수 있도록 하는 조칙이 내려졌지만, 이후에도 이 조칙을 지키지 않는 사람들이 있었다.[64]

당시에 혼인 연령을 여자 만 15세로 정했다는 것은 그 이전에 결혼하는 경우가 다반사였다는 것을 말해준다. 20세기 초반 15세 이하에 시집가는 여성이 25% 정도였다는 통계가 있지만, 실제로는 이보다 더 많았고 10세 전후에 결혼하는 일도 흔했다. 따라서 김선경이 12세에 결혼하였을 가능성은 충분하며 전혀 이상하거나 주목받을 일이 아니다.

> 어린 아이를 시집보내는 관행은 시간이 흘러도 크게 변하지 않았다. 20세기 초반 민적에서 초혼 연령이 확인되는 여성의 24.6%가 15세 이하에 시집을 갔다.[65]

그다음 문제는 첫아들을 결혼 6년 만인 1906년에 출산하였다는 것이다. 이것은 신부의 나이가 어릴 경우 초경 이전이므로 결혼만 하

---

64. 한국민족문화대백과사전 – 조혼(https://encykorea.aks.ac.kr/Article/E0052771)
65. 우리역사넷 – 여성의 조혼(https://contents.history.go.kr/front/km/print.do?levelId=km_027_0060_0010_0010&whereStr=)

고 부부관계는 하지 않다가 아이를 낳을 나이에 이르렀을 때 합방하던 당시 풍습을 알면 이해할 수 있는 문제이다. 당시 여성의 초경 나이가 15세 전후였다고 하니 큰아들을 6년 후에 얻은 것은 정상이라고 할 수 있다.

> 여자가 어린 경우 보통 여성의 초경 이전에는 결혼만 해 놓고 성관계는 초경 이후로 미뤘으나, 남자가 어린 경우 대충 남자가 10대 초반만 되면 바로 관계를 맺도록 시켰다.[66]

김수진이나 주명준이 무게를 두는 1905년 결혼설의 가장 강력한 근거는 장남이 1906년에 태어났다는 것이다. 하지만 앞서 설명했듯이, 이는 조혼 제도를 이해하면 충분히 해명될 수 있다.

결론적으로 1900년, 21세의 이자익은 12세의 김선경과 결혼하였고, 첫아들은 6년 후에 출산하였다. 이는 당시 결혼 상황이나 풍습을 모르면 이해할 수 없는 문제이다. 비록 이를 입증할 공식적인 자료는 존재하지 않지만, 한인수가 오래전 이자익의 후손들로부터 청취한 증언을 기록해 둔 것이 유일한 근거로 남아 있다.

15-3. 결혼 시기와 장소

저자가 이자익의 결혼 시기와 장소에 관하여 물었을 때, 김승자는 이자익이 결혼할 때 직접 보았다는 처가의 외숙모[67]에게 들었다고

---

66. 나무위키 - 조혼(https://namu.wiki/w/%EC%A1%B0%ED%98%BC)
67. 이 외숙모는 김선경의 외숙모라고 한다. 즉 김선경 어머니의 동생이었고, 나이는 이자익과 거의 비슷했다고 한다.(김승자 권사와의 통화 녹취, 2025.04.05.)

하며 다음과 같이 증언하였다.

> 외숙모님께 들은 바로는, 결혼을 하려던 당시 이자익은 직업이 마부였기에 물질적으로 아주 어려웠고 몰골이 말이 아니었다고 합니다. 저도 사진을 본 적이 있는데 머리에 상투를 했었습니다. 그리고 아주 남루한 조끼를 입고 처가에 왔다고 합니다. [...] 결혼식은 결혼하면서 바로 하였다고 들었습니다. 장소는 장인이 사는 집에서 조촐하게 한 것 같습니다. 당시 구식 결혼을 했는데, 결혼식이라야 상 차리고 닭 한 마리 놓고, 서로 인사하는 게 전부였어요.[68]

이는 이자익의 결혼 시기가 1900년이고, 마부 생활을 하다가 결혼한 것임을 확증하는 중요한 증언이다. 신랑이 신부집에 보내는 혼수(婚需)는 가진 것이 없던 이자익을 대신하여 조덕삼이 조촐하게 마련했을 것이다.

당시 풍습에 따르면, 신부의 나이가 어린 경우 결혼만 먼저 한 뒤 시댁에서 지내다가 적령기가 되었을 때 정식으로 결혼식을 올리는 일이 종종 있었다. 그러나 이자익은 고아였기에 어린 신부를 딸처럼 돌봐줄 시부모가 없었고, 이런 이유로 바로 처가에서 결혼식을 올린 것으로 추정된다.

> 남자 쪽에서는 어린 여자아이를 데려와 마치 딸처럼 키우다가 적령기에 이르면 아들과 결혼식을 올려 주고, 그때부터 부부로 지내도록 하였다.[69]

---

68. 김승자 권사와의 통화 녹취(2025.02.24.).
69. 우리역사넷 - 여성의 조혼(같은 인터넷 자료).

김수진은 이자익의 결혼식이 전주 서문밖교회에서 최의덕 선교사의 주례로 거행되었다고 하였다.[70] 하지만 이는 이자익이 예수 믿은 후 1905년에 결혼했을 것이라는 잘못된 추측에 기초한 소설이다. 현재 전주의 서문교회(옛 서문밖교회)에는 이자익의 결혼에 관한 기록이 없다. 그리고 이자익이 예수 믿고 결혼식을 했다면, 교회 안에서의 그의 비중과 헌신으로 보아 두정리교회(현 금산교회)의 기록에 어떤 흔적이 남아있을 법도 한데 아무런 단서도 찾을 수 없다. 또한 예수 믿는 청년에게 기독교를 반대하던 불교 집안의 장인이 절대로 딸을 줄 리가 없었을 것이다.

15-4. 잉골드 선교사가 본 당시 결혼식 풍경

여담이지만, 최의덕 선교사 부인 잉골드 선교사는 당시 전주에서 본 결혼식 광경을 일기에 다음과 같이 적었다. 신부가 색동옷에 원삼을 입고 화관을 썼으며, 신랑은 사모관대를 갖추고 목화(나무신)를 신었다고 기록하였는데, 이자익과 김선경의 결혼식을 상상해 볼 수 있는 자료이다.

> 신부는 빨간색의 비단 치마와 길고 큰 소매에 여러 색의 줄무늬가 있는 저고리를 차려입었다. 신부의 손목 위에서부터 손가락 아래로 6인치 이상 늘어진 하얀색 천이 손을 완전히 덮고 있다. 그녀의 머리 위에는 알록달록한 색종이로 만든 묘하게 생긴 화관이 있다. 신부의 얼굴은 분을 발라 하얗고, 머리는 기름을 발라 번지르르

---

70. 김수진, 『이자익 이야기』, 같은 책, 33쪽 참조.

하게 붙어 있다. [...] 신부의 나이는 15~16세 정도였고 아주 예쁘다. 신랑은 파란색의 긴 겉옷, 허리띠, 앞면과 뒷면에 정사각형의 자수무늬가 새겨진 혼례복을 입었다. 결혼식에만 신는 목이 긴 검은색 신발을 신고, 모자에는 '날개'가 달려있다.[71]

그림9. 최의덕(테이트) 선교사와 부인 잉골드 선교사

---

71. 송영애, "선교사 기록에 나타난 전주의 풍속, 마티 잉골드의 자료를 중심으로", 「전북학연구 제4집」, 전주대학교(2021.12.30.). 172~173쪽.

16. 김선경의 친척 해광(海光) 스님은 누구인가?

16-1. 해광 스님과 김선경의 관계

김선경의 집안에는 스님 한 사람이 있었다. 그런데 책마다 이 스님이 처할머니, 할머니의 사촌 동생, 집안 친척 중 한 사람, 해광(海光) 스님, 혜광 스님 등으로 다르게 기록되어 있다. 김선경의 집안과 관련된 스님이 여승(할머니)과 남승(해광) 두 사람인지, 아니면 할머니가 해광 스님인지 명확하지 않다.[72] 손자 이규석 등 다른 후손들도 기억이 확실하지 않다. 다만 손 자부 이숙희가 분명하게 증언하는 바는 처 할머니는 아니고, 김선경의 할머니 쪽 친척인 해광 스님 한 사람밖에 없다는 것이다.

그런데 자부 김양호는 저자와의 대담 중에 해광이 김선경의 남동생이라고 하였다. 즉 이자익의 처남이라는 것이다. 같이 동석했던 김승자는 해광이 김선경의 먼 친척은 아니고 아주 가까운 사촌쯤 되는 것으로 알고 있었는데, 동생일 수도 있다고 하였다.[73]

---

[72]. 자부 김양호는 여러 차례 면담 중에 해광을 해공 스님이라고 발음하였다.
[73]. 김양호 권사는 "해광 스님이 이자익 목사의 처남"이라는 말을 먼저 꺼냈고, 저자가 "김선경 사모의 남동생인가"를 물으니 "그렇다"고 대답하였다. 그러나 같이 있던 동생 김승자 권사는 남동생은 아닌 것 같고 사촌쯤 되는 가까운 친척이라고 하였다.

해광(海光)은 김선경의 남동생이었을까, 아니면 사촌 형제였을까? 추측건대, 친동생보다는 사촌일 가능성이 높다. 왜냐하면 결혼 당시에 해광이 스님이었다면, 나이가 12살의 김선경보다 아래인 10세 정도였을 것이므로 법명(法名)을 받기에는 너무 어리다. 적어도 김선경보다 나이 많은 사촌 형제 중 하나였을 것으로 생각된다. 만약 김선경이 결혼한 후에 해광이 법명을 받았다면, 친동생일 수도 있다. 어쨌든 가까운 혈육인 것만은 확실하다. 그러나 여러 정황으로 미루어 보아 해광이 김선경보다 나이가 많았을 것으로 생각된다.

16-2. 금산사의 해광 스님 김극인

이제 해광 스님을 조명해 보자. 해광을 이해하기 위해서는 결혼 풍습과 마찬가지로 지금의 불교가 아닌 100년 전 일제강점기 시대의 불교를 알아야 한다. 해광은 부인이 있는 대처승이었다.[74] 지금은 대처승이 소수이지만 당시에는 90%의 승려가 대처승이었다.[75] 그러므로 해광이 대처승이었다는 사실은 특별한 것이 아니다.

손자 이규석은, 그의 부친(이봉호)이 어린 시절 형제들과 함께 해광이 있었던 절에 자주 놀러 갔었다는 이야기를 들었다고 한다.[76] 이규석의 부친 이봉호는 1913년생이므로 그의 어린 시절에는 해광이 김제 금산사에 있었고, 이자익 목사가 같은 동네 두정리교회(금산교

(2025년 4월 6일, 김제 자택)
74. 이규석 목사의 증언.(2025년 1월 23일, 김제 김양호 권사 댁.)
75. 한국민족문화대백과사전 – 대처승(https://encykorea.aks.ac.kr/Article/E0078273)
76. 이규석 목사와의 통화 녹취. (2025년 6월 14일)

회)를 목회할 때이다.

　이후 이규석은 자신도 어린 시절 아버지(이봉호)나 어머니의 손을 잡고, 해광이 있던 절에 놀러 가서 놀았던 추억이 있다고 회상했다. 그때 만난 스님이 남자인가 여자인가를 물었더니 기억이 없지만 아마도 여자였을 것이라고 하였다.[77] 만약 여자였다면, 추측하건대 이는 해광의 부인이 아니었을까 한다. 어린아이와 해광 스님이 놀았을 리는 없고, 그 부인은 같이 놀아주며 시간을 보냈을 것이다. 이규석의 어린 시절은 1950년대 중반이고, 이때는 해광이 완주 송광사에 있을 때이다. 그리고 이규석은 아버지 이봉호와 함께 전주에 살고 있었으므로 가까운 송광사에 놀러 간 것이다.

　해광의 본명은 김극인이다. 1935년 3월 9일 금산사 미륵전의 본존불상이 불에 타 앞으로 넘어졌는데, 이를 재건하는 기부금 모집원의 명단에 '해광 김극인'이라는 이름이 있다.

> 『금산사지』에는 "주지 황성렬사가 해광 김극인, 삼능 조영찬, 보응 김시택, 법운 국창용, 내장사 주지 매곡 정봉모, 구암사 주지 일헌 김종렬, 신사 김수곤, 비구니 유지승 등의 조력을 자(藉)하여 가산 거사 김수곤 등 대방단가의 시금 1만 6천여 원을 수하여 양공(良工) 김복진에게 명하여 소화 13년[1938] 9월 3일로서 소성하였다."고 기록되어 있다.[78]

---

77. 이규석 목사와의 면담, (2025년 1월 23일, 김제행 승용차.)
78. 한국민족문화대백과사전 – 금산사 미륵전 본존상(金山寺 彌勒殿 本尊像) (https://encykorea.aks.ac.kr/Article/E0074170)

16-3. 완주 송광사의 혜광 주지 스님

해광은 금산사(金山寺)에 있다가 완주 송광사(松廣寺)[79]로 옮겼다. 송광사는 금산사의 말사(末寺)이기 때문에 본사인 금산사에서 관리하는 작은 절 송광사로의 이적은 자연스러운 것이었다. 해광은 그곳에서 주지 스님이었다고 하는데, 확인할 길은 없다. 해광은 송광사에서 1934년에 나한전(羅漢殿)을 건립하고, 1944년 일주문을 옮겼다. 송광사 홈페이지에는 "1934년 해광극인(海光克仁) 선사 나한전 중수", "1944년 해광극인 선사 조계교 부근에 있던 일주문을 현 위치로 이건"이라고 기록되어 있다.[80]

어느 인터넷 자료에는 송광사 나한전의 자세한 역사와 함께 구조를 설명하면서 중건한 해광의 업적을 보여주고 있다.

> 송광사 나한전(羅漢殿)은 조선 17대 효종 7년(1656)에 벽암각성대사가 송광사를 중창할 때 건립하였고, 1934년 해광 스님이 중수한 것이라 한다. 전각의 형태는 정면 3칸, 측면 3칸의 주심포 양식의 건물로 팔작지붕을 하고 있으며, 이 나한전의 본존불로 모셔진 '목조석가여래좌상'은 연화대좌 위에 안치하였다.[81]

해광 스님이 송광사에 머물고 있었기에, 6·25 전쟁 당시 이자익 목

---

79. 완주 송광사는 순천 송광사와 다른 절이다.
80. 완주 송광사 - 송광사 연표 (http://songgwangsa.or.kr/%ec%86%a1%ea%b4%91%ec%82%ac%ec%86%8c%ea%b0%9c/%ec%86%a1%ea%b4%91%ec%82%ac%ec%86%8c%ea%b0%9c/).
81. 사찰 종남산 '송광사(松廣寺)' 소개 - 선종대가람 (www.buljahome.com).

사 가족은 공산군을 피해 한때 송광사로 피신하였다고 김양호는 증언하였다.[82] 해광은 나중에 대처승 중심의 태고종에 소속되었다고 한다.

해광 스님이라는 인물의 정체나, 그와 김선경 사이의 구체적 혈연관계에 대해서는 더 이상 남아있는 기록이 없어 확인할 수 없다.

---

82. 자부 김양호 권사와 그의 동생 김승자와의 면담 당시 김양호 권사의 정신이 아주 또렷하였기에 증언에 신빙성이 있다. (2025년 4월 6일, 김제 자택)

17. 이자익의 교육 수준과 글공부 실력은 어떠했나?

앞서 기술한 내용을 종합하면, 이자익이 글공부를 한 장소는 세 곳으로 추정된다. 첫째, 어린 시절 고향 남해에 있는 서당이나 친척 집에서 한문을 익혔다. 둘째, 김제 금산사에서 일하면서 글을 배울 기회를 얻었다. 셋째, 조덕삼 지주의 집에서 마부로 일할 당시, 지주의 아들 조영호가 공부하는 것을 어깨너머로 지켜보며 부족한 실력을 보완했다. 고아로 자라 정규 교육을 받기 어려운 환경에서도 이자익은 학구열에 불타 계속해서 글공부를 이어나갔다.

이자익은 언더우드나 아펜젤러 등 서양 선교사가 입국하기 전인 1879년에 태어났다. 그러므로 당시에는 소학교 같은 신식 교육기관이 없었고, 글을 배우려면 서당에 다녀야 했다. 아니면 집안의 어른에게 한문을 배웠다. 그러므로 이자익이 "소학교 교육도 받지 못했다"는 식으로 말하면 안 된다. 비록 서당에서 체계적으로 오래 공부하지 못하였을지라도 그가 남긴 일기의 한문 실력으로 보아 이자익은 생계를 위해 일을 하며 틈틈이 글을 배워나간 것이 틀림없다.

이자익은 천자문을 외우며 한문 공부를 계속했고, 이 과정에서 한글도 함께 배웠을 것이다. 당시에는 한문 문장에 한글로 토를 달아 자연스럽게 한글 공부가 병행되었다. 이자익은 어린 시절 매우 총명하고 머리가 좋아서 한번 들은 것을 외우는 재주가 있었다고 후손들이 증언하고 있다.

이자익이 꾸준한 글공부를 하였다는 것은 그의 일기(日記)가 증명하고 있다. 또한 나중에 이자익이 조덕삼의 권유로 금산교회 안에 설립된 유광학교의 교사가 되어 가르쳤다는 것과, 평생의 신앙 동지였던 구봉리교회 장로 김준기[83]가 이자익의 한문 실력에 놀라워했던 사실은 오랜 기간에 걸친 이자익의 공부 이력을 말해주고 있다. 그가 훗날 평양신학교 입학시험에서 어려운 한문 작문 시험을 무사히 통과하였다는 것도 그의 수준 높은 한문 실력을 증명한다.

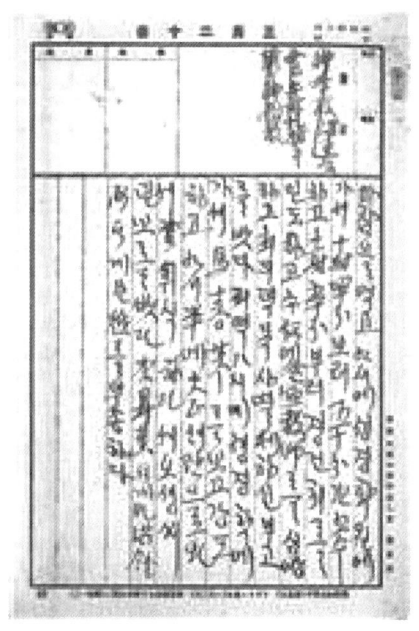

그림10. 이자익 일기(1929년 3월 20일)

---

83. 김준기 장로는 이자익 목사를 사석에서는 '형님'으로 부를 정도로 가까웠다고 한다. (주명준, 같은 책, 328쪽 참조.)

17. 이자익의 교육 수준과 글공부 실력은 어떠했나? 79

18. 이자익이 예수 믿은 연도는 언제인가?

이자익이 예수 믿은 정확한 연도는 후손들의 기억 속에 없다. 조덕삼과 같이 믿었다면 1904년이고 이자익이 먼저 믿었다면 1902년으로 생각된다. 이에 대하여 한인수는 1902년에 최의덕 선교사의 전도를 받아 이자익이 아내와 함께 믿었다고 주장하고, 김수진은 조덕삼이 자기 집 마부 이자익에게 전도하였다고 적고 있다. 먼저 한인수의 글을 보면 다음과 같다.

> 신혼생활을 시작한 지 얼마 안 되는 1902년 자익의 생애를 결정짓는 중대한 사건이 발생했다. 이 지역을 순회하며 전도하던 최의덕(Tate) 선교사와의 만남이 그것이었다. 오랫동안 최 선교사의 친절한 전도와 가르침에 감동된 자익은 마침내 아내와 함께 그리스도를 개인의 구주로 영접하는 기쁨을 누렸다.[84]

이 주장이 중요한 것은 최의덕 선교사 부인 잉골드(Ingold) 선교사의 글을 인용하고 있다는 점이다. 한인수는 이 인용문의 각주에서

---

84. 한인수, 『호남교회 형성 인물』, 같은 책, 99쪽. THE MISSIONARY SURVEY(1915, 739쪽.)를 재인용한 글.

"THE MISSIONARY SURVEY(1915, p. 739)"를 출처로 제시하며, "여기서 최의덕 선교사 부인 Ingold는 자익의 초기 신앙생활에 대해 신빙성 있는 정보를 제공하고 있다"고 설명하였다.

최의덕 선교사의 부인으로 이자익이 예수 믿은 과정을 설명한 글이라면 이보다 더 중요한 증거는 없다. 이자익은 최의덕 선교사를 만나 단번에 예수 믿은 것이 아니라, 오랜 만남과 성경에 대한 가르침을 통하여 예수 믿기로 작정한 것이다.

이에 비하여 조덕삼이 이자익을 전도했다는 김수진의 주장은 우선 그 내용이 소설처럼 되어 있어서 진실과 허구의 경계선이 모호하다. 그리고 조덕삼의 손자 조세형의 발언을 인용한 것이기에 위의 잉골드 선교사의 증언보다는 무게감이 떨어진다.[85] 이자익이 예수 믿은 시점은 마부 생활을 청산하고 독립한 후이다. 그런데 김수진은 다음과 같이 쓰고 있다.

> 조덕삼은 만나는 사람마다 사랑채에 나와 보라고 외치고 다녔다. 자신의 집에서 마부로 일하고 있는 이자익에게도 전하였고[86]

한편 김수진의 주장이 문제 되는 것은 일관성이 없다는 것이다. 그는 다른 책에서 위와는 다르게 마부 이자익을 전도한 사람은 조덕삼이 아니라 최의덕 선교사라고 쓰고 있다. 여기서도 여전히 이자익이 마부였을 때 믿은 것으로 되어 있어서 사실과 다르다.

---

85. 김수진, 『이자익 이야기』, 같은 책, 24쪽.
86. 김수진, 위의 책, 같은 쪽.

말을 타고 다니면서 전도를 하던 최의덕 선교사는 마부인 이자익과 김제 원평 땅에서 자주 마주쳤다. [...] 이때 최의덕 선교사가 마부 이자익에게 유창한 한국어를 쓰는 데에 감동이 된 이자익은 최의덕 선교사의 전도를 받아들여 예수를 믿게 되었다.[87]

앞서 설명한 대로 이자익은 1900년경에 이미 마부 생활을 청산하고 결혼하여 독립하였기에 위의 주장은 사실과 다르다. 이를 뒷받침하는 자료는 니스벳(Nisbet) 선교사 부인 애너벨[88]이 쓴 글이다. 한인수가 『호남선교 초기 역사』라고 번역한 이 책에서 애너벨 니스벳은 "이자익이 복음에 대해 처음 들었을 때 그의 직업은 상인이었다."[89]라고 정확하게 기록하였다.

그러므로 잉골드 선교사의 글을 인용한 한인수의 주장을 더 신빙성 있게 받아들여야 한다. 이자익은 1902년 23세의 나이에 최의덕(Lewis B. Tate) 선교사의 전도와 오랜 가르침 끝에 예수를 믿게 되었고, 1904년에는 지주 조덕삼이 기독교에 귀의(歸依)하였다. 조덕삼을 전도한 사람이 최의덕 선교사였는지, 아니면 이자익이었는지는 정확하지 않지만, 아마도 조덕삼은 이자익의 권유로 최의덕 선교사를 만나 회심(回心)했을 가능성이 크다.

---

87. 김수진, 『호남기독교100년사』, 같은 책, 225쪽.
88. 니스벳(한국명 유서백)은 미국 남장로교 선교사이고, 부인 애너벨 니스벳(Anabel Lee Major Nisbet)은 남편을 따라 전주, 목포 등을 선교하며 이자익을 전도한 최의덕 선교사 부부와 교제하였으므로, 이자익에 대하여 잘 알고 있었다. 특히 이자익은 1908년 니스벳 선교사의 지도를 받는 조사(助師)로 일하였다.
89. 한인수, 『호남선교 초기 역사』, 같은 책, 165쪽.

그림11. 금산교회 기억자(ㄱ) 예배당에 걸려 있는 초상화(우로부터 최의덕, 조덕삼, 이자익)

그림12. 조덕삼 장로

18. 이자익이 예수 믿은 연도는 언제인가? 83

19. 이자익의 학습과 세례, 그리고 금산교회의 시작은 언제인가?

한인수는 금산교회의 시작을 다음과 같이 설명한다. 1902년 최의덕(테이트) 선교사를 통해 예수를 믿게 된 이자익은 그의 친구 김종규 등이 따라서 믿게 되자 함께하는 신앙공동체 '팟정이 모임'을 만들어 2년간 지속하였다고 한다. 그러다가 이자익이 조덕삼을 전도하여 그 모임에 나타났는데, 조덕삼의 결신에 결정적인 영향을 준 사람은 이자익이고, 그의 인도로 조덕삼은 최의덕 선교사를 만나 기독교에 귀의하게 되었다고 하였다.

> 1904년 후반기에 접어들자 '팟정이 모임'은 새로운 전기를 맞게 되었다. 자익이 전에 상전으로 모시고 섬긴 바 있던 조덕삼이 신종(信從)을 결심하고 모임에 나타난 것이다. 그의 결신에 직접적인 영향을 준 인물은 자익이었다.[90]

이 주장이 후손들의 증언에 의한 것인지는 확실하지 않다. 그리고 조덕삼 지주가 이자익이 주도하는 모임에 참석을 했다는 것도 그

---

90. 한인수, 『호남교회 형성 인물』, 같은 책, 100쪽.

의 나이나 지위로 보아서 믿기 힘든 대목이다. 그러나 당시 먼저 예수 믿고 전도에 열심이었던 이자익이 사랑하고 존경하던 옛 주인 조덕삼을 전도한 것은 충분히 가능한 일이다. 조덕삼은 먼저 이자익의 전도를 받은 후, 나중에 최의덕 선교사를 만나 예수를 믿기로 결심했을 가능성이 크다.

어쨌든 조덕삼의 결신(決信)과 함께 본격적으로 교회가 시작되었는데, 이에 대하여 주명준은 다음과 같이 적고 있다.

> 1902년경에 예수를 알게 된 이자익은 1904년에 조덕삼에게 최의덕 목사를 소개하여 믿게 하고 조덕삼의 사랑에서 예배를 드리더니 1905년에 조덕삼의 과수원이 있는 두정리에 5칸 초가를 지어 예배당으로 삼고 금산교회를 설립하였다.[91]

조덕삼은 처음에 자기 집 사랑채를 예배 처소로 제공하다가, 교인이 많아지자, 1905년 초가 5칸을 지어 예배당으로 제공하였고, 1908년에는 그가 헌납한 터에 현재의 기역자(ㄱ) 예배당이 완공되었다. 이자익은 조덕삼, 박화서와 함께 1905년 10월 11일 학습 교인이 되었고, 이듬해인 1906년 5월 30일 최의덕 선교사로부터 세례를 받았다. 금산교회(구 두정리교회) 당회록에는 학습 및 세례받은 첫 교인 3명의 이름을 조덕삼, 이자익, 박화서 순으로 적어 놓았다.[92] 금산교회는 위의 세 사람이 학습을 받은 1905년 10월 11일을 교회창립일로 지키고 있다.

---

91. 주명준, 같은 책, 111쪽.
92. 금산교회 「당회록」, 1쪽.

당시 금산교회는 여러 개의 이름으로 불렸는데, 두정리교회, 팥정리교회, 팥정이교회 또는 용정리교회 등이다. 그러나 당회록에는 두정리교회로 일관되게 쓰여 있다. 두정리(荳亭里/豆亭里)는 콩 두(豆/荳)자를 쓴다. 콩과 팥(팟)을 같은 개념으로 보아 이런 이름들이 붙여졌다고 한다. 또한 두정(荳亭)이라는 정자가 있어서 마을 이름이 되었다고 한다.

그림 13. 금산교회(옛 두정리교회) 현재 모습

20. 이자익의 회심(回心) 사건과 영수(領袖) 임명 후 겪은 시련은 무엇이었나?

1906년(27세) 이자익은 조덕삼과 함께 세례를 받았고, 동시에 영수(領袖)로 임명되어 최의덕 선교사를 도와 전도에 힘썼다. 영수는 자기 직업을 갖고 무보수로 교회를 섬기는 교인이다. 이 무렵 이자익은 장사를 계속하며 영수가 된 것이다.

그런데 한인수는 이자익이 사업상의 실수로 큰 빚을 지고 재산을 모두 날려버린 일이 있었고, 빚더미에 올라 끼니조차 힘든 형편이었다고 하였다.[93] 그의 이러한 주장은 애너벨 니스벳 선교사의 글에 근거하고 있는데 그 내용은 다음과 같다.

> 이자익이 복음에 대해 처음 들었을 때, 그의 직업은 상인이었다. 그는 그리스도인이란 부정과 관계하지 않고 깨끗한 마음을 가진 사람이어야 하며 빚진 것은 갚을 줄 아는 사람이라 배웠다. 이 무렵까지 이자익의 빚은 크게 염려할 정도가 못 되었다. 그는 사정이 좋아질 때 갚게 되기를 기대했다. 그러나 그리스도인으로서 (신의 상) 그는 채권자들에게 빚을 청산하지 않으면 안 되었다. 이것은

---

93. 한인수, 『호남교회 형성 인물』, 같은 책, 101쪽.

그를 아무런 장사 밑천도 없는 빈털털이로 만들어 놓았다. 그와 그의 젊은 부인은 너무나 궁핍하여 하루에 변변치 못한 음식이나마 두 끼밖에는 들지 못하는 어려운 처지가 되고 말았다.[94]

허호익은 이에 대하여 위의 니스벳의 글을 근거로 한인수의 주장을 반박한다. 이자익이 사업상의 실수로 빚을 진 것이 아니라, '영수는 부채가 없어야 한다'는 선교사들의 가르침을 따라 사업자금으로 진 빚을 모두 갚아버리고 무일푼이 된 것이라고 하였다.[95] 그런데 이 주장은 한인수가 니스벳의 글을 몰랐다는 것을 전제한 것이기에 문제가 있다. 한인수는 니스벳의 글을 친히 번역한 사람이기 때문이다.

여기서 한인수와 허호익의 주장 중에서 어느 것이 옳으냐를 판단하기 전에 니스벳(애너벨) 선교사의 글에 집중하여 정확히 분석하며 핵심을 읽을 필요가 있다. 우선 니스벳은 이자익이 영수로 임명될 때가 아닌 "복음에 대해 처음 들었을 때"의 상황을 말하고 있다는 점에 주목해야 한다.

니스벳의 글은 '시험을 극복한 신앙'이라는 대제목 아래 '시험', '두 번째 시험', '결단을 내리다', '결과'와 같은 소제목으로 구분되어 있는데, 자세히 보면 '시험'은 1902년 예수 믿을 당시, '두 번째 시험'과 '결단을 내리다'는 1906년 영수 임명 때, 그리고 '결과'는 1915년의 상황과 관련된 글임을 알 수 있다. 즉, 니스벳은 짧은 글에서 각각 다른 시기에 있었던 일들을 연결하여 모아 놓은 것이다.

---

94. 한인수, 『호남선교 초기 역사』, 같은 책, 165~166쪽.
95. 허호익, 같은 책, 77쪽 참조.

20-1. 첫 번째 시험

먼저 위의 인용문을 근거로 이자익의 회심(回心) 당시 경제 상황을 살펴보면, 그는 조덕삼의 집에서 나와 결혼하고 장사를 시작하였는데, 2년이 지나서 예수 믿게 되는 시기까지도 사업상 "크게 염려할 정도가 못되었지만" 빚을 지고 있었다. 그런데 그리스도인은 빚진 것을 갚을 줄 아는 사람이어야 한다는 선교사들의 가르침에 따라 빚을 청산하였더니 빈털터리가 되었다는 것이다.

이는 이자익이 가진 장사 밑천이 부족했고, 그의 사업이 결코 순탄하지 않았음을 보여준다. 아마도 한인수의 주장처럼 사업이 실패하여 큰 손해를 보았을 수도 있다. 한인수는 니스벳의 글을 직접 번역해 그 내용을 충분히 이해하고 있었음에도 불구하고, 후손 중 가장 신뢰할 수 있는 이은소의 증언을 바탕으로 이자익의 사업상 실수와 금전적 손실을 주장하였다. 즉 큰 빚을 진 것도 사실이고, 그 대부분을 갚고 이제 조금의 빚만 남아 있는 상태라는 말도 사실일 수 있다. 이는 그가 아무런 경험이나 기반 없이 뛰어든 사업의 초기 상황이 얼마나 어려웠을지를 짐작하게 한다.

그런데 자부 김양호와 같이 사는 동생 김승자는, 이자익이 사업을 잘못한 것이 아니라 동업자에게 속아서 빚을 진 것이라는 말을 들었다고 한다.[96] 이자익이 평소에 보여준 근면함과 성실한 태도를 생각하면, 이 증언이 사실일 가능성도 있다. 다시 말해, 사업의 실패가 이자익의 잘못 때문이라기보다는 동업자의 배신으로 인해 큰 손해를 입고 많은 빚을 지게 되었을 가능성을 시사하는 것이다. 그러나 그

---

96. 김승자 권사와의 통화 녹취(2025년 2월 24일).

동업자가 김종규는 아니고 다른 사람일 가능성이 있다. 김종규는 같은 교회 교인이고 나중에 이자익과 사돈을 맺었기 때문이다.

어떤 이유에서든지 이자익은 사업에 큰 타격을 입고 경제적으로 어려운 상황에 처하게 되었고, 그 시기에 최의덕 선교사를 만나 복음을 듣게 되었다. 즉 사업에 실패하고 빚을 지어 마음이 가난한 상태에서 천국 복음을 듣고 예수를 믿은 것이다. 이자익은 어린 아내와 함께 복음을 받아들였을 것이고, 사업으로 노심초사하던 마음이 감사와 기쁨으로 변하며, 예수를 만난 삭개오처럼 빚을 모두 청산하고자 하는 결단이 섰을 것이다.

니스벳(애너벨)은 위의 인용 글에 이어서 '시험'이라는 소제목 아래 돈 많은 장인이 이자익을 설득하는 장면을 묘사하고 있다. 예수를 믿지 않으면 사업자금을 대주겠다는 영적 시험이 온 것이다.

> 그의 장인은 부유했다. 그는 이씨를 불러 말했다. "만일 자네가 예수교를 그만두면 사업할 돈을 대 주겠네." 그러나 그의 대답은 이러했다. "나는 나의 주님을 배반할 수 없습니다."[97]

20-2. 두 번째 시험

여기까지는 신혼 초 예수 믿을 당시의 모습이다. '두 번째 시험'은 영수가 되어 설교하던 1906년경의 일이다. 그런데 '두 번째 시험'의 내용을 보면 이자익의 경제적 형편이 조금도 나아지지 않고 있음을 알

---

97. 한인수, 『호남선교 초기 역사』, 같은 책, 166쪽.

수 있다. 이자익은 빈털터리였지만, 장사를 계속하며 그럭저럭 끼니를 이어갔을 것이다. 그런데 그로부터 4년이 지난 1906년 세례받고 영수(領袖)가 된 후 전도하고 설교하는 일에 집중하게 되자 문제가 발생하였다. 사업에 몰두해야 할 시간이 없어졌고, 집안 형편이 더 어려워진 것이다. 이자익이 이 무렵 교회 일에 얼마나 열심을 다했으며 교인들로부터 신뢰를 받았는지는, 2년 후 그가 최초의 장로로 선출된 결과를 통해 알 수 있다.[98]

니스벳(애너벨)에 따르면, 이자익이 영수가 되어 설교까지 하게 되자 그의 장인은 다시 불러 설교를 중단하고 조용히 믿기만 하면 경제적으로 지원하겠다고 설득했으며, 이 사건을 두 번째 시험이라 표현했다. '두 번째 시험'과 '결단을 내리다' 부분의 내용은 아래와 같다.

> 그의 장인은 그를 불렀다. "예수교를 신봉한다는 것은 예수를 믿고 바른 생활을 하는 것이라 했지. 좋아, 나는 자네가 집에서 조용히 신앙생활 하기를 바라네. 만일 자네가 설교를 포기한다면 가게를 열기에 충분한 돈을 대어주겠네." 그러나 이자익은 그의 마음속에서 '만일 내가 복음을 전하지 아니하면 내게 화가 있을 것이다.'라고 느꼈다. 그래서 그는 다른 사람에게 예수를 전하지 않겠다는 약속을 해 드릴 수 없다고 대답했다. 그의 장인은 대단히 격노하여 지팡이를 들고 그를 집 밖으로 쫓아내면서 말했다. "너와 네 가족이 굶어 죽더라도 다시는 도움을 청하러 오지 말아라. 이제부터 너는 나와 상관이 없는 사람이다." 이 씨가 집에 도착했을

---

98. 이자익은 1908년 두정리교회(팟정리교회) 최초의 장로로 피택되었다.

20. 이자익의 회심(回心) 사건과 영수(領袖) 임명 후 겪은 시련은 무엇이었나?

때 그는 영양실조로 실신하여 마루 위에 누워있는 아내를 발견했다. 그의 사정을 잘 알고 있는 친절한 이웃이 저녁상을 차려 보내주었다. 아내가 어느 정도 회복되자 이 씨는 장인의 제안을 말해주며 이 문제에 대해 어떻게 처신해야 할지 그녀의 의견을 물었다. 그녀는 결정을 내릴 사람은 바로 이 씨 본인이라고 답변했다.

(결단을 내리다) 그러자 이 씨는 다음과 같이 말했다. "집에서 조용히 믿으면서 바르게 살 수도 있소. 하지만 나는 하나님께서 설교하라 부르시고 계시는 것을 느끼오. 또 이 제안은 나를 잠잠케 하려는 마귀의 술책이 아닌가 염려되오. 만일 내가 적과 타협한다면 나는 무익한 종이 되고 말 것이요." 그러자 그의 아내는 즉시 대답했다. "당신 말이 맞아요. 계속 설교하세요. 살게 되면 사는 것이고 죽게 되면 죽는 것이지요."[99]

이때 큰아들 봉환이 태어났기에, 그 당시 형편이 얼마나 어려웠을지 짐작할 수 있다. 부유한 장인은 이자익 부부가 예수를 믿는 것을 못마땅하게 여겨 지켜보았고, 딸이 죽을 위기에 처하자 사위를 설득하려 했지만, 이자익은 이를 정중하게 거절했다.

이자익은 영수가 된 후 이러한 시험과 시련을 잘 이겨냈다. 이후 이자익의 어려운 처지를 아는 몇몇 성도들이 도와주므로 끼니를 이어갔고, 마침내 그의 장인도 딸이 죽게 된 것을 보다 못하여 포기한 듯 그를 불러서 땅 문서를 주며 먹고 살게 하였다. 그리고 핍박하던 장인도 나중에는 예수를 믿고 세상을 떠났다. 장인이 죽은 해를 한인수는 1914년이라고 하였다.[100]

---

99. 한인수, 『호남선교 초기 역사』, 같은 책, 166~167쪽.
100. 한인수, 『호남교회 형성 인물』, 같은 책, 105쪽.

20-3. 결과

니스벳(애너벨)은 '결과'라는 소제목의 글에서, 이자익이 지난날의 일을 후회하지 않는다고 테이트 선교사에게 고백했다는 내용을 기록하였다. 이 부분은 1915년의 일이다.

> 그 후 수년이 지나서 테이트 씨는 이 씨에게 지난날의 결단에 대해 지금 어떻게 생각하고 있느냐고 물었다. 그는 대답했다. "만일 내가 주님께서 명하신 대로 행하지 아니하였더면 나는 버림받은 사람이 되고 말았을 것이라고 생각합니다. 한 가지는 확실합니다. 내가 달리 결단을 내렸더라면 나는 결코 나의 장인을 그리스도께로 인도하는 기쁨을 누리지 못했을 것입니다. 지난해 작고하실 때 장인께서는 우리 모두를 옆에 불러놓고 그리스도 안에서의 기쁨에 관해 말씀하시면서 하늘나라에서 다시 만나도록 하자고 권면하셨습니다."[101]

하나님은 이자익을 가난하게 하셔서 예수를 영접하게 만드셨다. 그리고 사업상의 어려움을 겪게 하셔서 장사보다 영수로서 복음 전하는 일에 사명을 갖게 하시고, 결국 금산교회 최초의 장로로 세움을 입는 영광을 허락하셨다.

---

[101] 한인수, 『호남선교 초기 역사』, 같은 책, 167쪽.

21. 이자익의 장로(長老) 장립과 조사(助師)로서의 활동은 어떠했나?

21-1. 장로로 임직 받음

이자익은 1908년 3월 5일, 29세의 나이에 금산교회 최초의 장로로 임직을 받았다. 12세 연상인 조덕삼은 1910년(43세) 이자익보다 2년 늦게 장로가 되었다. 이 이야기는 지금까지 교회사의 미담으로 전해지고 있다. 그러나 세간에 퍼진 잘못된 인식은 반드시 바로잡아야 한다.

이자익이 장로로 선출될 당시 그는 더 이상 조덕삼의 머슴이 아닌, 독립적으로 사업을 영위하며 결혼해 가정을 이룬 사람이었다. 그는 조덕삼보다 먼저 신앙을 받아들였고, 교회 사역에도 누구보다 앞장서서 영수(領袖)의 직분을 성실히 감당해 왔다. 그런 점에서 그가 먼저 장로로 선출된 것은 결코 놀라운 일이 아니다.

다만 요즘의 정서로 생각한다면, 나이도 많고, 그 지역의 유지이고, 큰돈을 들여서 교회당 터도 마련해준 조덕삼을 먼저 장로로 세워 예우를 해주는 것이 도리가 아닌가 생각할 수 있다. 그러나 이것은 일종의 세속화된 교회의 선거 풍토라고 생각한다.

당시의 교인들이 오늘날보다 더 순수한 신앙을 가졌다고 보아야 한다. 물질적인 기여도나 나이를 따지기보다는 진정한 교회의 일꾼이 누구인가를 신앙적인 기준으로만 판단하여 이자익을 장로로 선택한 것은 요즘 한국교회가 본받아야 할 소중한 신앙적 자세이다.

이자익은 장로로 선출된 후에 조덕삼에게 미안한 마음을 가지고 더 예를 갖추어 대했다고 한다. 그리고 2년 후 조덕삼의 장로 장립식을 자신보다 더 성대하게 거행하였다.

조덕삼 또한 훌륭한 신앙인이었다. 교인들이 이자익을 장로로 선출하였을 때 그가 불쾌한 마음을 드러냈다면 교회의 평안은 깨졌을 것이다. 그러나 그는 이 결과에 순복하였고 자신의 한계를 받아들였다. 이자익의 장로 장립 한 달 후인 4월 4일에는 조덕삼이 땅을 헌납하여 세워진 지금의 기역자(ㄱ) 예배당이 신축되었다.

21-2. 구봉리교회 분립

장로가 된 이자익은 최의덕 선교사를 도와 열심히 두정리(팟정리)[102]를 섬겼고, 교회는 나날이 부흥하였다. 그 결과 1909년 봄에 거리가 먼 교인들의 편의를 위하여 구봉리교회(현 원평교회)가 분립되었다. 당시 구봉리에서 두정리교회까지는 십리(4km)였는데, 걸어서 다니기에는 먼 거리였다. 구봉리에서 최의덕 선교사의 전도로 예수를 믿은 정창화, 김기환, 김영국이 구봉리에 교회 개척을 요구하였고, 최의덕 선교사가 허락하여 이자익 장로의 주도로 교회가 분

---

102. 두정리 교회의 공식적인 명칭은 노회록에도 일정하지 않다. 두정리교회와 팟정리(팟정이)교회라는 이름이 혼용되던 시기였다. 그러나 금산교회 당회록에는 두정리교회라는 이름이 정식 명칭이다.

립된 것이다.

당시 구봉리교회를 구암리교회 또는 구월리교회라고도 불렀다.[103] 「조선예수교장로회 사기」에는 두정리교회의 설립과 구봉리교회의 분립에 대하여 다음과 같이 기록되어 있다.

> 주[후] 1905년(乙巳年) 김제군 두정리교회(金堤郡 豆亭里敎會) 성립(成立)하다. 선제(先是=이에 앞서)에 본교회의 교인 이자익, 조덕삼 등이 믿고 인도자가 되어 열심히 전도함으로 수십 인의 신자를 득(得)하여 예배당 5칸을 신축한 후, 교회가 점차 발전하여 임실 삼길교회와 본군(本郡) 구봉리교회(= 원평교회)가 이에서 분립되었다.[104]

21-3. 조사(助師)로 임명됨

그 후 이자익은 1909년 9월 북전라대리회[105]에서 조사(助師)로 임

---

103. 현재 원평교회는 김제시 금산면 구월리에 속해 있다. 구봉리, 구암리, 구월리의 구분은 다음과 같다. 구월리(九月里)는 조선 말기 금구군 수류면에 속했던 지역으로, 1914년 행정구역 개편에 따라 월곡리, 구암리 일부, 태인군 감산면 사리 일부를 병합하여 구월리라 하고 김제군 수류면에 편입하였다. 1935년 수류면이 금산면으로 개칭됨에 따라 김제군 금산면이 되었으며, 1995년 1월 1일 김제시와 김제군이 통폐합됨에 따라 김제시 금산면 구월리가 되었다. 자연마을로 계월, 구봉, 신장, 어유, 유정 등이 있다. 구봉은 뒷산에 아홉 봉우리가 있다 하여 붙인 이름이다. 아홉 부자가 있어서 붙인 이름이란 설도 있다. (디지털김제문화대전 – 구월리) (https://gimje.grandculture.net/gimje/toc/GC02600293)
104. 「조선예수교장로회 사기(史記)」, 상권, 1928, 137쪽.
105. 1912년 총회가 결성될 때 북전라대리회와 남전라대리회 회원들이 모여서 전라노회를 창립하였다.

명되었다.[106] 조사(助師, helper)는 지금의 전도사 직분과 같다고 보면 된다. 실제로 이자익은 자신의 이력서에 당시 직분을 전도사라고 적었다.[107] 목사 안수를 받지는 않았지만, 선교사를 도와 목회의 일정 부분을 담당하였고 약간의 사례비도 받았다. 이러한 직분을 가진 여성은 전도부인이라고 했는데 오늘날의 여전도사로 생각하면 된다.

이자익은 이때부터 교회 일에 전념하기 위하여 장사를 아예 그만두었다. 이자익은 두정리교회만 섬긴 것이 아니다. 그는 최의덕 선교사와 유서백(柳西伯, John S. Nisbet) 선교사의 선교지인 전라북도의 임실, 태인, 순창, 남원, 흥덕 등의 18개 교회를 돌보며 설교하고 학습과 세례 문답을 하였다. 그의 조사(助師)로서의 활동에 대하여 주명준은 다음과 같이 적고 있다.

> 이자익은 1909년에 태인의 방교리, 신흥리, 두정리, 구봉리, 순창 동심리, 임실 전역 등 18개 교회를 맡아 조사일을 수행하였다. 조사는 선교사를 도와 교회를 순방하면서 설교하고 학습과 세례 문답을 하였다. 이자익의 공식적인 목회 사역이 이때부터 시작된 것이다.[108]

이때 이자익은 사역지 중 하나인 임실에 거주하였던 것 같다. 아마도 사택이 제공된 것 같고, 금산교회와도 멀지 않은 지역이라 그곳

---

106. 조사(助師)로서의 공식적인 활동은 그보다 1년 전인 1908년 후반기부터 니스벳 선교사((John S. Nisbet, 유서백)의 지도 아래 시작되었고, 최의덕 선교사가 안식년에서 돌아온 1909년부터는 최의덕 선교사의 지도를 받았다.(한인수, 『호남교회 형성 인물』, 같은 책, 104쪽.)
107. 주명준, 같은 책, 117쪽.
108. 주명준, 같은 책, 117쪽.

을 택한 것 같다. 이자익의 제적등본을 종합하면, 그는 임실에 살다가 목사 안수 후 두정리교회(금산교회)와 구봉리교회(원평교회) 전도목사로 임명이 되자 1916년에 김제군 수류면 구월리[109]로 옮겼고, 1925년 김제를 떠나 거창으로 가기까지 그곳에 살았다. 제적등본의 내용을 소개한다.

> 단기 4249년 1월 6일 임실군 신평면 하천리 10의 2호에서 이거(移居)./ 김제군 수류면 구월리 326번지에서 전적계(轉籍屆) 제출. 단기 4258년 10월 26일 수부(受付).[110]
>
> (1916년 1월 6일 임실군 신평면 하천리 10-2호에서 이사함./ 김제군 수류면 구월리 326번지에서 이전해 온 서류 제출. 1925년 10월 26일 접수함.)[111]

---

109. 구월리와 구봉리는 같은 지명으로 이해하면 된다. 구월리에 구봉리 마을이 있었다.
110. 부록, 이자익의 제적등본 참조.
111. 이자익 「제적등본」,(2022.8.2.). 그의 주소가 제5회 '전라노회록'에도 임실군 하천리로 되어 있다.

22. 신학교 입학과 5년간 수업 기간 중의 사역은 어떠했나?

　이자익은 테이트 선교사의 추천으로 1911년 1월에 북전라대리회에서 원입 목사 문답에 합격하였다.[112] 이것은 신학교 입학을 추천하는 시험이니, 지금으로 말하자면 노회의 추천을 받는 시험이었다. 그는 같은 해 3월, 32세의 나이에 평양신학교에 입학하여 신학을 공부하기 시작했다. 이자익은 학교 규정에 따라서 5년 동안 수학해야 했다.
　당시 입학 규정에는 이자익처럼 학교 졸업장이 없는 40세 이하 남자를 위하여 ① 한문이나 일어나 영어로 작문을 할 수 있는 자 ② 성경을 두 달 이상 공부 한 자 ③ 3년간 교회 직분을 시무한 자 등의 조건이 있었는데, 이자익은 이 모든 조건에 부합한 사람이었다.[113] 여기서도 이자익의 한문 실력을 다시 한 번 확인할 수 있다. 그는 난이도가 높은 신학교 한문 작문 시험을 무난히 통과한 것이다.
　당시 신학교 수업은 봄학기 3개월 동안이었고,[114] 나머지 9개월은 실습이라고 하여 소속 교회에 가서 목회하는 일을 돕는 것이었다. 이

---

112. 한인수, 「호남교회춘추」 3호(1995. 5.), 72쪽.
113. 김수진, 『이자익 이야기』, 같은 책, 48~49쪽.
114. 김수진은 3월 1일부터 6월 15일까지 수업했다고 한다. (김수진, 앞의 책, 49쪽)

자익은 3개월 반의 신학교 수업이 끝나면 김제로 내려와서 최의덕 선교사를 도와 조사(助師) 일을 계속하였고, 두정리교회와 구봉리교회를 비롯한 여러 다른 지역의 교회에서 설교하고 교인들을 돌보았다. 그러므로 교인들은 그가 신학교에 다니는 사실조차 눈치채지 못했을 가능성이 있다.

여기서 자부 김양호의 흥미로운 증언에 주목할 필요가 있다. 이자익이 가끔 부인에게 어디를 간다는 말도 없이, '전도하러 간다'면서 집을 나가 3~4개월 정도 오래 있다가 돌아오곤 했다는 것이다.[115] 그러나 이자익이 그렇게 오랫동안 전도 여행을 다녔다는 기록은 없다. 이러한 정황을 미루어볼 때, 이자익은 평양신학교에 진학한 초창기 약 2년 동안, 이 사실을 아내에게조차 알리지 않았던 것으로 보인다. 이는 그가 영수(領袖)로 활동하던 시절, 교회 사역과 설교 자체를 강하게 반대하며 꾸짖었던 장인을 자극하지 않기 위한, 불가피한 선택이었을 것으로 추측된다.

이자익은 1911년에 평양신학교에 입학하였다. 당시 그의 사역을 반대하던 장인은 복음을 받아들이지 않았지만, 1914년에 마침내 예수를 믿고 세상을 떠났다. 이러한 정황으로 미루어 볼 때, 이자익은 장인이 개종하기 전까지는 신학교 진학 사실을 가족에게 숨겼지만, 장인의 회심 이후에는 더 이상 이를 숨길 필요가 없었을 것이다.

이자익의 당시 행보에 대해 후손들은 '가정보다 전도에 집중한 할아버지'로 기억하며 서운함을 토로하기도 한다. 젊은 아내와 두 자녀를 둔 가장으로서 수개월간 집을 비운 그의 모습은 가족들에게 원망을 살 만한 일이었다. 그러나 실제로 그 부재의 이유가 신학교 수

---

115. 자부 김양호 권사와의 면담(2025년 4월 6일, 김제 자택).

업 참석 때문이었다는 사실은 후손들이 알지 못하고 있었으며, 이는 인터뷰 과정에서 확인된 바이다.

아마도 이자익이 평양신학교에 입학하여 공부했다는 사실은 최의덕 선교사만 알고 있었을 가능성이 크다. 적어도 2년 동안은 조덕삼 장로를 비롯한 금산교회와 원평교회 교인들은, 이자익이 몇 달씩 자리를 비웠을 때, 최의덕 선교사의 지시에 따라 다른 지역 교회를 순회하며 전도 여행을 떠났다고 생각했을 것이다.

이처럼 조덕삼 장로조차 그의 신학교 입학 사실을 몰랐다는 점은, 이자익이 조 장로의 후원으로 신학 공부를 하지 않았다는 사실을 입증한다. 일부 책에서는 이자익이 조덕삼 장로의 후원으로 신학교에 다녔다고 기록되어 있지만, 자부 김양호를 비롯한 후손들의 증언은 한결같이 그런 일이 없었다고 말하고 있다.

이자익은 1900년 마부 생활을 마친 뒤 독립하여 결혼하였고, 그로부터 11년이나 지난 1911년에 평양신학교에 입학했기에 조덕삼의 재정 지원은 받을 이유가 없었다. 이자익은 부잣집 딸과 혼인하여 장인이 제공한 재산이 있었기에 외부 후원 없이 자신의 힘으로 신학교 공부를 할 수 있었다. 입학 당시 32세였던 그는 최의덕 선교사의 조사로 활동하면서 재학 내내 사례비를 받았기 때문에 생계에 어려움이 없었고, 당시 평양신학교에는 선교사들이 제공하는 여러 장학금 제도가 마련되어 있었기에 학비 문제도 크게 염려할 바가 못 되었다. 만약 누군가가 도움을 주었다면, 그것은 아마도 최의덕 선교사가 어떤 방식으로든 학비의 일부를 지원했을 가능성 정도일 것이다.

이자익은 평양신학교에서 공부하던 시절, 최의덕 선교사와 더욱 깊은 유대감을 쌓게 되었다. 그는 최 선교사를 신앙적 스승이자 아버지처럼 존경하고 따랐으며, 최의덕 선교사 또한 그를 아들과 같이 아끼고 돌보았다. 이러한 관계는 최 선교사의 아내 잉골드(Ingold)가 1929년에 남긴 기록에서도 확인된다. 한인수가 저서에서 인용한 잉골드의 회고는, 당시 이자익이 선교사 가정과 얼마나 각별한 관계를 맺고 있었는지를 보여준다.

> 그(=최의덕)는 이 씨(=자익)를 그의 조사로 가지고 있었기 때문에 큰 축복을 누렸다. 이 씨에 대해 그는 아버지의 애정을 느끼고 있었다. 한국인들은 종종 그를 최 목사의 '디모데'라고 불렀다. 그는 성실하고 열렬한 그리스도인이며 항상 충실하고 진실한 사람이다.[116]

신학교 재학 중 이자익은 1913년 9월 7일 서울 승동교회에서 열린 제2회 예수교장로회 총회[117]에 장로 총대로 처음 참석하였다.

---

116. 한인수, 『호남교회 형성 인물』, 같은 책, 105쪽.
117. 총회록에 따른 공식 명칭은 '예수교장로회조선총회'이다.

그림 14. 연구과를 마치고 평양신학교 정문에서 이자익 목사(1930년)

그림 15. 평양신학교 학생들(1916년)

23. 목사 안수 후 교회 목회와 노회의 사역은 어떠했나?

23-1. 두정리교회와 구봉리교회 2대 목사

이자익은 1915년 6월 15일 36세의 나이에 평양신학교를 제8회로 졸업하였다. 그리고 그해 8월 15일 두정리교회(현 금산교회)와 구봉리교회(현 원평교회)[118]의 청빙을 받아 제5회 전라노회에서 9월 26일 목사 안수를 받았다. 이자익 목사는 최의덕 목사를 도와 조덕삼 장로가 있는 두정리교회와 여기에서 분립한 구봉리교회를 섬겼다.

그런데 위의 두 교회는 이자익이 신학교 다니고 있을 때 최대진 목사가 제1대 위임목사로 최의덕 선교사를 도와 목회를 하였다.[119] 그는 1912년 8월부터 목회를 시작하여 두 교회를 크게 부흥시킨 후 1914년 사임하였다.[120] 그가 사임하고 1년 동안 전담할 목회자가 없게 되

---

118. 제5회 「전라노회록」(150쪽)에는 두 교회 이름이 각각 용정리교회와 구암교회로 기록되어 있다.
119. 최대진 목사는 마로덕(Luther Oliver McCutchen) 선교사의 조사로 활동하다가 구봉리교회와 두정리교회의 제1대 위임목사로 청빙을 받았고, 최의덕 선교사를 도와 교회 부흥에 힘썼다.(주명준, 같은 책, 138~139쪽 참조.)
120. 최대진 목사는 사임 후 강진의 병영교회와 백양교회 목사로 부임하였다. 그의 갑작

자 두 교회는 다시 침체 상태에 빠지게 되었다. 이러한 시기에 이자익은 목사 안수를 받고 바로 두정리교회와 구봉리교회를 맡아 부흥의 불씨를 되살렸다. 그의 직책은 최의덕 목사를 돕는 전라노회 파송 전도목사였다. 제6회 전라노회록에는 두정리교회를 용정리교회로, 구봉리교회를 구암리교회로 쓰고 있다.

> 1915년 9월 26일에 제1회로 회집하여 노회의 명령대로 강도사 리자익 씨를 용정리와 구암리 두 교회 청원으로 전도목사로 장립하야 시무케 하였사오며.[121]

이자익 목사가 두 교회를 담임하여 목회한 지 1년 만에 교회는 크게 부흥하였다. 제7회 전라노회 노회록에는 두 교회가 발전하고 있음을 다음과 같이 기록하였다.

> 김제 구암리교회 형편은 특별부흥회에 복음을 많이 전하였사오며 교인이 전도를 경영하야 나락 연보를 모아 장래 발전할 희망이 있사오며, 김제 용정리교회는 별 사고 없이 지내오며.[122]

여기서 알 수 있는 것은 이자익의 직함이 전도목사였지만, 실제로는 담임목사의 역할을 하였다는 것이다. 최의덕 선교사는 여러 교회를 관할해야 했으므로, 최의덕 선교사가 없을 때 목회 권한은 이자익 목사에게 있었다.

스런 사임 이유는 알 수 없다.
121. 제6회 「전라노회록」, 191쪽.
122. 제7회 「전라노회록」, 354쪽.

23-2. 목사 총대로 노회와 총회에 참석

1916년 8월 27일 전라노회가 전주 서문밖교회에서 열렸을 때, 이자익은 처음으로 장로가 아닌 목사 총대로 노회에 참석하였다. 전라노회록에는 이때 이자익 목사의 주소를 수류면 구암리로 적어놓았는데,[123] 그는 두 교회를 목회하면서 구봉리에 거주하였음을 알 수 있다. 구봉리를 구암리라고도 불렀는데, 이곳에는 구봉리교회를 함께 개척했던 강평국 장로가 살고 있었다.

1917년 8월 24일 광주 양림리 '오웬기념각'(Owen Memorial Hall)[124]에서 열린 제7회 전라노회에서 이자익 목사는 총회 총대로 선출되었다.[125] 이제 목사 총대로 총회에 참석할 수 있게 된 것이다.

23-3. 두정리 교회와 구봉리 교회 사이의 목회 딜레마

25일 속개된 노회에서는 구봉리교회와 두정리(팟정리)교회 외에 이자익 목사가 세우고 돌보던 신덕, 숙구지, 수탕리, 예동교회에서도 그를 임시 목사로 청원하는 안건이 올라왔다.[126] 이자익 목사가 훌륭한 목회자라는 소문을 들은 교회들이 앞다투어 그를 모시려고 한 것이다.

---

123. 제6회 「전라노회록」, 214~215쪽.
124. 이 건물은 1914년 미국 남장로교 선교사 클레먼트 오웬(Clement C. Owen, 1867~1909)을 기념하여 건축되었고, 현재는 기독간호대학교의 강당으로 사용되고 있다.
125. 제7회 전라노회를 마지막으로 노회는 전남노회와 전북노회로 분립되었고, 이자익 목사는 전북노회 소속이 되었다
126. 제7회 「전라노회록」, 354쪽, 주명준, 같은 책, 158쪽에서 재인용.

그런데 27일 속개된 노회에서 이자익 목사는 오히려 지금 맡고 있는 교회 중 두정리(용정리)교회를 사임하고 구암리교회(구봉리교회) 하나만을 목회하겠다고 청원을 하였다. 그리고 그의 청원은 같은 해 10월 10일 전라노회에서 분리된 첫 전북노회에서 허락되었다. 따라서 이자익은 최의덕 선교사의 동사목사로 구봉리교회만을 전담하게 되었고, 두정리교회는 전주를 중심으로 활동하던 강운림(William Monroe Clark) 선교사가 맡게 되었다.[127]

그러나 그의 구봉리교회 단독 목회는 오래가지 못하였다. 이듬해인 1918년 8월 8일 제3회 전북노회에서 두정리교회가 다시 이자익 목사를 위임동사목사로 청빙하는 안이 받아들여졌기 때문이다. 구봉리교회에 비해 교세가 약한 두정리교회는 단독으로 목사를 청빙할 형편이 되지 않기 때문에, 이자익 목사의 사례비는 구봉리교회보다 낮게 책정되었다.[128]

1918년 8월 11일 두정리교회는 즉시 당회장 최의덕 목사 주관으로 공동의회를 열어 이자익 목사를 위임동사목사로 청빙 할 것을 결의하였다.

> 주[후] 1918년 陰(음) 8월 11일 上午(상오) 11시 이자익 목사께서 회장으로 승격하사 찬송가 25장과 김종규 씨 기도와 성경 요한복음

---

127. '금산교회 당회록'에는 1918년 1월 21일(음력) 강운림 선교사가 당회장으로 당회를 주관한 기록이 있다.
128. 주명준은 당시 이자익 목사의 사례비가 구봉리교회에서 155원, 팟정리교회에서는 60원이 책정된 것으로 기록하였다.(주명준, 같은 책, 183쪽.) 그런데 위의 사례비는 월급이 아니라 계절별(3개월=1년 1/4) 사례비이다. 당시 목사 사례비 책정은 계절별이 일반적이었다. 이는 금산교회 당회록에서 확인할 수 있는데, 당회록에는 이보다 많은 90원이 계절별(3개월) 사례비로 책정되어 있다.

19장 22절~30절을 보신 후, 그리스도 십자가란 문제[= 제목]로 강연[=설교]하신 후, 모인 취지를 설명하시며 금번 노회(老會)의 최의덕 목사와 동사목사를 청빙하기로 가결하다. 회장께서 연보[연봉]를 청하매 연봉으로 1년 4분지일[=3개월] 90원이 되다. 청빙 할 목사를 투표하매 23장 투표로 리자익 목사로 청빙하기로 투표 가결하다. 조덕삼 씨 기도와 찬송 3장과 회장의 축복기도로 폐회하다. / 주[후] 1918년 음 8월 16일 상오 9시 리성권 씨 사면 청원에 의하여 본 당회가 예배당으로 모이다. 참석인원은 최의덕, 이자익, 조덕삼, 왕순칠 제씨(諸氏). 회장의 기도로 개회한 후, 서리집사 4명을 받기로 가결하다. 회장의 기도로 폐회하다./ 회장 최의덕/ 서기 왕순칠.[129]

위임 후 이자익 목사는 구봉리교회와 두정리교회를 똑같은 애정을 가지고 충실하게 목회하면서 안정적으로 키워갔다. 1919년 4월 2일 제4회 전북노회에서는 두 교회의 안정적인 발전상이 다음과 같이 보고되었다.

> 구봉리교회는 이자익 씨로 위임예식을 행한 후 교회는 신령한 수양을 받아서 전진하오며 유행병이 많은 중이라도 사망의 환을 받지 아니하였사오니 감사하오이다. 팟정리교회는 이자익 씨로 위임예식을 행한 후 자미[재미]가 많사오며.[130]

그러나 40세가 다 된 이자익의 몸은 자동차가 없던 시절 10리

---

129. 「금산교회 당회록」(1918년 8월 11일).
130. 제4회 「전북노회록」, 58쪽.

(4km)나 떨어져 있는 두 교회를 걸어서 오가며 주일 설교를 하고 교인을 돌보는 것이 무리였다. 게다가 그는 점점 유명해지면서 노회나 총회적으로 해야 할 일이 많아졌다.

23-4. 최의덕 선교사의 조정

이자익 목사는 1920년 전북노회장이 된 후 갑자기 두 교회 목회를 사임하겠다고 노회에 사임서를 제출한 적이 있다. 그 이유는 알 수 없지만 아마도 이자익 목사를 두고 불거진 두정리교회(팟정리교회)와 구봉리교회 교인들 사이의 갈등 때문일 수 있다. 즉 두 교회 교인들 간에 서로 이자익 목사의 사랑을 더 받기 위하여 요구 사항이 많아졌기 때문이다. 이자익 목사는 공평하게 두 교회에 사랑을 공급하였지만, 교인들은 이기적인 생각에 자기 교회에 더 많은 관심과 시간을 달라고 요구하였고, 몸은 하나인데 양쪽 교회 교인들의 요구 사항을 다 만족시킬 수 없는 한계 상황을 느낀 듯하다.

이 문제에 대하여 노회는 당회장인 최의덕 목사에게 해결해 보라고 주문하였고, 최 목사는 양 교회와 대화를 한 후 이자익 목사의 사례에 준하여 시간을 안배하도록 조정하고, 노회에 다음과 같이 보고하였다.

> 김제 구봉리교회와 팟정리교회에 위임목사 이자익 씨의 사면에 대하여는 해 양 교회가 원류를 청원함을 의지하야 사면함을 받지 않기를 바라오며 그 원류 사건은 구봉리교회에서 1년에 정조 20석으로 매 삭[월] 2주일 동안 해 교회에서 시무하고, 팟정리교

회에서 1년에 정조 10석으로 매 삭 1주일간 해 교회에서 시무케 하였삽나이다.[131]

최의덕 선교사는 이자익 목사의 시간 안배를 양쪽 교회 사례에 비례하여 정했는데, 구봉리교회는 1년에 곡식(정조) 20석을 지불하니 매월 2주간 교회를 시무하고, 팟정리교회는 10석이니 매월 1주간만 근무하라는 절충안이다.[132]

23-5. 전북노회장 선출과 조덕삼 장로 소천

1919년 삼일운동이 일어나자, 그 후유증으로 교회는 극심한 타격을 입었고 많은 지도자들이 목숨을 잃거나 감옥에 갇히게 되었다. 이 어려운 시기에 이자익 목사는 9월 9일 제5회 전북노회에서 노회장에 선출되어 1921년 9월까지 2년 동안 노회를 이끌며 지역 교회를 보호하였다.

삼일운동 후 1919년 12월 17일에는 그를 키워준 조덕삼 장로가 52세로 소천[133] 하는 아픔을 겪기도 하였다.

23-6. 군산의 큰 교회 청빙 거절

이자익 목사가 노회장을 맡아 여러 교회를 방문하면서 유명해지

---

131. 제7회 「전북노회록」, 24쪽.
132. 노회록의 기록 중 '정조'를 주명준은 쌀이라고 하였다. '석'이라는 단위로 보아 쌀을 포함한 곡식인 것은 확실하다. 1석은 쌀 2가마니를 말한다.
133. 김수진, 『조덕삼 장로 이야기』(서울, 진흥, 2008), 125쪽.

자 1920년 군산의 큰 교회인 개복동교회와 구암교회가 그를 공동 위임목사로 청빙하는 일이 있었다. 그는 몸이 약하다는 핑계로 이 제안을 거절하였다.

주명준은 두 교회 사이의 거리가 20리나 되어 41세의 이자익이 동시에 목회를 감당할 체력이 안 되어 거절한 것이라고 보았다.[134] 그러나 대도시의 가장 유명한 교회가 위임목사로 청빙한 것을 거절하기란 쉽지 않았을 것이다. 더구나 당시 이자익의 월급은 도시교회의 3분의 1 수준이었다고 한다.[135]

23-7. 전국적인 인물이 되어가다.

이자익 목사는 두정리교회와 구봉리교회를 맡아 목회자로서 이름을 알리기 시작했고, 노회장으로 선출되면서 그 명성이 전국적으로 퍼졌다. 그는 점차 김제와 전라노회를 벗어나 전국적인 인물이 되어가고 있었다.

이자익 목사가 1924년 총회장으로 선출되기 전에 그는 벌써 제주도에서 함경도까지 활동 범위를 넓히고 있었다. 1915년 이자익 목사는 노회 전도국 위원으로 타마자 선교사[136]와 함께 처음 제주도에 가서 부흥회를 인도하였는데, 이때 이기풍 목사와도 만났을 것으로 생각된다.

---

134. 주명준, 같은 책, 189쪽.
135. 한인수, 『호남교회 형성 인물』, 같은 책, 108쪽.
136. 타마자(John Van Nest Talmage, 1884~1964) 선교사는 1910년 조선에 들어와 주로 광주에서 선교 활동을 벌였다. 배유지(Eugene Bell) 선교사와 함께 광주선교부를 개설하고, 숭일학교 교장을 역임하였다.

이자익, 타마자 양 씨를 제주도에 파송하야 지경을 시찰하고 대사경회를 인도하였사오며, 리기풍, 남대리 양 씨가 들어가서 부흥회를 인도하였사오며.[137]

그리고 1924년 제14회 전북노회록에는 이자익 목사가 1921년 총회 업무로 함경북도 중강진을 방문한 후 여비가 지급되지 않았다는 내용이 언급되어 있다. 이때 이자익 목사는 함경도 지역을 처음 방문한 것 같다. (중강진 감옥에서 출옥한 목사들과 함께 찍은 사진이 남아있다.)

이자익 목사 중강진 여비가 1백 36원이온대 그중 16원은 이미 지불하였삽고 남은 돈 1백 20원은 지불하기로 결의하였사오니 허락하심을 바라나이다.[138]

---

137. 제7회 「전라노회록」, 376쪽.
138. 제14회 「전북노회록」, 30쪽.

그림 16. 1921년 중강진 감옥에서 출옥 목사들과 함께 (사진 뒷줄 중앙이 이자익 목사이고, 왼쪽 측면에 서 있는 사람은 신학생으로 추정된다.)

그림 17. 최의덕(테이트) 선교사

24. 이자익 목사는 어떻게 총회장이 되었나?

이자익이 총대로 총회에 처음 참석한 것은 1913년 제2회 총회였다. 그로부터 11년 뒤인 1924년 9월 13일, 그는 제13회 총회에서 총회장으로 선출되었다. 당시 45세라는 비교적 젊은 나이에 총회 임원 경력도 없던 시골교회 목사가 쟁쟁한 후보들을 제치고 총회장이 된 것은 그야말로 기적이며 놀라운 일이었다.

이자익 목사는 전북노회에서 부회계, 전도국위원, 규칙위원, 부노회장 등을 거치며 활동했지만, 그의 이름이 전국적으로 알려지기 시작한 것은 1919년 노회장이 되면서부터였다. 교회 배경이나 인맥이 없었던 그가 총회장이 된 것은 전적인 하나님의 선택이었다. 한인수는 이자익의 첫 총회장 피선 광경을 다음과 같이 소개하였다.

제13회 총회는 1924년 9월 함경도의 함흥에서 개최되었다. 참석 회원은 한국 총대가 168명, 외국인(선교사) 총대가 37명으로 도합 205명이었다. 회장 선거는 공식적인 후보가 없이 무기명 비밀투표로 실시되었다. 1차 투표에서 표를 얻은 사람의 수는 30명이 넘었다. 6차례의 지리한 투표를 거쳐서야 당선자가 확정되었는데, 그가

바로 이자익 목사였다.[139]

당시 사회는 12대 총회장 함태영 목사가 했고, 설교는 길선주 목사가 맡았다. 김수진은 이자익의 총회장 피선에 대하여 모든 총대가 놀라워했다고 하였다.

> 이때 총대원 중에는 이자익 목사보다 목회에 성공한 목사가 더 많이 있었다. 특별히 교세가 강하기로 유명한 평안남북도와 황해도에 속한 노회 안에는 많은 목사들이 줄을 서고 있었다. 여기에 서울 지역에 속한 목사도 역시 많이 있었다. 더욱이 임원 중의 한 사람이었던 부회장 임택권 목사도 황해노회에서는 이름난 목사였다. 그는 이자익 목사보다 장로회신학교 1년 선배이며, 그 후 일본 고베(神戶) 중앙신학교에 유학하였던 인물이기도 하였다. 그렇게 많은 인물들이 있었기에 그가 총회장으로 선임된 일에 대해서 모두들 놀라고 말았다. 한편 일부 총대원들 중에는 본 교단을 잘 이끌고 갈 수 있을까 우려하는 이들도 있었다.[140]

이자익 목사는 총회장의 모범이었다. 남대리(L. T. Newland) 선교사는 그를 "사회자로서 하나의 불가사의"라는 말로 극찬하였다. 이것은 총회를 끝까지 참석한 후 선교사가 개인 보고서에 기록한 것이라고 한다.[141] 한인수는 이자익의 사회자로서의 탁월한 능력이 최의덕 선교사의 가르침 덕분이라고 하였다.

---

139. 한인수, 『호남교회 형성 인물』, 같은 책, 108~109쪽.
140. 김수진, 『이자익 이야기』, 같은 책, 98쪽.
141. 한인수, 『호남교회 형성 인물』, 같은 책, 109쪽.

명 사회자로서의 자익의 능력은 천부적인 면도 있지만 그 공로의 절반은 장기간 그를 훈련시킨 최의덕 선교사에게 돌려야 할 것이다. 최 목사야말로 초기 장로교회의 법질서 확립에 지대한 업적을 남긴 법통(法通)이라고 불러도 무방한 인물이었다. 조사는 선교사의 몸짓까지도 닮는다고들 한다. 최 목사 밑에서 장기간 교육을 받은 자익이 스승으로부터 전수 받은 실력을 유감없이 발휘한 것은 지극히 당연한 일이었다.[142]

이자익은 총회장으로 명쾌한 법 해석과 결정을 내림으로 모두를 감동시켰다. 그는 모든 법 조항을 외울 만큼 암기력이 뛰어났다. 설교할 때도 모든 성경 구절을 외워서 인용하였다. 그가 총회장으로 내린 결정 중에는 총회 총대들이 회의가 끝날 때까지 자리를 지키지 않는 것에 대한 엄격한 원칙을 적용한 결의도 있다.

금후로는 총회 총대가 폐회 전에 특별한 사고가 있으면 허락을 받고 행동을 할 일이며, 허락 없이 마음대로 행동할 경우는 여비를 지불하지 않기로 하며, 총회 허락 없이 조퇴하는 총대는 다시 노회에서 총대로 선출하지 않기로 동의가 가결하다.[143]

김수진의 글에 따르면, 당시에는 총회가 토요일 오후 8시에 개회하여 임원 선거를 마친 후 폐회하였고, 다음 날 주일예배를 다같이 드린 후 정회하였다. 그리고 월요일에 속회하여 목요일까지 회의를 계속하였다. 총회장으로 당선된 이자익은 토요일 밤늦게까지 예배

---

142. 한인수, 『호남교회 형성 인물』, 같은 책, 109쪽.
143. 「조선예수교장로회 제13회 회록」(1924), 47쪽.

당에서 기도하였다고 한다. 그리고 다음 날 1천 명이 모인 신창리교회 주일예배에서 설교하였다.[144]

이자익 목사는 자신의 한계와 부족함을 알았기에 총회장에 선출된 그날 기도할 수밖에 없었다. 왕이 된 솔로몬처럼 오직 하나님께 엎드려 지혜를 구하는 기도를 드렸다. 이것이 하나님의 일을 맡은 자들의 기본적인 자세라고 생각한다. 이자익 목사는 그 후 죽을 때까지 자신이 총회장이 된 것을 단 한 번도 남에게 자랑한 적이 없었다.

그림 18. 이자익 목사가 1924년 제13회 총회장에 선출된 함흥 신창리교회 모습

---

144. 김수진, 『이자익 이야기』, 같은 책, 103쪽.

24. 이자익 목사는 어떻게 총회장이 되었나?

25. 김제에서 거창 순회 목사로 가게 된 과정과 동기는 무엇이었나?

이자익 목사가 김제의 목회를 사임하고 호주선교회 요청으로 경남 거창지부를 맡게 된 원인은 이자익 목사의 개인 사정과 호주선교회의 긴급한 상황이 맞아떨어졌기 때문이다.

25-1. 이자익 목사의 개인 사정

이자익 목사는 1923년 2월부터 두정리(팟정리)교회를 잠시 사임하고 구봉리교회만 목회한 적이 있다.[145] 주명준은 이러한 결정이 이자익 목사와 조덕삼 장로의 아들 조영호와의 갈등 때문이라고 보았다. 1919년 12월 조덕삼 장로가 소천한 후 그 아들들과의 관계에 문제가 생겼다는 것이다.

조덕삼의 아들은 조영호와 조영진이다. 이자익 목사는 조덕삼 장

---

145. 주명준, 같은 책, 202쪽 참조. 주명준은 이자익 목사가 이때 두정리교회 목회를 완전히 사임한 것처럼 기록하고 있지만, 금산교회 당회록에는 1년 3개월 후인 1924년 5월부터 다시 이자익 목사가 당회장으로 복귀하였다. 그리고 1925년 5월 17일 제31회 당회까지 계속 이자익이 당회장이었다. 이는 이자익 목사가 거창으로 이주하기 직전까지 금산교회 당회장이었음을 증명한다.(금산교회 당회록 참조.)

로보다 12세 연하이며, 조영호 집사보다는 17세 위였다. '선지자가 고향에서 환영을 받지 못한다'는 말씀이 있듯이, 이자익의 마부 시절부터 서로 알고 지낸 아들들이 이제는 목사와 교인으로 만나 한 교회에서 신앙생활을 하는 상황이니, 서로 아무리 조심한다고 해도 인간관계에 갈등 요인이 있을 수밖에 없었으리라 생각된다. 그리고 이러한 상황은 금산교회 당회록을 통해서도 엿볼 수 있다.

어떤 이유인지는 몰라도 이자익은 당회에 조영호를 불러 권면하고, 조영진의 신앙생활을 심사하기로 결의하였다.[146] 이 일 후 조영진은 1922년 5월 두정리교회를 떠나 현재 군산시에 속한 옥구군 구암리교회[147]로 이적하였다. 그리고 조영호와 이자익의 관계도 불편해졌던 것 같다.

정확한 기록이 없어서 그 이유를 알 수는 없지만, 이 사건 후에 이자익 목사는 노회에 두정리교회 시무 사면 청원을 제출하였고, 1923년 2월부터 이듬해 5월까지 두정리교회 목회를 쉬었다. 금산교회 당회록에 의하면, 그동안 최의덕 목사가 당회장으로 당회를 인도했다.

이자익과 조영호의 관계는 삶과 신앙적인 면에서 애증(愛憎)의 관계였다고 생각한다. 다툼이 있지만 미워할 수 없는 관계요, 갈등 속에서도 사랑의 줄을 놓지 않는 관계였다. 이 둘은 얼마 후에 화해 하

---

146. 1921년 4월 10일 자 금산교회 제15회 '당회록'에는 "조영호(趙永浩)와 조암석(趙岩石) 양인(兩人)을 불러 권면하다."라는 내용이 있다. 신앙적인 문제로 목사가 교인을 당회에 불러 지적한 것으로 보인다. 그리고 1921년 10월 1일 자 제17회 당회록에는 "조영진(趙永眞) 신행(信行)을 심사키 위하여 호출하기로 가결하다."라는 기록이 있다. 조영호는 조덕삼 장로의 큰아들이고 조영진은 그의 동생이다. 조암석은 누구인지 알 수 없다.
147. 당시 지금의 원평교회를 구암리교회(구봉리교회)라고도 불렀기에 군산 옥구군 구암리교회와 이름이 같아 혼동하기 쉽다.

였고, 이전의 관계를 회복한 것 같다. 그 결과 이자익 목사는 두정리교회를 사임한 지 1년 3개월 만에 다시 목회에 복귀하였다.

이자익 목사가 두정리교회 당회장으로 복귀하여 회의를 주도한 기록은 1924년 5월 9일 제27회 당회부터이다.[148] 그리고 그해 9월 이자익 목사는 장로교단 제13회 총회장에 당선되어 교계 전체에 이름을 알리고 지도자로서의 자질을 인정받게 되었다. 바로 이때 호주 장로교선교회로부터 거창지부를 맡아달라는 요청이 온 것이다. 하나님께서 이자익 목사의 어려움을 아시고 새로운 선교지를 열어주신 것이라고 생각한다.

25-2. 호주 선교부의 긴급한 상황

한편 이자익 목사가 거창에 오기 전 거창지부는 도별익(都別益, Frederick James Thomas, 1916-1929)[149] 선교사가 1916년부터 1922년까지 6년간 순회 목사였다. 그러나 어린 딸의 건강상의 문제와 그의 어눌한 조선어 실력 탓에 선교에 지장이 있었다. 그의 갑작스런 사임에 호주 선교부는 마땅한 선교사를 구하지 못하였고, 또 재정적인 형편도 열악하여 거창지부를 총괄할 남자 선교사를 후임으로 정할 수 없었다.

이런 이유로 거창지부에는 서오성(Stella May Scott) 선교사를 비롯하여 주로 여성 선교사들이 와서 조선 여성들에 대한 교육과 사회

---

148. 「금산교회 당회록」, 제27회 당회록 참조.
149. 도별익 선교사는 호주 멜버른에서 태어났고, 목사가 된 후 선교의 뜻을 품고 1916년 3월에 한국에 들어와 곧바로 거창지부에 파송을 받았고, 1922년까지 순회 목사로 활동했다. 그는 임기를 마친 후 선교사로서의 꿈을 접고 다시 호주로 귀국하였다.

봉사 활동을 하며 선교 명맥을 이어갔다. 자연히 거창의 교회들은 구심점을 잃고 쇠약해지고 있었다. 즉, 이자익 목사가 오기 전까지 3년 동안, 이 지역은 마땅한 사역자가 없는 공백 상태였다.

바로 이러한 위기 상황에서 호주 선교부는 비상한 결단을 내렸다. 총회장을 역임하고 한국교회의 존경과 신임을 받는 당시 최고의 목사 이자익을 호주 선교사 대리 자격으로 거창지부에 초청한 것이다. 만약 당시 이자익 목사가 오지 않았다면, 호주선교회 거창지부는 폐쇄될 위기 상황이었다.

호주 '빅토리아 여전도회 선교 월간지'(The Missionary Chronicle) 자료에 의하면, 1923년 호주 선교사 공의회는 거창 선교부를 존속할지 폐쇄할지에 대해 심각한 토론이 있었고, 거창지부가 곧 폐쇄될 것 같다고 선교부에 보고 하고 있다. 그리고 진주에 있던 여선교사 양요안(Catherine Laing)은 남자가 없이 여선교사만 있는 경남 지역 선교지 전체의 위기 상황을 언급하며, 급히 6명의 남자 선교사를 보내야 선교부 현장을 유지할 수 있다고 호소하였다.

더 이상 한국을 위해 봉사하는 남자 사역자들이 없는 이유를 이해하기 어렵습니다. 상황이 너무 나빠서 거창이 폐쇄될 가능성이 높은데, 그 이유는 단지 5개 구역을 담당할 남자들이 현장에 너무 적기 때문입니다. [...] 7월 20일 진주에서 편지를 쓴 미스 레잉은 "우리 협의회는 6월 20일에 진주에서 회의를 했고, 그달의 마지막 날에 마쳤습니다. 그것은 선교 역사상 가장 길고 중요한 협의회 중 하나였습니다. 나중에 회람 편지를 써서 우리가 직면한 문제, 오랜 토론, 교육 상황에 대한 강렬한 감정, 중학교 문제, 더 많은 전도 사역자의 엄청난 필요성에 대해 말씀드리고자 합니다. 협의회는 6명의 남자 사역자를 모집하는 호소문을 고국에 보냈습니다. 이 지방의 사역은 현재 직원들의 힘을 훨씬 넘어섰습니다. 우리는 도저히 감당할 수 없습니다."

(It seems hard to understand why no more men are offering for Korea. The situation is such that it seems likely that Kuchang will be closed, simply because there are too few men on the field to man five stations. [...] Miss Laing writing from Chinju on 20th July, says, "Our council met in Chinju on the 20th June, and finished on the last day of the month. It was one of the longest and most important councils in the history of the. Mission. Later, I hope to write a cireular letter, telling you of the problems that confront us, the long discussions that took place, the intense feeling with regard to the educational situation and the question of Middle Schools and the tremendous need of more evangelistic workers. The Council sent home an appeal for six men. The work in this province has far outgrown the strength of the present staff; we cannot possibly cope with it.")[150]

하나님은 김제에서의 어려움을 통하여 이자익 목사를 거창으로 보내 사용하시고, 거창지부 선교의 큰 열매를 거두게 하셨다. 이는 마치 사도행전 8장의 역사가 조선 땅에서 다시 펼쳐진 것과 같다.

"깊도다 하나님의 지혜와 지식의 풍성함이여, 그의 판단은 헤아리지 못할 것이며 그의 길은 찾지 못할 것이로다."(롬11:33)

---

150. 「The Missionary Chronicle」(September 1, 1923), 12쪽.

그림 19. 도별익 선교사
(이자익 목사 거창 전임자)

그림 20. 맥계익 선교사 (거창)

그림 21. 서오성 선교사(거창)

그림 22. 양요안 선교사(진주)

26. 호주선교회 거창지부 순회 목사 시절의 사역은 어떠했나?

　1925년 6월 9일 전주 서문밖교회에서 열린 제17회 전북노회에서 이자익 목사의 경남노회로의 파송을 허락하였다. 그러나 노회가 보배같이 여기며 존경하던 이자익 목사였기에 차마 그냥 보낼 수가 없었다. 전북노회는 경남노회에 이자익 목사를 보내 사역하게 하되 그에 대한 이명증서는 발급하지 않기로 하는 특단의 결의를 하였다. 본인의 의사와 호주 선교부의 강력한 요청으로 하는 수 없이 잠시 사람을 보내지만, 사역을 마친 후 어서 다시 돌아오라는 의미에서 '이자익목사전별공'(餞別貢)이라는 제목의 장문의 전별사를 낭독하기도 하였다. 이자익 목사의 이명증서는 1년이 지난 후에야 발급되었는데, 법적 절차를 어길 수 없어서 1926년 12월 8일에 열린 제19회 전남노회가 경남노회로 이송을 결의하였다.

　이자익 목사는 1925년부터 1936년까지 11년간 호주선교회 거창지부의 순회 목사로 31개 교회 이상을 책임지고 사역하였다. 거창은 그의 본적지 남해와 가까운 곳이므로 정서적인 친근감이 있었다. 이자익 목사의 거창 선교 활동을 통하여 한국교회는 큰 유익을 얻었고, 그 지역 선교부는 폐쇄 직전 다시 회복되고 교세가 확장되었다.

26-1. 호주 장로교선교회 거창지부

  당시 호주 장로교선교회는 부산, 마산, 통영, 진주, 거창의 5개 지부를 관할하고 있었는데, 선교의 활성화를 위해 이자익 목사를 순회 목사로 초청하여 거창지부에 파송하였다. 거창지부는 거창 일원과 안의, 함양, 합천, 초계 지역을 관할하였는데, 지금의 거창군, 함양군, 합천군 지역에 해당한다. 이자익 목사는 인생의 가장 황금기인 46세(1925년)에 거창지부를 맡아서 31개 이상의 교회를 돌보며 사역했으며, 그 내용의 일부가 1929년에 쓴 그의 일기에 기록되어 있다.[151]

  이자익 목사는 1925년 7월부터 사역을 시작하였고, 그해 10월에는 가족을 불러 함께 생활하였다. 그의 사역은 순회 목사로서 한 교회에 머무르지 않고, 31개 이상의 교회를 돌며 교회를 세우고 교인들을 돌보는 일이었다. 거창 지역은 전라도와는 달리 산악지역이고 선교지 범위가 넓어 이자익은 늦은 나이에 고생이 심했다. 그의 일기(日記)에 따르면, 매일 잠자리와 식사 장소가 달라지는 경우가 많았으며, 어떤 날은 4시간 이상을 걸어서 교회를 방문하기도 했다.

  이자익 목사가 온 후 거창지부는 급격하게 안정되고 교회는 부흥하기 시작하였다. 당시 거창에 있었던 맥계익(麥啓益, Jane. E. McCague)[152] 선교사는 호주의 '빅토리아 여전도회 선교 월간지'(The Missionary

---

151. 문성모, "이자익 목사의 거창 순회 선교에 대하여", 『이자익 목사 일기, 1929년 자필본 해제』, 같은 책, 17~37쪽 참조.
152. 맥계익(麥啓益) 선교사의 본명은 제인 엘라이저 메카그(Jane. E. McCague)이다. 여자 선교사로서 부산진, 통영, 거창, 진주 등에서 활동하였는데, 주로 시골 여성을 상대로 전도하였다. 그녀는 예원배(Albert Wright, 1880~1971) 선교사와 결혼하였다. 1929년에 쓴 '이자익 목사 일기'에는 당시 거창에 거주하던 맥계익을 만난 기록이 있다.

Chronicle)에 기고한 글에서, 1925년부터 1928년까지 이자익 목사가 거창지부에서 수행한 초기 사역을 긍정적으로 평가하였다. 그녀는 순회 목사였던 이자익이 선교지를 총괄하고 감독했으며, 조사(助師)들이 시간과 노력을 보태 사역을 분담한 점을 명확히 분석하면서, 사역 3년 만에 가시적인 성과가 나타났다고 보고하였다.

> 조사(助師)들과 전도부인들은 충성스럽게 시간과 힘을 보탰고, 순회 목회자인 이자익 목사님은 평소 열심을 다해 이 어려운 지역을 감독하고 개인적으로 섬겨주었습니다. 3년간의 충실한 씨 뿌림의 결과로 이제 수확이 시작되었다고 확신합니다.
> (The Helpers and Biblewomen have given loyally of their time and strength, and the itinerating pastor, Rev. Ri Chaik, has worked with his usual zeal in giving supervision and personal service in this difficult district. In consequence of three years of faithful sowing we feel confident that the reaping has now begun.)[153]

26-2. 다사다난했던 거창 선교 시기

이자익 목사가 거창 선교지에 있던 11년 동안은 다사다난(多事多難)했던 시기였다. 그는 1927년 1월부터 1928년 12월까지(22~25회) 경남노회장에 추대되었다. 그리고 1929년과 1932년 두 차례 부회장

---

153. 「The Missionary Chronicle」(October 1. 1928). 글쓴이 맥계익 선교사는 1925~1930년 사이에 거창에 있었고, 이 글은 1927년부터 1928년 6월까지의 선교지 상황을 보고한 것이다.

으로 활동하였다. 이자익 목사는 1929년 평양신학교의 이사로 취임하여 1938년까지 그 직책을 유지하였고, 앞서 1927년에는 같은 학교의 별과(연구과)에 입학하여 수학하였다. 그는 학교 이사로서 경영에 관여함과 동시에 학생의 신분으로 학업을 병행하였다. 1930년에는 총회 신학교육부장에 임명되어 1938년까지 직책을 이어갔으며, 이 시기 그는 분열 직전에 있던 마산 문창교회와 진해 웅천교회의 심각한 분규를 원만하게 해결하는 등 탁월한 지도력을 발휘하였다.

슬픈 일도 많았다. 1929년에는 그의 영적 아버지인 최의덕 선교사가 소천하였고, 그의 아내 김선경 사모가 쌍둥이 딸을 낳다가 12월 15일 난산 끝에 숨을 거두었다. 그리고 태어난 두 딸은 2개월 후(1930년 2월) 사망하였다. 같은 해(1929년)에 친구 함태영 목사의 아들이 죽었다는 소식도 들었다. 이자익 목사는 지인의 권유로 1931년 8월 2일 황해도 출신 전도사 강학빈과 재혼하였다.[154]

26-3. 이자익 목사가 돌본 거창지부 교회들

이자익 목사가 구체적으로 어떤 교회를 개척하고 돌보았는가에 대해서는 김형대가 그의 책에서 다음과 같이 정리하고 있다.

> 이자익 목사는 부산 경남 지역 교회 예배당 건축 10개 처, 교회 개척 14여 개 처를 세웠으니, 거창교회, 위천교회, 가천교회, 가조교회, 웅양교회, 적화교회, 원기교회, 초계교회, 관기교회, 야로교회, 구원교회, 함양교회, 개평교회, 합천교회, 성기교회, 대남교회, 상

---

154. 당시 재혼의 일반적 관습은 하객 초대는 생략하고 간단한 의식과 함께 사진을 찍는 것이었다

남교회, 운곡교회, 말흘교회, 북상교회, 가북교회, 농산교회, 청림교회, 도평교회 등을 순회 목회, 개척교회 및 예배당 건축을 시행하였다.[155]

이에 더하여 이자익 목사의 일기(1929년)에 기록된 교회를 첨가하면 도동교회, 동원교회, 사근교회, 서상교회, 소야교회(와룡), 안의교회, 청덕교회 등이 포함되어 모두 31개 교회가 이자익 목사의 사역지였다. 이를 지역별로 분류하면 다음과 같다.

번호	군 이름	면(읍)이름	교회 이름	사역 시기
1	거창군	거창읍	거창읍교회(=거창교회)	1925~1934
2		위천면	위천교회 (장기리)	1925~1934
3		남하면	가천교회 (대야리)	1925~1936
4		가조면	가조교회 (마상리)	1925~1936
5		웅양면	웅양교회 (노현리)	1925~1936
6		고제면	적화교회(=하성교회) (한기리)	1925~1936
7		웅양면	원기교회 (봉계리)	1925~1936
8			농산교회(=고제교회)	1934~1936
9		주상면	성기교회 (성기리),	1926~1936
10			도평교회 (도평리)	1936.2.~1936.9.
11		마리면	말흘교회(=마리교회) (말흘리)	1934~1936
12		북상면	북상교회 (갈계리)	1934~1936
13		가북면	가북교회 (가북리)	1934~1936
14		남상면	청림교회(=대산교회) (대산리)	1925~1936
15		신원면(=삼가면)	소야교회 (소야리)	1925~1936
16		주소 모름(?)	동원교회	? ~1936
17	합천군	합천읍	합천읍교회(=합천교회)	1925~1936
18		초계면	초계교회 (초계리)	1925~1936
19		묘산면	관기교회 (관기리)	1925~1936

---

155. 김형대, 같은 책, 54쪽.(2025년 수정본인데, 54쪽을 새로 인쇄하여 덧붙였다.)

20		야로면	야로교회 (구정리)	1927~1936
21		청덕면	청덕교회 (두곡리)	? ~1936
22		가야면	구원교회 (구원리)	1925~1936
23		대양면(=양산면)	도동교회 (도리)	? ~1936
24		함양읍	함양읍교회(=함양교회)	1925~1936
25		지곡면	개평교회 (개평리) 1927	1925~1936
26			대남교회 (대남리)	1928~1936
27	함양군	서상면	서상교회 (대남리) 1935	1934~1936
28			상남교회 (상남리)	1928~1936
29		서하면	운곡교회 (운곡리)	1932~1936
30		안의면	안의교회 (금천리)	1925~1936
31		수동면(=사근면)	사근교회(=수동교회) (화산리)	1925~1936

그런데 일기에는 이 밖에도 교회라고 짐작이 되는 지명이 여럿 나오는데 이를 교회로 볼 수도 있다. 왜냐하면 위의 도표에 있는 교회 중 다수도 교회 이름이 아닌 지명만 쓰여 있는 경우가 대다수이기 때문이다. 그렇다면 그의 목회지는 더 많았다고 할 수 있다. 그 지명은 다음과 같다.

번호	일기 날짜	면 이름	일기 내용
32	2.21.	거창군 웅양면 신창리	신창(愼昌) 재방문. 김 조사와 같이.
33	4.24.	함양군 함양읍 용평리.	용평(龍坪)
34	4.26.	거창군 가북면 용암리.	용암(龍岩)
35	4.29.	합천군 합천읍 용계리	용계(龍溪)
36	5.01.	거창군 주상면 완대리	독골
37	5.04.	거창군 남상면 월평리.	월평(月坪)

위에 언급된 교회들 중 김형대가 말한 "예배당 건축 10개 처와 교회 개척 14여 개 처"가 정확히 어떤 교회들을 의미하는지 모두 알 수

는 없다. 하지만 일기(1929년)에는 이자익 목사가 몇몇 교회의 건축에 관여하고 모금을 주도한 내용이 나온다. 가령 1월 9일 자 일기에는 이자익 목사가 사근교회에서 수요 예배를 인도하고 "예배당 건축에 부족액은 오는[來] 주일에 연보(捐補)하고 그 외[其外] 부족금은 이인조 씨가 50원 담당하고 남는 것은 어디서 얻기로 하다."라는 기록이 있다. 또 1월 26일에는 소야교회 사경회를 인도하면서, 제직회를 열어 "교회 재산이 50원이 있는데 예배당 건축비로 보용(補用)하기로 하다."라고 결의하였다.

그다음, 이자익 목사가 개척한 14개 이상의 교회는 도표에 열거된 교회 중 1925년 이자익 목사가 거창지부에 부임한 이후에 시작된 교회를 말한다. 즉, 거창군의 농산교회(1934~), 도평교회(1936~), 가북교회(1934~), 말흘교회(1934~), 북상교회(1934~), 합천군의 야로교회(1927~), 함양군의 대남교회(1928~), 서상교회(1934~), 상남교회(1928~), 운곡교회(1932)의 10개 교회와 설립 연도를 정확히 알 수 없는 동원교회, 청덕교회, 도동교회, 그리고 지명만 기록된 교회 중 일부가 여기에 속할 수 있다.

이자익 목사는 이 많은 교회를 혼자 다 관리할 수가 없어서 각 교회를 담임하여 돌볼 조사(助師)를 세우고, 거창에 거주하며 거창읍교회를 중심으로 순회 목회를 한 것이다.[156] 교회 건축에 관한 기록에서 보듯이 이자익 목사는 명목상 총괄 순회 목사가 아니었다. 그는 구체적으로 교회 건축에 관여했듯이 개척에도 그러했고, 이자익 목

---

156. 이자익 목사의 1929년 일기에는 이자익을 도왔던 13명의 조사들 이름이 기록되어 있는데 다음과 같다: 강만달, 고운서, 김동선, 김병찬, 김성호, 박종원, 배익조, 오형선, 윤한선, 장문춘, 조재룡, 주남고, 황보기(문성모, 『이자익 목사 일기, 1929년 자필본 해제』, 같은 책, 25~27쪽 참조).

사를 돕던 조사들은 그와 상의하며 교회를 시작했을 것이다.

26-4. 이자익 목사 거창지부 순회 목회의 성과

이자익 목사가 거창 선교부에서의 사역을 마치고 떠나던 1936년 12월 8일, 제38회 경남노회에서 그의 11년간의 공헌을 기리는 보고가 이루어졌다. 당시 거창 시찰장이었던 주남고 목사[157]는 노회에 그의 사역과 업적을 다음과 같이 보고하였다.

> 이자익 목사는 1925년 7월부터 본 지방 선교사 대리로 시무하는 중 교회 신설이 10여 처요, 예배당 건축도 10여 처요, 많은 교인이 전진하여 오는 중 선교사가 오매 10월에 이사를 하게 됨으로 본 지방에서는 교역자와 교회 대표자들이 모여 송별회를 개최하였나이다.[158]

위의 보고를 인용하면서도 약간 수정된 글이 '경남(법통)노회 100년사'에 실려 있다.

> 1925년 7월부터 경남노회에서 협동 선교사로 거창지방에서 사역해 온 이자익 목사는 그동안 10여 곳의 교회를 개척했고, 10여 곳의 교회당 건축도 진행했으며, 많은 결신자를 얻은 공헌을 이루었

---

157. 주남고 목사는 나중에 주남선으로 개명하였다.
158. 조선예수교장로회,「경남노회 회의록 III, 1935~1937」, 한인수,『호남교회 형성 인물』, 같은 책, 113쪽에서 재인용.

으나, 전북지방으로 다시 돌아가기로 하였다.[159]

또한, 1936년 6월 호주선교부 연례회 보고서에서는 이자익 목사의 11년간 거창 순회 선교 사역에 대한 감사를 표하며 그의 헌신과 노력에 경의를 표하고 있다.

선교회는 지난 11년 동안 거창 지역에서 성실한 목회를 수행한 데 대해 이자익 목사에게 (다음과 같이) 감사의 뜻을 표하기로 의결하였다: 선교회는 이자익 목사의 성실한 봉사에 대해, 특히 지난 몇 년 동안의 뚜렷한 발전에 대해 그에게 감사를 표한다. 우리는 미래의 사역에 있어서 성령님의 인도하심과 하나님의 축복이 그에게 임하시길 빈다.[160]

이자익 목사는 호주 선교사를 대신하여 폐쇄 직전의 거창지부를 회복시켰다. 1929년 그의 일기에서 이자익 목사는 자신의 건강은 물론, 가정과 처자식보다 교회를 우선시하며 쉬지 않고 목회에 전념했음을 보여준다. 그는 교인을 심방하면서 거의 매일 아침과 점심과 저녁을 먹는 장소가 달랐고, 잠자리가 바뀌었다. 그의 열정은 호주 선교사들이 감히 따라올 수 없는 초인적인 것이었다. 그는 거창지부를 맡았던 다른 호주 선교사들보다 두 세배 더 일하였고, 맡겨진 달란트의 갑절을 남긴 최고의 사역자였다.

---

159. 『경남(법통)노회 100년사』, 경남(법통)노회100년사편찬위원회(서울, 키아츠(KIATS) 출판, 2016), 162쪽.
160. 「Extracts from the Records of the Australian Presbyterian Mission in Korea」 (June 1936), 77쪽, 한인수, 『호남교회 형성 인물』, 같은 책, 113~114쪽에서 재인용.

26-5. 과소평가 된 이자익 목사의 위상과 업적

이와같이 이자익 목사의 빛나는 사역의 열매와 업적이 있음에도 불구하고 거창지부 역사를 다룬 대부분의 문헌에는 이자익의 이름이 과소 평가되어 있다. 즉 거창지부 산하 교회를 총괄하는 호주선교회 선교사 대리로서의 이자익 목사의 위상과 업적이 간과되어 있고, 그를 도와 교회를 맡았던 조사나 다른 목사들 이름만 언급하고 있는 것이다.

그런 의미에서 김종혁이 편찬한 『함양교회 90년사』는 주목받아 마땅하다. 이 책에는 호주선교사 대리로서 사역했던 이자익 목사의 업적을 비교적 정확하게 분석하고 있다. 즉 거창지부 산하 교회를 순회 목회했던 이자익 목사의 지도력과 그를 도운 황보기 조사의 역할을 확실하게 분석하여 수록한 것이다.

> 이 시기에 활동한 분으로서 먼저 이자익 목사의 지도력과 황보기 장로의 헌신적인 봉사가 없었으면 오늘의 교회는 볼 수 없었을 것이라 사료된다.[161]

이자익 목사는 거창지부를 맡았던 어느 호주 선교사보다도 훨씬 더 많은 사역을 수행하고 뚜렷한 성과를 남겼음에도, 그의 공로는 선교사들의 기록에서조차 제대로 조명받지 못하고 있다. 또한 그는 31개 이상의 교회를 순회 목회하며 거창지부 내 교회들을 총괄한 지도자였음에도, 한국의 교회사학자들조차 이자익의 위상을 그와 함

---

161. 『함양교회 90년사 고난과 은총의 길』(김종혁 편저, 부산, 함양교회, 1998), 78쪽.

께 사역했던 조사(助師)들과 동급으로 취급하며 그의 업적마저 조사들의 공으로 돌리고 말았다.

이자익 목사의 거창지부 선교 역사는 결코 지금처럼 과소평가되어서는 안 된다. 그의 수고와 열정에 대한 바른 평가가 있어야 하며, 그가 남긴 선교 열매와 업적에 합당한 역사적 보상이 이루어져야 한다.

그림 23. 이자익 목사 거창선교 10주년 기념(1935.8.10.)

그림 24. 경남기독청년면려회 거창지방 연합수련회 기념(1934.7.15.)

그림 25. 김병찬 영수 전별 기념(1932.7.3.)

27. 거창에서 김제로 복귀한 이후에는 어떻게 지냈나?

1936년, 이자익 목사의 나이도 어느덧 57세가 되어 더 이상 거친 순회 목회를 감당할 수 없게 되었다. 게다가 그는 소화 기관이 좋지 않아서 항상 약을 먹고 살아야 했다. 그리고 7년 전 30년을 동고동락한 사랑하는 아내가 난산으로 세상을 떠나고 쌍둥이 딸도 이어 죽은 것이 자꾸 생각이 나서 거창을 떠나고 싶었을 것이다. 8남매의 아이들도 점점 장성하여 재정적인 압박도 더해지고 교육도 문제였다.

그의 거창 사역은 본래 호주 선교부에서 마땅한 선교사를 찾지 못하던 중 목회와 행정에 뛰어난 능력을 지닌 조선인 이자익 목사를 호주 선교사 대신 초청한 것이었기에 적합한 선교사가 오면 언젠가는 끝을 내야 하는 사역이었다.

27-1. 전북노회 '이자익목사전별공'(餞別貢)

본래 1925년 6월 9일 제17회 전북노회에서는 이자익 목사를 경남노회에 보낼 때, 언젠가는 돌아오라는 의미로 이명 증서를 발급하지 않은 채 파송하는 형식으로 보냈다.[162] 그러나 법적 절차를 어길 수 없어서 이자익 목사가 거창으로 이전한 지 1년 만에 결국 이명 증서를 내주었다.[163] 하지만 노회원들은 이자익 목사를 아주 보내는 것이 아니라 훗날 돌아와 다시 만날 것을 기약하는 마음으로 파송한 것이다.

제17회 전북노회에서는 이자익 목사를 보내는 섭섭한 마음을 담은 전별사가 '이자익목사전별공'(李自益牧師餞別貢)이라는 제목으로 낭독되었는데, 당시 노회장은 곽진근(郭鎭根) 목사였고, 서기는 김준기(金準基) 장로였다.[164] 그 내용 전체를 소개한다.

> 이자익 목사 전별공(李自益 牧師 餞別貢)/ 전북노회 대표 회장 곽진근 / 서기 김준기
>
> 본인 등이 본 노회의 명령을 받아 감히 본 노회를 대표하여 몇 마디 전별사를 드리게 되매 자연 찬연(燦然)한 회포를 금할 수 없습니다. 선생께서는 파란곡절이 많은 사회에서 춘풍 추우(秋雨) 지리(支離)한 수십 성상을 주님의 몸 된 교회를 위하여 아픈 가슴과 쓰린 눈물이 그칠 새 없이 주야로 염려하시며 부모나 형제나 처자보다 더 사랑하심으로 모는 소유들 희생하신 줄을 밝히 압니다.

---

[162] "이자익 씨가 타노회 지경에 가서 사역할 일은 허락하고 이명증서는 주지 아니하시기를 바라오며" (제17회 「전북노회록」, 33쪽, 주명준, 같은 책, 221쪽에서 재인용.)

[163] "호주선교회에서 이자익 목사를 순회전도사로 청빙하는 건은 허락하고 경남노회에 이명증서를 보내기로 허락하다." (제19회 「전북노회 임시회록」(1926.12.8.), 526쪽, 주명준, 같은 책, 238쪽에서 재인용.)

[164] '이자익목사전별공'(餞別貢)은 곽진근 목사(전북노회장)와 김준기 장로(서기) 이름으로 작성되었는데, 이를 쓴 사람은 이자익 목사의 친구요 교인이었던 서기 김준기 장로(원평교회)였다.

선생의 여윈 몸과 파리한 얼굴은 이 신성한 교회를 위하여 드린 표징으로 알고 있습니다. 선생께서는 더욱이 본회 창립 이래로 주석과 동량(棟樣)이 되어 혹은 회장의 직에 혹은 중요위원의 직에 처하여 그 영특하신 자질과 민활(敏活)하신 두뇌로 공의를 위하여 공직(公直)하게 본 회를 인도하심으로 모든 전 조선 노회에 비하여 양보할 것이 없을뿐더러 다대한 공적을 보게 됨은 일반이 공인하는 바입니다. 이제 본회의 명성이신 선생께서 불행하게도 타 노회로 이거하시게 됨에 당하여 전 회원의 섭섭한 정회(停會)는 무엇이라고 형언할 수 없습니다. 다사(多事)한 이때에 모든 형편으로 보아 차마 떠나시기를 허락할 수 없으나 하나님께서 선생을 더 귀히 쓰시기 위하여 많은 포부와 수양을 주시려고 이곳을 잠시 떠나게 하심을 알고 천의(天意)를 순종하는 중에서 부득이 놓기 싫은 손을 놓습니다. 물론 선생께서도 몸으로는 이곳을 떠나실지라도 마음은 늘 이곳에 있기 위하여 더욱 노력할 줄 압니다. 그러나 인심은 조석변이란 말을 깊이 마음에 두시고 변함없는 사랑으로 비록 멀리 계실지라도 본 노회를 더욱 진력하여 지도하시며 옛적에 야곱이 얍복강을 건널 때와 같이 영육 간에 많은 은혜를 받으시고 우리 노회에 오셔서 다하지 못한 사업을 힘씀으로 본 노회에 광휘(光輝)가 혁혁케 하시기를 바라오며 선생 댁에 하나님이 늘 같이하사 건전하신 심신(心身)으로 가시는 곳마다 영광이 나타내시기를 전 회원은 심축(心祝)합니다. 이 변변치 못한 말로 고별사를 끝냅니다.[165]

---

165. 제17회 「전북노회록, 별지」. 현대 문법으로 옮긴 것은 김수진의 앞의 책 110쪽에서 재인용 한 것이다.

27-2. 김제 금산교회와 원평교회 제5대 위임목사

이자익 목사는 1936년 9월 30일 거창 순회 목사 선교 사역을 마치고, 김제 금산교회와 원평교회 제5대 위임목사로 복귀하였다.[166] 그동안 두정리회와 구봉리교회는 각각 금산교회(금산리교회)와 원평교회(원평리교회)로 이름이 바뀌었다. 하나님께서는 이자익 목사의 전북노회 복귀를 차근차근 준비해 놓고 계셨다.

두 교회는 이자익 목사가 떠난 뒤 1926년에 곽진근 목사가 3대 목사로 부임하였다가 1929년 사임하였고, 그 후 4년간 담임 목사를 찾지 못하다가 1934년 5월 박창욱 목사가 4대 위임목사로 부임하였다.[167]

그런데 그는 1년 3개월 후인 1935년 8월 제주도 선교사로 떠나기 위해 교회를 사임하였고, 교회는 다시 목사 없이 1년 넘게 침체 상태에 있었다. 다행히 원평교회는 이자익 목사의 평생 동역자 김준기 장로 중심으로 흔들리지 않았고, 금산교회는 그의 친구 김종규 장로가 있었다.

이자익 목사가 11년 만에 기쁨으로 전북노회에 복귀할 수 있었던 배경에는 금산교회 조영호 장로의 역할이 컸을 것으로 생각된다. 이자익 목사가 거창으로 간 후 조영호는 1926년 6월 10일 장로 장립을 받았다. 김수진에 따르면, 이자익 목사가 거창으로 옮기기 전, 조영호에게 장로 직분을 맡아 교회를 섬기도록 강하게 권유했으며, 그 결과

---

166. 이자익 목사의 전북노회 이명 허락은 1936년 12월 8일 제38회 경남노회에서 이루어졌다. 이자익은 김제로 거처를 옮긴 후에도 제38회 경남노회 총대로 참석하였다. (『경남(법통)노회 100년사』, 같은 책, 162쪽 참조.)
167. 박창욱 목사는 원평교회에 1년 먼저 당회장으로 청빙을 받았다가 1934년 원평교회와 금산교회 위임목사가 되었다.(주명준, 같은 책, 271쪽 참조.)

조영호는 장로가 되었다고 한다.[168]

이자익 목사는 김제를 떠나 거창으로 가기 전 전 조영호 장로와 약간의 갈등으로 불편한 관계에 있었으나 곧 화해하였고, 이 분위기는 이자익 목사가 거창에 있던 11년 동안에도 계속된 것 같다. 1929년 이자익 목사의 일기에는, 그가 금산교회에 설교하러 김제를 방문했을 때 조영호 장로가 같은 교회 이호종 장로 등과 함께 이자익 목사의 생일을 축하해 주었다는 기록이 있다.[169]

그리고 1936년 조영호 장로는 이자익 목사를 금산교회 위임목사로 다시 모시는 일에 적극 찬성하면서 그의 복귀를 환영하였다. 이는 마치 위에 소개된 전북노회의 전별사의 내용처럼 얍복강을 건너 서로 만난 야곱과 에서가 형제애를 나눈 장면을 연상케 하는 대목이다.

주명준에 의하면 이자익 목사가 다시 부임한 지 2년 후인 1938년에 금산교회는 그의 봉급을 75원에서 180원으로 150% 대폭 인상하였다고 한다. 그리고 이는 조영호 장로가 1920년대에 있었던 서운한 감정을 말끔히 씻고 좋은 마음으로 새롭게 출발하자는 의미가 있었을 것으로 보았다.[170]

한편 조영호 장로가 교장으로 운영하던 소학교 동광학원(東光學院)은 오랫동안 운영 경비의 대부분을 전주 선교부에서 지원받았다고 하는데, 이것은 이자익 목사가 노회적인 영향력을 발휘하여 조영호 장로를 도와준 것이라고 생각한다.

어쨌든 이 화해의 물줄기는 그 후손에게까지 흘러서 조덕삼의 손

---

168. 김수진, 『금산교회 이야기』, 같은 책, 73쪽.
169. 문성모, 『이자익 목사 일기, 1929년 자필본 해제』, 같은 책, 135~136쪽.
170. 주명준, 같은 책, 296쪽.

자요 조영호의 아들인 조세형과 이자익의 손자 이규완이 2005년 대전신학대학교에서 개최된 '이자익 목사 기념행사'에서 서로 만나고 우의를 다지는 아름다운 결과를 낳았으니, 이 또한 한국교회사에 미담으로 남을 일이다.

27-3. 신사참배 반대의 길, 야인으로 맞은 해방

이자익 목사가 떠난 거창 선교부에는 1936년 호주 선교사 고도열(Arthur Thomas Cotrell) 부부가 부임하게 되었다. 그러나 건강상의 문제로 불과 2년 만에 호주로 돌아가 버리는 바람에 거창지부는 다시 어려움에 봉착하였다.

한편 김제 금산교회와 원평교회는 이자익 목사가 부임한 후 다시 크게 부흥하기 시작하였다. 이때 이자익 목사는 원평소학교 교사였던 장남 이봉환의 집에 머무르며 교회를 돌보았다.

그런데 이자익 목사가 전북노회에 복귀한 지 불과 2년 후인 1938년, 전북노회와 조선예수교장로교 총회는 신사참배를 결의할 조짐이 보였다. 이를 미리 감지한 이자익 목사는 항의의 뜻으로 병원에 입원하였고, 병가를 사유로 노회와 총회에 모두 불참하였다. 그리고 그해부터 1945년 해방이 될 때까지 계속하여 전북노회와 총회에 일절 참석하지 않았다.[171] 게다가 그는 1939년 금산교회를 사임하고,[172]

---

171. 이자익 목사는 1938~1942년까지 5회 연속 총회에 불참하였다. 총회는 1942년 제31회를 끝으로 모이지 못하였고, 해방 후 1946년에 모인 남부대회를 제32회 총회로 인정하였다.
172. 주명준은 이자익의 금산교회 사임이 1923에 있었던 조영호 장로와의 갈등이 재현되었기 때문일 것으로 보았다. 조영호는 이듬해인 1940년 이자익 목사를 노회에 고발하는 일이 있었고, 김준기 장로의 중재와 노회의 화해 요청을 받아들여 고소를

1943년에는 원평교회마저 사임하면서 1945년 해방이 될 때까지 야인으로 살았다.

이자익 목사는 1938년 전북노회가 신사참배를 결의하려는 움직임을 어떻게 알 수 있었을까? 이는 그가 순회 목회를 했던 경남노회에서 먼저 이런 조짐과 저항이 있었기 때문이었다.[173] 이에 대하여 허호익은 다음과 같이 정리하였다.

> 이자익은 자신을 청빙하여 거창 지역에서 함께 동역하던 호주 선교부가 1936년 2월 신사참배 반대의견서를 당국에 제출하는 것을 직접 지켜보았다. 또한 그는 경남노회를 떠난 다음 경남노회장일 때 서기로 함께 일한 최상림 목사가 1937년 12월 경남노회장이 되어 신사참배를 노회에서 부결시켜 옥고를 치른 일을 후문으로 들었다. 그렇기에 1936년 9월 전북노회로 돌아온 지 2년 후인 1938년 6월 제32회 전북노회에서 신사참배를 가결할 것이라는 것을 예상하고 노회에 계속 불참하기로 결단한 것은 매우 자연스러운 귀

취하였다.(주명준, 같은 책, 299, 303~304쪽 참조.) 이 사건은 노회록에도 기록되어 있는데, 이자익 목사의 마음에 큰 상처를 주었을 것으로 생각된다. (제34회 「전북노회록」, 23, 29쪽 참조.)

173. 호주 선교부는 신사참배에 대해 한국교회에서 가장 먼저, 가장 분명히 반대 입장을 밝힌 선교 조직이었다. 그 영향을 받은 경남 지역 교회들은 더욱 단호하게 신사참배를 거부했으며, 이로 인해 수많은 지도자들이 투옥되거나 순교하는 비극을 맞았다. 한상동, 주기철, 최상림, 주남선, 손양원 등은 모두 일제강점기 한국교회에서 신사참배 반대의 상징적 인물들로 기억된다. 이들은 이자익 목사의 신앙과 지도력 아래 있었던 영적 계승자들이었다. 이자익은 이들보다 연령 면에서도 9세(최상림, 주남선)에서 많게는 23세(손양원)까지 연상인 어른으로, 경남노회장으로 섬기던 시기에 이들과 함께 노회 사역을 감당했다. 그의 노회장 시절, 노회를 함께 섬겼던 주기철(부노회장), 최상림(서기), 주남선(시찰장) 등은 이자익의 깊은 신앙을 가까이서 접하며 강한 영향을 받았다.(김형대, 같은 책, 54~55쪽 참조.)

결이라 여겨진다.[174]

결국 이자익 목사의 예감은 현실이 되었다. 1938년 6월 8일, 전북노회 제32회 회의에서 신사참배가 결의되었고, 이어 9월 9일 평양 서문외교회에서 열린 조선예수교장로회 제27회 총회에서도 같은 결의가 내려졌다. 이는 교회가 시대의 권력 앞에 굴복한, 뼈아픈 역사적 장면이었다.

한국교회 일제 말기 역사에서 교회 변질의 가장 큰 파급적 사건은 중심교파인 장로교회의 공식 신사참배결의를 기점으로 보아도 큰 무리는 없을 것이다. 이는 한국교회에 진행된 '일본화 및 일제 순응 수순'의 한 정점이 됨은 물론, 이후의 교회 진로가 전적으로 변형된 양상을 보이는 데서 그 타당성이 드러난다. 1938년 9월 9일부터 16일까지 평양 서문밖 예배당에서 제27차 조선예수교장로회 총회가 개최되었다. 27개 노회(국내 23. 만주 4) 소속 대표인 목사 88명과 장로 88명 및 선교사 30명 등 도합 206명이 총회 대표로 모였다. 이 총회에서 신사참배 동의안이 제출될 예정이었고, 여기에 대해 선교사 측이 그 저지를 계획하고 있다는 정보가 관할 평양경찰서에 접수되었다. 총회장(總會場)은 삼엄하였고, 긴장감마저 감돌았다. 총회 기간 중인 9월 10일 평양노회장 박응률(朴應律) 목사가 평양, 평서, 안주 등 3개 노회 출석자 32인을 대표하여 다음과 같은 긴급 동의를 제출했다.

"우리는 신사가 종교가 아니며, 기독교 교리에 어긋나지 않는 본래

---

174. 허호익, 같은 책, 274쪽.

뜻을 이해하고, 신사참배가 애국적인 국가의례임을 자각하며, 이에 신사참배를 앞장서 실천하고, 나아가 국민정신총동원에 참여하여, 비상시국 하에서 후방의 황국 신민으로서 정성을 다할 것을 다짐한다."(我等은 神社는 宗敎가 아니오 基督敎의 敎理에 違反하지 않는 本意를 理解하고 神社參拜가 愛國的 國家儀式임을 自覺하며 또 이에 神社參拜를 率先 勵行하고 追히 國民精神總動員에 參加하여 非常時局下에서 銃後 皇國臣民으로서 赤誠을 다하기로 期함.)

선교사 일부의 항의가 있기는 하였으나, 결국 '신사참배안'은 가결되고 총회 임원과 산하 노회 대표들이 평양 신사를 참배하였다. 이는 한국교회 주류, 다수 교파가 공식적으로 '일본적 기독교'로 전환되는 것을 의미하며, 멀리는 '일본기독교 조선교단'의 제일보가 된 일이다.[175]

---

175. 서정민, "일제 말 '일본기독교조선교단' 형성 과정", 「한국기독교와 역사」, 제16호 (2002년 2월), 79~80쪽.

28. 해방 후 총회와 전북노회의 재건에 어떻게 기여했나?

1945년 8월 15일, 해방 이후의 교회는 내외적으로 폐허 상태에 놓여 있었다. 교회 건물은 파괴되었고, 지도자들과 성도들은 죽거나 납북되거나 행방불명되었다. 또한 일제의 강압으로 강행된 신사참배와 천황 숭배라는 과오를 바로잡아야 하는 혼란과 갈등의 시기였다.

교회가 깊은 상처 속에서 길을 잃고 있던 그 시기, 야인으로 물러나 있던 이자익 목사는 조용히 발걸음을 돌려 교회의 전면에 섰다. 그의 복귀는 떠들썩하지 않았지만, 무너진 공동체를 다시 세우는 희망의 발걸음이었다.

28-1. 일본기독교 조선교단

일제강점기 동안 일본은 조선 내 개신교 단체들을 통합하여 단일 교단을 조직할 것을 강요하였다. 이에 따라 조선예수교장로회는 1942년 자진 해산하였고, 장로교 교회들은 1943년 5월 '일본기독교 조선장로교단'을, 감리교 교회들은 같은 해 10월 '일본기독교 조선감리교단'을 각각 창설하였다. 그리고 해방 직전인 1945년 7월 19~20

일 모든 교단은 '일본기독교조선교단'이라는 이름으로 강제 병합되었다.

두 개의 큰 교단을 일본기독교 밑에 예속시키는데 성공한 총독부는 1945년 6월부터 정무총감 엔도(遠藤)를 내세워 장·감 양 교파와 구세단 및 군소교단 들을 통합하도록 지시하였다. 결국 1945년 7월 19~20일 장로교 27명, 감리교 21명, 구세단 6명 그리고 5개 소교파의 대표들은 정동감리교회에 모여 '일본기독교조선교단'을 조직하였다.[176]

1945년 8월 1일, 피어선성서학원에서 개원식을 갖고 정식 업무를 시작한 '일본기독교조선교단'의 초대 통리에는 장로교의 김관식, 부통리에는 감리교 출신의 김응태, 총무에는 장로교의 송창근이 선임되었으며, 모두 총독부의 직접 임명을 통해 공식적으로 취임하였다. 이는 일제 말기 기독교에 대한 통제를 제도화하려는 종교 정책의 일환이었다.

총독부 관리들이 투표관리를 하고, 그 선임 결과를 발표했다. 특히 초안된 규칙에 따르면, 초대 통리자와 부통리자는 정부 임명으로 되어 있는 내용에서 보듯이 '조선교단'의 정체성은 총독부 기관

---

176. 송현강, "일본기독교조선교단 조직"(https://www.kidok.com/news/articleView.html?idxno=43681), 주간기독신문(2006년 7월 18일). 그런데 서정민 교수는 이날 모인 대의원 수가 FCKUC(Facts Concerning the Korean Union Church)의 자료에는 59명이라고 하여 경성일보(京城日報)의 54명과 차이가 있음을 밝혔다.(서정민, 같은 글, 같은 책 89쪽 각주 참조.)

에 준한 조직임이 판명되는 내용이다.[177]

28-2. 새문안교회에서의 '남부대회'(1945년 9월 8일)

해방이 되자, '일본기독교조선교단'의 지도부에 있었던 장로교의 김관식, 송창근 목사와, 감리교의 변홍규 목사 등은 교단 명칭을 '조선기독교단'으로 변경하고, 이미 하나가 된 한국기독교의 정신을 계승하자는 취지 아래 1945년 9월 8일 새문안교회에서 '조선기독교 남부대회'를 주도하였다. 그러나 이 대회는 교단 존속과 연합을 둘러싼 양측의 주장이 팽팽히 맞서면서 파행을 겪었고, 교단 존속을 주장하는 감리교 대표들이 중도에 퇴장함에 따라 연합이라는 본래의 목적은 달성되지 못한 채 결국 실패로 끝났다.

일본기독교조선교단의 임원들은 교단의 명칭을 조선기독교단으로 바꾼 뒤 1945년 9월 8일 서울에서 남부대회를 소집했다. 남한만의 교단 대회였기 때문에 남부대회라고 하였다. 그러나 이 대회에 참가한 이는 장로교와 감리교의 대표자들뿐이었다. 이뿐 아니라 이 모임은 개회 벽두부터 수십 명의 감리교 지도자들이 감리교회 재건을 선언하고 퇴장함으로써 순조롭게 진행되지 못했다.[178]

---

177. 서정민, 같은 글, 같은 책, 91쪽.
178. 『한국기독교의 역사 III』, 한국기독교역사학회 편(서울, 한국기독교역사연구소, 2009), 16쪽.

28-3. 정동제일교회에서의 '조선기독교 남부대회'
   (1945년 11월 27~30일)

　이처럼 1945년 9월, 새문안교회에서 개최된 '조선기독교 남부대회'는 취약한 조직적 기반과 참석자들 간의 갈등으로 인해 결국 파행으로 끝나고 말았다. 이에 따라 김관식 목사 등은 같은 해 11월 27일부터 30일까지 정동제일교회에서 다시 '조선기독교 남부대회'를 소집하였다. 이 회의에서 김관식 목사가 대회장으로 선출되었으며, 교단 재건을 위한 조직과 방침 등이 논의되었다.

　이러한 이유로, 대부분의 교회사가들은 1945년 9월의 파행된 회의가 아닌, 11월 정동제일교회에서 열린 총회를 '제1차 조선기독교 남부대회'로 간주하고 있다. 하지만 이를 주도한 인사들이 친일 행적에 대한 회개나 반성 없이 해방 이후에도 교회의 권력을 유지하려 했다는 비판이 일었고, 전체 한국기독교의 호응을 얻지는 못하였다.

　그러나 순수하게 한국교회의 회복을 바라는 마음으로 모인 이들도 있었는데, 대표적인 인물이 이자익 목사였다. 그는 신사참배에 가담하지 않았고, 친일 행각을 한 적도 없었지만, 이 모임에 참석하였고 '규칙수정부장'을 맡았다. 그 이유는 오로지 해방 후 한국교회를 회복시켜야 한다는 사명감 때문이었다.

　　1945년 11월 27~30일 서울의 정동제일교회에서 조선기독교남부대회가 다시 개최되었다. 이것이 실질적인 제1차 남부대회였다. 이 대회는 회장 김관식, 부회장 김영섭 등 임원진을 선출한 후 일제강점기 순교자에 대한 추도회를 가졌으며, 임시정부를 지지하는 입장을 밝혔다. 또한 남부대회는 선교사 내한을 요청하고, 38도선 문제의 해결과 자주독립을 위해 미국 트루먼 대통령에게 진정하기로 하는 등 여러 가지 사업을 결의했다. 여기서 결의된 것 중 하나가 교회 신문 「기독교공보」의 발행이었다.[179]

28-4. 제2차 '조선기독교 남부대회'(1946년 4월 30~5월 2일)

이듬해인 1946년 4월 30일부터 5월 2일까지 정동제일교회에서 제2차 조선기독교 남부대회가 개최되었다. 역시 김관식 목사의 주도로 개최된 이 대회는 해방 이후 혼란 속에 있던 한국교회의 재편을 시도했으나, 한국기독교 전체의 폭넓은 지지를 얻지는 못했다.

친일 행각을 벌인 대회 주동자들은 여전히 아무런 반성이 없었고, 교권을 장악하려는 태도는 교계 안팎의 비판을 불러일으켰다. 그 결과 감리교가 먼저 대회를 이탈하였으며, 장로교도 독자적인 노선을 취하게 되었다. 한편, 월남한 이북 출신 교회 지도자들은 이러한 남한 중심의 조직 형성에 대해 비판적인 시선을 보냈다.

결국 제2차 남부대회는 당초 의도했던 연합의 목표에 도달하지 못했고, 오히려 한국교회의 분열을 심화시키는 결과를 낳았으며, 2차 대회를 끝으로 막을 내렸다.

남부대회는 안팎으로부터 도전과 난관에 직면했다. 특히 1945년 9월 새문안교회 모임에서 퇴장했던 감리교 지도자들의 감리교 재건 선언은 남부대회의 진로에 큰 장애가 되었다. 장로교에서도 기

---

179. 『한국기독교의 역사 III』, 같은 책, 16쪽.

존의 장로교 체제로 환원하려는 움직임이 노골화되면서 지방에서 노회를 재건하는 경우가 늘어났다. 경남노회가 1945년 11월 재건되었고, 12월에는 전북노회가 재건되었다. 통일에 대한 여망 때문에 남한교회만의 조직인 남부대회의 정당성을 확보하는 일도 어려웠다. 해방 직후 월남한 이북 출신 교역자들도 남쪽 교회들만의 총회 구성을 반대하는 입장이어서 남부대회는 친일 교단 잔존 세력의 모임이라는 비판을 받기에 이르렀다. 이러한 상황에서 1946년 4월 30일부터 5월 2일까지 서울 정동제일교회에서 제2차 남부대회가 열렸는데, 이것은 결과적으로 남부대회 해체를 위한 모임이 되고 말았다. 참석자들은 "각 교파는 각자 성격대로 활동키로" 결의하였다.[180]

28-5. 김관식의 '조선기독교연합회'와 WCC 대표 파송

남부대회가 실패로 돌아가자, 김관식 목사는 1946년 가을 '조선기독교연합회'라는 교파연합운동 기구를 조직하고 회장에 선출되었다. 이것이 '한국기독교교회협의회의' 전신이다. 여기에는 장로교, 감리교, 성결교 대표뿐만 아니라 대한성서공회, 대한기독교청년회(YMCA) 등 당시 거의 모든 기독교 기관이 참여하였다.

1948년, 이 연합회는 새롭게 출범한 세계교회협의회(WCC)에 한국 대표단을 파견하게 된다. 이는 한국 기독교가 국제적 연대의 흐름에 참여했다는 의미가 있지만, 동시에 교단 간 입장 차이를 드러내는 계기로 작용했다. WCC 참여를 둘러싼 신학적, 정치적 견해 차이는

---

180. 『한국기독교의 역사 III』, 같은 책, 17쪽.

이후 한국교회의 교단 분열을 촉진하는 빌미가 되었다.

조선기독교남부대회는 해체되었으나 그것을 주도했던 사람들은 1946년 가을 교파연합운동 기구로 조직된 조선기독교연합회(한국기독교교회협의회의 전신)에 참여하여 연합운동의 주도권을 잡았다. 조선기독교연합회에는 장로교·감리교·성결교·구세군, 재입국한 각국 선교부, 그리고 대한성서공회, 대한기독교청년회(YMCA), 대한여자기독교청년회(YWCA)를 포함한 기독교 기관 등 당시 남한 기독교를 대표하던 거의 모든 단체들이 참여했다. 이 연합회는 초대 임원으로 김관식(회장), 임영빈(총무), 엄요섭(간사)을 선출했으며, 일제강점기 초교파 조직인 조선기독교연합공의회의 헌장을 개정 채용했다. 조선기독교연합회는 1948년 대한민국 정부가 수립되자 한국기독교연합회로 명칭을 바꾸었다. 조선기독교연합회는 1948년 8월 암스테르담에서 개최된 세계교회협의회(WCC) 창립총회에 대표를 파견함으로써 세계교회들의 초교파 운동에도 참여하였다.[181]

세계교회협의회(WCC)는 1948년 8월 23일 네덜란드 암스테르담에서 첫 총회를 개최하며 창립되었는데, 한국 대표로는 장로교 총회의 추천으로 김관식 목사(총회 정치부장)와 엄요섭 목사(청년대표)가 참석했다. 감리교에서는 변홍규 목사가 참석했는데 그의 이름이 총회 명단에는 없다. 감리교에서는 당시 분열 중이던 재건파와 복흥파가 각각 세계교회협의회(WCC) 참가 신청을 하였다. (변홍규

---

181. 『한국기독교의 역사 III』, 같은 책, 17~18쪽.

는 재건파 소속이었다.) WCC 총회준비위원회는 두 계파가 합의하여 대표 한 명을 파견할 것을 요청하였으나, 끝내 합의에 이르지 못했다. 그러나 변홍규는 세계교회협의회 한국 측 준비위원회(임시위원회)의 위원이었기에 교단과 관계없이 재건파 만의 추천으로 참석할 수 있었다. 이 때문에 그의 이름은 WCC 총회 공식 회의록에 등재되지 않았다.[182]

> 김관식은 한국기독교연합회(KNCC)와 동시에 한국 장로교의 공식 대표로 참석하였다. 변홍규 역시 암스테르담 총회에 참석하였으나, 여전히 재건파와 복흥파로 분열되어 있던 변홍규의 합법적 대표성은 총회에서 받아들여지지 않은 것으로 보이며, 결국 공식적으로 감리교는 총회에 참석한 것으로 인정받지 못하였다.[183]

세계교회협의회의 창립총회에 참석했던 김관식은 총회를 마치고 귀국한 직후 병을 얻어 사망하였다. 그러므로 WCC 창립 총회에 대한 사항을 한국교회에 보고할 수 없었다.[184]

---

182. 어떤 책에는 변홍규가 옵서버로 참석했다고 기록되었지만, 옵서버 명단에 없다.
183. 민관홍, "세계교회협의회와 한국교회의 관계사를 통해 본 주요 인물들", 「기독교사상」, 2013년 11월호, 19~20쪽.
184. 김흥수 교수에 따르면, 김관식은 WCC 총회를 마치고 귀국 도중에 사망한 것이 아니라, 귀국 후 국내에서 병으로 사망하였다.

28-6. 장로교 단독 '조선예수교장로회 남부총회'
   (1946년 6월 11~13일)

남부대회를 통한 연합 시도가 무산된 지 두 달 후인 1946년 6월 11일, 서울 승동교회에서는 장로교단의 자체적인 재건을 선언하는 회의가 개최되었다. '조선예수교장로회 남부총회'라는 이름으로 진행된 이 총회는, 장로교단이 독자적인 진로를 모색하며 조직적 정비에 착수한 첫걸음이었다. 모두 12개 노회에서 30명의 총대가 참석했으며, 남북의 정치적 상황으로 인해 이북 지역 노회들은 참여하지 못한 채 남한의 노회들만 회의에 모습을 드러냈다.

일제강점기의 마지막 총회가 1942년 제31회 총회였으므로 당시 총회장이던 김응순 목사가 사회를 맡아야 하지만 이북에 있었기에 내려올 수 없었다. 대신 모임의 가장 연장자인 법관 출신의 함태영 목사(제12회 총회장)가 사회를 맡아 회의가 진행되었다.

총회장으로는 이자익 목사가 추천한 배은희 목사가 선출되었는데, 이자익 목사는 배은희, 김종대 목사와 함께 전북노회를 대표해 참여했다. 이자익 목사는 회의장에서, 일제강점기 교회가 신사참배에 참여했던 아픈 역사를 돌아보며 진심 어린 회개를 촉구했다. 그는 한국교회가 과거의 잘못을 외면하지 말고, 진실하게 마주하며 바로잡아야 한다고 강조했다. 그의 발언은 교회의 도덕적 회복과 역사적 책임감을 향한 간절한 호소였다.

김수진은 이자익의 발언 내용을 다음과 같이 기록하였는데, 소설 형식이라 진위 여부를 판단할 수는 없지만, 당시 총회의 분위기를 파악할 수는 있다.

"전북노회 총대 이자익 회원 말씀하십시오." "총회장님, 저는 신사참배 결의 당시 총대로 가지 못하였지만, 해방된 이 마당에 그날 총회에 참석하여 신사참배 결의에 동의했던 회원들의 마음이 얼마나 괴롭겠는가 하는 생각이 듭니다. 신사참배는 일제의 강압적인 탄압에 의해 잘못된 것으로 알고 회개하여 취소하기로 하고, 신사참배는 하나님께 불순종이었기에 이 자리에서 한번 통회 기도를 하기 원합니다. 더불어 오는 9월 8일 둘째 주일을 참회주일로 지키고, 신사참배 반대운동을 하다가 순교한 순교자를 파악하여 총회에 보고하고, 겸하여 순교자 애도 주일로 지키고, 제2회 총회 시는 순교자 애도회를 거행키로 동의합니다."[185]

총회는 이자익 목사의 제안에 따라 1938년 제27회 총회에서 결의되었던 신사참배 찬성안을 공식적으로 철회하였다. 이는 장로교가 해방 이후 독립된 종교 공동체로서 신앙적 정통성을 되찾고자 하는 선언적 조치였다.

한편, 이 총회에서는 조선신학교를 공식 직영신학교로 인정하는 결정을 내렸다. 이는 이후 장로교단 내에서 신학교 문제를 중심으로 보수와 진보 간 입장 차이를 불러일으키며 갈등과 분열의 씨앗이 되었다.

1946년의 '조선예수교장로회 남부총회'는 한국 장로교가 일제의 잔재와 분열의 그림자를 걷어내고 새 출발을 도모하는 상징적 회의였다. 독자적 노선을 명확히 하는 동시에 과거를 반성하며 미래의 교회 모습을 설계한 자리였던 셈이다.

---

185. 김수진, 『이자익 이야기』, 같은 책, 148쪽.

28-7. 전북노회 재건과 이자익 목사

1938년 6월 8일, 전북노회는 제32회 정기노회에서 신사참배를 결의하였다. 이는 조선예수교장로회 총회가 같은 해 9월에 공식적으로 신사참배를 인정하기 이전의 일이었다. 전북노회는 총회보다 앞서 신사참배를 결의하며, 일제의 종교 통제에 선도적으로 순응한 사례로 기록된다.

이후 1943년에는 조선예수교장로회가 해산되고, 일본기독교 조선장로교단으로 강제 개편되면서 전북노회는 '전북교구회'라는 명칭으로 재편되었다. 많은 교회와 목회자들이 이에 협력하거나 침묵했지만, 이자익 목사는 달랐다. 그는 노회 참석을 거부하고 목회를 중단하며, 일제의 종교 정책에 협력하지 않겠다는 분명한 신앙적 의지를 나타냈다.

1945년 8월 15일, 해방의 소식은 이자익 목사에게도 신앙의 자유를 회복한 역사적 전환점이었다. 그는 전주에서 은둔하던 배은희 목사와 함께 전북지역 '기독교독립촉성회'를 조직하고, 전북노회 복원을 위한 활동에 본격적으로 나섰다.

> 이자익 목사는 곧바로 전주에 올라가 배은희 목사를 만났다. 이 자리에는 김인전 목사 동생인 김가전 목사도 함께하고 있었다. 이들은 서로 살아남은 일에 대해서 하나님의 은혜로 알고, 이제부터는 기독교독립촉성회와 전북노회를 재건해서 총회를 재건하자고 하였다. 이자익 목사는 큰 숙제를 안고 원평으로 돌아왔다. 그리고 원평교회와 금산교회를 중심해서 기독교 독립촉성회 금산지부를

조직하였다. 지부장은 이자익 목사가 맡았으며, 총무는 조영호 장로가 맡았다. 다시 조영호 장로는 기독교독립촉성회 김제지부를 조직해야 한다면서 바쁜 나날을 보냈다. 기독교독립촉성회는 기독교 정신으로 조선이 독립해야 한다는 주장이었다.[186]

1945년 12월 5일, 전북노회는 전북교구회를 해산하고 노회 체제로 복원되었다. 이는 단순한 행정 재편이 아니라, 신사참배와 친일 협력에 대한 반성과 회개의 출발점으로서 중요한 의의를 가진다.

전북노회의 복원 과정에서 이자익 목사는 신앙의 양심을 지킨 인물로서 상징적인 역할을 수행하였다. 그는 배은희 목사에 이어 1947년 3월에 전북노회 노회장으로 선출되어, 노회의 재건과 교회의 정화에 힘을 쏟았다.

28-8. 금산읍교회 동사목사

노회장이 된 지 얼마 후 이자익 목사는 전북노회 소속 금산읍교회(현 금산제일교회)[187] 동사목사[188]로 부임하였다. 지금은 충청남도에 속해 있는 금산읍은 당시에 전라북도 소속이었는데, 담임 정동민 목사는 해방 후 어려워진 교회를 회복하기 위하여 이자익 목사의 도

---

186. 김수진, 『이자익 이야기』, 같은 책, 139~140쪽.
187. 금산읍교회(담임 양승백 목사)는 김제 금산교회와 다른 교회이다. 충남 금산군 금산읍에 위치해 있다.
188. 동사목사는 한 교회에 동일한 권한을 가진 목사가 2인 이상 함께 교회를 시무하는 제도이다. 지금은 공식적으로 폐지되었지만, 시행하는 교회도 있다. 이자익 목사는 이 지역을 관할하던 마로덕(L.O. L.O. McCutchen, 1875-1960) 선교사의 동사목사였고, 담임 정동민 목사를 도왔지만, 교회 안에서 큰 역할은 없었던 것 같다.

움이 필요했다.[189] 교회는 총회장을 지낸 교계 어른 이자익 목사를 따뜻하게 환영하였다.

    이자익 목사가 금산읍으로 이사 온 이유에는 장남의 영향도 컸다. 마침 해방 후 장남 이봉환이 1946년 5월 금산여자중학원을 설립하고, 1948년 공립학교로 개편된 금산여자중학교 초대 교장이 되었다.[190] 이자익 목사는 김제에서부터 장남 집에서 함께 생활하다가, 이제 금산읍으로 이사한 장남과 함께 금산읍교회로 자리를 옮긴 것이다.

    '금산제일교회100년사'에는 이봉환이 1949년 6월 19일 장로로 피선되었고, 금산여중과 금산중학교를 설립하여 초대 교장을 지냈다고 기록되어 있다.[191] 그는 1937년 2월 14일 원평교회에서 이미 장로 장립을 하였는데, 금산읍교회에서 다시 투표를 통해 39명의 후보자를 물리치고 장로로 선출된 것이다.[192]

---

189. 이자익 목사는 금산읍교회 동사목사 사역을 1948년 말 정동민 목사가 사임하고 이인범 목사가 부임한 후 1949년에 마무리하였다.
190. "금산여자중학원은 여자 중학교 기관으로 1946년 5월 이봉환이 설립하였으며, 1948년 5월에 공립 중학교인 금산여자중학교로 개편되었다." (디지털금산문화대전 – 중학교)(https://geumsan.grandculture.net/geumsan/toc/GC09201013)
191. 『금산제일교회100년사』, 금산제일교회역사편찬위원회(서울, 한국장로교출판사, 2009), 244쪽. 하지만 금산중학교는 1951년 8월, 금산여자중학교와 금산고등공민학교를 통합해 공립 남녀공학으로 새롭게 출범한 학교이기 때문에, 이봉호와 직접적인 관련이 있는지는 확인되지 않는다. (디지털금산문화대전 – 중학교, 같은 인터넷 자료).
192. 연희전문학교 문과를 졸업한 장남 이봉환 장로는 그후 1951년 군산영명중학교 교장, 1953년 광주숭일고등학교 교장, 1956년 목포 정명여자중학교 교장 취임 후 1963년 목포 정명여자고등학교를 개교하고 교장을 겸임하며 교육자로 평생을 살았다.

29. 제33~34회 총회장 이자익 목사의 역할과 업적은 무엇인가?

이자익 목사는 1947년(4.18~22.) 대구제일교회에서 열린 대한예수교장로회 제33회 총회[193]와 1948년(4.20~23.) 서울 새문안교회에서 개최된 제34회 총회에서 연속으로 총회장에 선출되었는데, 1924년 제13회 총회장에 이어 한국교회 역사상 유일무이(唯一無二)한 3선 총회장으로 이름을 남기게 되었다. 또한 동사목사의 자격으로 총회장에 당선된 것도 극히 이례적인 일로 남아있다.

더구나 33회 총회에는 당시 부총회장이 함태영 목사라는 거물급 인사였기에 이자익 목사의 총회장 당선을 아무도 예상하지 못하였다. 형식상 투표에 의한 당선이었지만, 모든 총대들이 추대하여 총회장으로 모신 것이라고 할 수 있다. 이는 해방 후 혼란기에 한국교회의 재건을 위해 이자익 목사가 얼마나 중요하고 필요한 인물이었는지를 보여주는 사건이었다. 그가 제33회와 제34회 총회장에 연이어 선출된 것은, 당시 총회가 직면한 여러 문제들을 중재하고 해결할 수 있는 인물이 오직 이자익 목사뿐이라는 인식 때문이었다.

---

193. 이 총회는 '조선예수교장로회 제2차 남부총회'라는 이름으로 모였고, 총회장 이자익 목사의 사회로 1946년의 장로교 단독 남부총회를 제32회, 1947년의 제2차 남부총회를 제33회 총회로 추인하였다.

제33회 총회 기간에 총회장 이자익 목사는 부총회장 함태영 목사와 함께 대한기독교서회 이사와 신학교 이사 및 실행위원, 한국기독교연합회[194] 이사 등 여러 직책을 맡았다. 이에 더하여 제34회 총회장 시절에는 조선신학교 이사 및 실행위원, 그리고 찬송가 합동위원이라는 직책이 더해졌다.

제33~34회 총회에는 너무도 많은 안건들이 올라와 결의를 기다리고 있었다.[195] 이자익 목사는 총회장으로 해방 후 남북이 분단된 상태에서 산적한 문제들을 풀어야 했다. 당시 총회장으로서 이자익 목사의 영향력은 막강한 것이었다. 총회는 지금처럼 거대한 조직이 아니었다. 노회는 17개 밖에 없었고, 총대 수는 140여 명에 불과했다. 여기에 월남한 이북 출신 목사 장로로 구성된 9개의 무(無) 지역 노회가 나중에 더해졌다.

당시 70세였던 이자익 목사는 한국 교계 전반에 걸쳐 깊은 존경을 받으며 원로로서의 위치를 확고히 하고 있었다. 그는 전라도와 경상도 지역에서의 오랜 목회 활동을 통해 교단 내 기반을 다졌고, 평양신학교 이사로 활동하면서 북부 지역 교계와도 긴밀한 인적 네트워크를 형성하였다. 더불어 서울, 경기, 충청 지역의 주요 인사들과도 오랜 교류와 신뢰를 쌓아, 전국적인 영향력과 인적 연결망을 확보한 교계 원로였다.

그는 나이로 보나 경륜으로 보나 존경받는 어른이고, 총회 재건의 중심인물이었기에 연속하여 총회장에 선출된 것은 당연한 수순이라

---

194. 한국기독교연합회는 현재 한국기독교교회협의회(National Council of Churches in Korea), 즉 NCCK의 전신이다.
195. 「조선예수교장로회총회 제33회 회의록」(1947), 6~10쪽과 「조선예수교장로회총회 제34회 회의록」(1948), 22~24쪽 참조.

고 할 수 있다. 모든 사람이 존경하는 최고의 법통이었지만, 진영 논리에 매이지 않았던 총회장이었기에, 당시 총회의 조직과 안건은 이자익 목사의 손에서 사전에 조율되고, 그의 의중을 반영하여 결의되었다고 봐야 한다. 따라서 그가 총회장으로 재임하던 시절의 총회 결의와 문제 해결 과정은 단순한 행정 결과를 넘어, 이자익 목사의 지도력과 헌신이 고스란히 반영된 그의 업적으로 평가된다.

그는 탁월한 신학적 통찰과 조직적 리더십을 바탕으로 교단을 이끌었으며, 그의 업적은 장로교단 역사 속에 뚜렷한 자취로 남아있다. 특히 총회장 재임 시절, 그의 리더십과 권위는 교단 내 갈등을 조정하고 분열을 방지하는 데 핵심적인 역할을 했으며, 장로교가 분열 없이 하나가 될 수 있었던 구심점이었다. 당시 총회장으로서의 그의 역할과 공헌은 다음과 같다.

29-1. 교회학교 교육을 바로 세우고 초교파적 화합을 선도하다.

총회장으로서 이자익 목사의 두드러진 업적 중 하나는 주일학교의 재건이었다. 그는 해방 이후 황폐해진 교회 교육 현실을 인식하고, 방학 기간에 전국교회가 여름성경학교인 '하기학교'를 실시하도록 총회 결의를 이끌었다.

또한 이자익은 청년 사역을 구조화하는 데 깊은 관심을 두었다. 각 교회에 산재해 있던 청년회를 '면려회'라는 이름으로 통일하고, 전국적인 청년 연합체를 조직하도록 결의했다. '면려'(勉勵)라는 이름이 담고 있는 격려와 훈련의 의미는 단순한 친교를 넘어 기도회, 전도회, 금주·금연운동, 문맹 퇴치 같은 사회 개혁적 활동으로 이어졌다.

총회장 이자익 목사는 교단의 경계를 넘어서는 연합 활동에도 적극적으로 참여했다. 제34회 총회에서는 초교파 '기독청년전국연합회'에 고문 3인을 파송하기로 결의했으며, 이자익 목사는 김춘배 목사, 한경직 목사와 함께 고문으로 선정되었다. 이는 교단 간 협력과 연대를 모색하며, 기독 청년운동이 전국적인 에너지를 기반으로 확장되는 계기를 마련한 사건이었다.

그의 지도력은 교회 내부에 국한되지 않았다. 제33회 총회에서는 공립과 사립을 막론하고 학교에서 주일 수업을 하지 않도록 정부 당국과 교섭하기로 결의했고, 이 결정은 제34회 총회에서 학교의 주일 행사 금지 요청으로까지 확대되었다. 이는 종교적 요청 이상의 의미를 담고 있으며, '주일의 거룩함'을 사회 윤리적 기준 속에서 유지하고자 하는 교회의 선언적 의지를 드러낸 것이다.

이자익 목사는 교회 교육을 재건하고, 청년을 신앙과 실천의 주체로 육성하며, 공적 제도와의 교섭을 통해 기독교 윤리를 사회에 뿌리내리고자 했다. 그의 총회장 재임은 단순한 조직 운영의 안정에 그치지 않고, 해방 이후 한국교회가 지향해야 할 가치와 질서를 설계한 시간이었다.

29-2. 장로교 찬송가를 회복하고 '합동찬송가'의 길을 열다.

1) 장로교 '신편찬송가'를 회복하다.

제33회 총회에서는 종교교육부의 헌의에 따라 찬송가와 관련된 결의가 있었다. 미국으로부터 찬송가 3만 부가 도착하면, 그중 1만부는 38선 이북의 교회에 배부하고, 추가로 3만 부를 더 요청하기로 한 것이다.

일제는 태평양전쟁을 일으킨 이후에는 교과서뿐만 아니라 기독교의 찬송가까지도 검열하고 통제하여 사상적으로 거슬리는 가사를 수정하고 삭제하는 만행을 저질렀다. 당시 장로교 찬송가는 1935년에 새로 편집 출판된 《신편찬송가》였는데, 1942년 판은 일제에 의해 가사가 수정되고 일부 삭제된 수정판이었다. 1942년 제31회 총회의 보고서에는 "9월에 찬미가는 수정해서 출판 허가를 받아 인쇄 중"이라는 종교교육부 보고가 기록되어 있다.[196]

해방 이후, 다시 한국에 들어온 미국 선교사들은 신앙의 정체성을 회복하고 예배 질서를 바로잡기 위해 이 찬송가의 원형을 급히 복구할 필요를 느꼈다. 그래서 1947년, 미국에 남아있던 《신편찬송가》 초판본을 확보해, 북미선교연합기구인 '북미해외선교회 한국위원회'(Korea Committee of the Foreign Mission Conference of North America)와 '세계기독교봉사회'(Church World Service)를 통해 미국에서 인쇄한 뒤 한국으로 탁송하였다.

영문 표지에 '비상용 판'(Printed for Emergency Use)이라고 기재된 점으로 보아, 이 판본은 임시방편으로 제작된 것임을 알 수 있다.[197] 수록된 가사는 '신편찬송가' 초판의 내용을 그대로 따랐기 때문에, 1938년의 신철자법에 따른 개정판 가사가 아닌 구(舊)철자법으로 표기되어 있다.[198]

---

196. 「조선예수교장로회총회 제31회 회록」 (1942), 41쪽.
197. 영문 표지 전체 "Sin P'yun Chan Song Ka: Music Edition, Printed for Emergency Use".
198. 신철자법이란 1938년 조선어학회(현 한글학회)가 발표한 '한글 철자 통일안'에 따른 새로운 철자법을 말한다. 이에 따라 1942년판 '신편찬송가'의 가사도 수정되었다.

참고로, 이 찬송가를 만들어서 한국교회에 보내온 두 단체 중 '북미해외선교회 한국위원회'는 북미 지역의 여러 개신교 선교 단체들이 모여 만든 협의체인 '북미해외선교회'(Foreign Missions Conference of North America) 산하의 한국위원회인데, 이 위원회는 일제강점기 말기부터 해방 이후까지 한국 선교 재개를 준비하고 조율하는 역할을 했다. 그리고 '세계기독교봉사회'(Church World Service)는 1946년에 설립된 미국 교회협의회(NCC/NCCUSA) 산하의 구호 및 개발 기관으로, 해방 직후부터 한국에 식량, 의약품, 의류 등 인도적 지원을 제공했다. 이 단체의 후원으로 제작된 '신편찬송가' 3만 부가 1947년 도착하면, 그중 1만 부를 북한교회에 보내기로 하고,[199] 다시 3만 부를 요청하기로 총회가 결의한 것이다.

2) 교단 연합 '합동찬송가'의 길을 열다.

이자익 목사는 장로교용 '신편찬송가'를 회복한 뒤, 한국교회 내에 분열되어 있던 찬송가를 하나로 통합하는 길을 열었다. 그의 연합정신은 찬송가 통합에도 영향을 미쳐, 결국 하나의 공동 찬송가가 탄생하는 계기가 되었다.

해방 이전까지 한국교회는 교단별로 서로 다른 찬송가를 사용해 왔다. 장로교는 '신편찬송가', 감리교는 '신정찬송가', 성결교는 '부흥성가'를 각각 사용했다. 이러한 분열된 찬송가를 통합하여 하나의 공동 찬송가를 만들기 위한 논의는 1946년부터 본격적으로 시작되었다.

각 교단은 공동 찬송가 편찬을 위한 위원을 정해 파송했으며, 장

---

199. 이 찬송가는 바로 보내지 못하고, 전쟁 중인 1950년 10월 유엔군과 국군이 평양을 탈환했을 때 가지고 가서 나누어 주었다.

로교는 1947년 제33회 총회에서 김관식, 김춘배, 주수겸 세 사람을 '찬송가 합동위원'으로 선정하였다. 이듬해인 1948년 제34회 총회에서는 이자익 목사가 총회장 자격으로 이들 위원에 추가로 임명되었고, 같은 회기에서 김관식 목사가 제출한 '찬송가 합동' 청원이 가결되었다. 청원 내용은 다음과 같다.

> "찬송가 합동은 장로교, 감리교, 성결교로 하되 찬송가 중 동일한 것은 일치시키고 상이한 것은 전부 편입하기로 하고 가사 선택과 순서편찬은 각 교파의 파송한 위원에게 일임하여 달라는 찬송 합동위원 김관식 목사의 청원은 허락하기로 하다."[200]

그리고 발행되는 찬송가는 기독교서회에 위탁하여 출판하기로 결의하였다. 이렇게 하여 1949년 10월에 《합동찬송가》의 가사판이 대한기독교서회를 통해 발간되었다. 그리고 이후 1950년에는 악보판이 출간되었고, 1954년에는 수정판도 나왔다.[201]

이 찬송가는 장로교, 감리교, 성결교가 함께 만든 최초의 공동 찬송가로, 총 586곡이 수록되어 있었다. 한국교회는 1907년 대부흥운동의 결실로 1908년 장로교와 감리교가 연합하여 《찬숑가》를 출판한 역사가 있었지만, 장로교 내부의 이견으로 완전한 연합을 이루지는 못했다. 그러므로 1949년의 '합동찬송가'는 한국 최초의 통일된 찬송가라고 할 수 있다.

해방 직후의 혼란 속에서도 장로교와 감리교, 성결교가 연합하여 하나의 찬송가를 편찬한 것은, 한국교회가 하나 되고자 했던 열망을

---

200. 「조선예수교장로회총회 제34회 회의록」(1948), 23쪽.
201. 문옥배, 『한국찬송가100년사』(서울, 예솔, 2002), 569쪽.

담은 매우 의미 있는 작업이었다. 이 연합 사업은 총회장 이자익 목사의 강한 의지와 결단에 따라 이루어진 결실이었다.

이처럼 한국교회는 하나의 찬송가를 편찬하며 연합의 의지를 드러냈지만, 교리와 정치적 입장의 차이는 여전하여 갈등과 분열을 야기했다. 이는 연합을 지향했던 이자익 목사의 이상과는 거리가 먼 현실이었다.

29-3. 분열된 교단 신학교를 중재하고 화합의 길을 모색하다.

이자익 목사가 총회장으로서 직면한 가장 중대한 과제는 분열된 교단 신학교 간의 갈등을 조정하고 화합의 방향으로 이끄는 일이었다. 당시 김재준의 조선신학교, 한상동의 고려신학교, 박형룡의 장로회신학교 등 3개 신학교가 난립한 가운데 갈등을 중재하고 교단의 분열을 막아야 하는 어려운 문제를 슬기롭게 해결해야 했다.

1938년 9월 신사참배에 반대하며 평양 장로회신학교가 폐교되었다가, 채필근 목사를 교장으로 하여 1940년 다시 문을 열었지만, 1945년 일본이 패망하고 북한에 공산정권이 들어서면서 왕래할 수 없게 되었다.

해방 후 남한에 장로교단 신학교가 없던 상황에서 김재준, 송창근 목사 등을 중심으로 한 조선신학교가 1945년 9월 미군정청 학무국에 의해 전문학교로 인가를 받아 김재준을 교장으로 개교하였고,[202] 1946

---

202. 조선신학교는 김재준과 송창근 목사의 주도로 이미 1940년 4월부터 '조선신학원'이라는 이름으로 승동교회에서 총회와는 별도로 교육하다가, 1945년 동자동 교사에서 학교 인가를 받고, 1948년 정규 대학 승인을 얻었다. 그리고 1951년 한국신학대학(현 한신대학교)으로 교명을 변경하였다.

년 6월에 열린 대한예수교장로회 남부총회(제32회 총회)에서 교단 신학교로 승인을 받았다.

그러나 조선신학교 교수들의 자유주의 신학 노선에 문제를 제기하며 캐나다 선교부를 제외한 다른 선교부에서는 이사와 교수 파송을 주저하였다. 그리고 자유주의 신학에 반대하던 한상동, 주남선, 박윤선 목사는 1946년 9월 20일 부산에서 고려신학교를 세웠다. 그리고 평양신학교 교수였다가 일제의 박해를 피해 만주 봉천신학교에서 가르치던 보수 신학자 박형룡을 교장으로 초빙하였다. 교단 분열의 불씨가 피어오르기 시작한 것이다.

1947년 제33회 총회에서는 "문교부로부터 1947년 4월 12일부로 전문학교령에 의한 조선신학 설립 인가가 되었고, 불원한 장내에 대학 인가도 날 것"이라는 신학교 이사회 보고가 있었다. 미군정 학무국이 문교부로 승격되면서 조선신학교는 전문학교령에 의한 정식 인가를 문교부로부터 받게 된 것이다. 그리고 머지않은 장래에 4년제 대학 인가도 얻게 될 것이라는 희망 사항을 보고한 것이다.

29-4. 조선신학교 학생 51명의 진정서 사건

그런데 이 총회 말미에 "조선신학교 학생 51명의 진정 건은 다음 위원을 선정하여 조사하게 하다."라는 결의가 있었다. 그리고 조사위원으로 총회장 이자익을 비롯하여 이창규, 계일승, 문승아, 노라복, 노해리,[203] 김원희 등 8명이 선정되었다. 이를 설명하면 다음과 같다.

1947년 4월 18일, 대구에서 열린 제33회 총회에서 신학생 51명이

---

203. 노라복(Robert Knox, 魯羅福)과 노해리(Harry A. Rhodes, 魯解理)는 선교사 이름이다.

조선신학교 김재준, 송창근, 정대위 교수의 강의 내용에 불만을 품고 진정서를 제출하는 사건이 있었다. 당시 조선신학교는 김재준을 중심으로 자유주의 신학을 지향하며 '신앙은 보수지만, 신학은 자유'라는 교육 이념을 표방했다. 그러나 일부 학생들은 그의 성서 해석이 지나치게 자유롭고 전통적 교리와 상충한다고 판단하여 집단적으로 반발하였다. 이때 진정서를 낸 51명을 나중에 '신앙동지회'라고 불렀다. 진정서의 내용은 다음과 같다.

> 개혁교회는 성경에 절대 권위를 두고 그 위에 건설된 교회입니다. 성경은 계시와 영감으로 기록되었다는 초자연적 성경관을 우리는 견지합니다. '구약성경은 하나님의 말씀이니 신앙과 본분에 대하여 정확무오한 유일의 법칙이니라'고 되어 있는 신조 위에 조선장로교회는 섰고 이 신조는 조선교회 안에 영원히 보수(保守)되어야 할 우리들의 가장 순수하고 복음적인 신앙고백입니다. 그러나 우리들은 불타는 소명감에 몰려 장로회 총회 직영신학교인 조선신학교에 적을 두고 성경과 신학을 배우기 시작한 지 연여(年餘)에 우리가 유시(幼時)로부터 믿어 오는 신앙과 성경관이 근본적으로 뒤집어지는 것을 느꼈습니다. 이러한 현상은 우리 지식의 유치미발(幼稚未發)의 소치이겠습니까? 신학 교양의 부족에 기인되는 바이겠습니까? 그러나 신앙은 신앙입니다. 우리 신앙은 성경 이외의 아무 데도 기인될 수 없습니다. 우리 신앙의 유일의 기준은 오직 성경입니다. 이 성경이 살아계신 하나님의 말씀으로서의 권위를 잃을 때 우리 신앙은 근본적으로 파괴당하고 말 것입니다. 그러므로 우리는 먼저 '신앙은 보수적이나 신학은 자유'라는 조선신학교

의 교육 이념을 수긍할 수 없습니다. 근대주의 신학 사상과 성경의 고등비평을 항거합니다. 자유주의 신학과 합리주의 신학을 배척하는 것입니다. 저들은 성경의 고등비평이나 자유주의 신학은 결코 신앙을 파괴하지 않는다고 변명하나 사실에 있어 파괴당하고 있는 데야 어찌합니까? 이같은 사조로 인하여 현 세계는 점점 비신앙 상태로 들어가고 있습니다. 그 때문에 독일과 일본이 망한 것을 우리는 보고 있지 않습니까? 그러므로 온 세계가 다 이 자유주의 신학 사조에 흘러간대도 우리는 단신 순복음의 전사가 되어 전 세계를 향해 도전하는 것을 부끄러운 일로 여기지 않습니다. 교회 사상 삼위일체나 기독론이나 기타 성서적 교리가 투쟁 없이 제정되거나 완성된 것은 하나도 없습니다. 무너져 가는 우리 교계도 아다나시우스 같은 진리의 사람이 일어서야 할 때는 왔습니다. 루터와 같은 굳센 신앙의 용사가 일어나야 할 때입니다. 이날 우리들은 온갖 비난과 욕설과 방해를 무릅쓰고 이 중대한 신학교육 문제를 전 조선교회에 호소하는 바이오니 제위는 이 어린 것들의 맑은 신앙 양심에서 솟아오르는 가련한 호소를 물리치지 마시고 받으셔서 양찰(諒察)하신 후 선히 지도하여 주시옵소서.[204]

학생 51명의 진정서는 단순한 의견 표현이 아니었다. 이는 조선신학교의 신학적 정체성과 교육 방향에 대한 심각한 우려를 담고 있었고, 교단 전체에 큰 충격을 주었다. 이에 대해 총회는 즉각 대응에 나섰으며, 이자익 목사를 포함한 총회 조사위원회를 구성하여 이 사안의 해결책을 모색하였다.

---

204. 김양선, 『한국교회 해방 10년사』(서울, 대한예수교장로회 총회교육부, 1956), 216~217쪽.

29-5. 조선신학교 김재준 문제와 박형룡의 장로회신학교

당시 총회장 이자익 목사는 급격한 대응보다도 문제의 원인과 배경을 진지하게 분석하려는 태도를 보였다. 그는 총회장과 조사위원으로서 극단적인 판단보다 화합을 모색하는 입장을 견지했던 인물로 기억된다. 그는 신학교의 혼란 속에서도 학생들의 우려를 경청하고, 동시에 교육의 자유와 교수의 권위도 존중하면서 균형 잡힌 해결책을 찾고자 했다.

경북 안동교회를 담임했던 김광현 목사는 조선신학교 문제를 평화롭게 해결하기 위하여 총회장 이자익 목사가 안동까지 찾아와 자신에게 의견과 대책을 물었던 일을 다음과 같이 회고하였다.

> 그분은 내가 대한민국이 출범하기 전 입법의원으로 있었던 일을 생각하고 나를 만나러 멀고 험난한 안동교회를 손수 방문하셨다. "조선신학교 김재준 목사 문제를 어떻게 하면 좋겠는가?" 자문을 구하기 위해서 말이다. 나이 드신 몸으로, 더구나 총회장이 직접 안동까지 방문하여 문제를 해결하려는 그 자세에 나도 모르는 사이에 감동이 되고 말았다. 이때 나는 젊은 목사였지만 그의 인격에 압도되어 떨리는 말로 입을 열었다. "한국교회가 정통신앙을 지키려는 일은 아름다운 일입니다. 그러나 폐쇄된 마음으로 남이 나와 같지 않다고 해서 무조건 질타해서는 안 되는 줄 압니다. 모든 사람이 다 같을 수는 없습니다. 한 번 분열되면 거기서 또 분열됩니다. 지금은 김재준 목사 한 사람이지만, 한 번 나뉘게 되면 학적 견해뿐 아니라 지역과 정실이 작용하여 총회에 큰 분열을 초

래하게 됩니다. 자식에 대한 훈계도 품 안에 있을 때 해야지 품 밖으로 벗어나면 못합니다." 나는 계속 분열만은 막아야 한다는 의견을 전하였다. 이자익 목사는 메모지에 일일이 기록을 하면서 청취하였다. 나는 그 모습에 감동하지 않을 수가 없었다. 속으로 혼자서 '저런 인격을 가졌기에 총회장을 하시게 되었구나'라는 생각을 하였다.[205]

교단 신학교 문제의 평화로운 해결을 위한 이자익 목사의 신중하고 절제된 행보와는 달리, 당시의 신학교 분쟁은 점차 파국으로 치닫고 있었다. 이러한 상황 속에서, 1948년 4월에 열린 제34회 총회에서 이자익 목사가 직면한 주요 현안으로는 조선신학교 김재준 교수의 거취 문제, 고려신학교 신학생 추천에 따른 갈등, 그리고 경남노회의 내부 분규 문제가 있었다.

이자익 목사는 남장로교 소속 최의덕(Lewis Boyd Tate) 선교사를 통해 예수 믿고 신앙 지도를 받은 보수적인 성향의 지도자였다. 그는 총회장으로 평화와 화합을 모색하였지만, 조선신학교의 신학 노선에는 동의할 수 없었다. 그렇다고 김재준의 교수직을 당장 박탈하고 총회를 파행으로 몰고 갈 수도 없었다. 이자익은 총회장으로 김재준 목사도 살리고 교단 신학교인 조선신학교도 복음적인 노선으로 방향 전환하는 길을 찾고 있었다.

김재준 교수 사건에 대하여 이자익 목사는 총회장 겸 조사위원으로 김재준과 면담하였고, 1948년 제34회 총회에 "총회장 이자익 목사의 김재준 교수와의 문답" 내용을 보고하였다.

---

205. 김수진, 『이자익 이야기』, 같은 책, 5~6쪽.(김광현 목사 추천사)

(문=이자익, 답=김재준)

문: 금번 문제로 한국교회가 소란함을 아시는지요?
답: 네. 압니다.
문: 조선신학교가 좋은 신학교가 되기를 원하는지요?
답: 네.
문: 과거 교수하는 중 실수함이 있는 줄 아시는지요?
답: 네. 압니다.
문: 금 후 이와 같은 일이 없도록 교수하시겠는지요?
답: 네.
문: 우(右)를 서면으로 전국교회에 성명 사과하시겠는지요?
답: 네.[206]

이 문답의 공식적인 결과는 김재준의 신학과 신앙에는 문제가 없다는 판단이었다. 그러나 총회장과의 문답 내용을 김재준이 직접 남긴 메모에서는, 보다 복잡하고 내면적인 갈등이 엿보인다.

이에 대해 허호익은, 이자익 목사가 김재준의 신학 내 갈등적 요소를 의도적으로 제거하고, 그의 신학에 반대하는 이들도 받아들일 수 있는 방식으로 답변을 유도한 것으로 해석했다. 즉, 이자익은 김재준의 신학적 입장에 동의하지는 않았지만, 총회 차원에서 김재준 개인을 보호하려는 의도를 갖고 있었다는 것이다.

이자익 총회장과 김재준 교수 사이에 주고받은 문답에 대한 이자

---

206. 김양선, 같은 책, 226~227쪽.

익 총회장의 총회 보고와 김재준 교수의 기록 내용을 비교해서 읽어 보면, 이자익 총회장의 질문의 요지가 간결하면서 현안이 된 문제의 시비를 넘어서 반대파들이 수용할 수 있는 대답을 유도하여 근본적인 갈등을 해결하고 중재하려는 지혜와 의지가 담긴 질문인 것을 알 수 있다. 그리고 김재준 교수의 다소 자기 변명적인 답변을 과감히 생략하고 마치 총회장의 모든 질문에 '예'라고 순복한 것처럼 보고서를 작성하여 반대과들을 설득하려 한 중재의 의도를 충분히 확인할 수 있다.[207]

제34회 총회에서는 조선신학교 이사회 보고가 채택되었는데, "김재준 교수를 연구차 일 년간 양행시키기로 한 것, 신 교수로 위인사, 옥호열, 권임함, 서고도, 박형룡, 김진홍, 심문태, 명신홍 제 씨를 청빙하기로 하고,[208] 교섭위원으로 함태영, 송창근, 계일승, 김광수 4씨로 하기로 한 것" 등이다.

당시 총회는 조선신학교 교수진을 전면 개편하기로 결정하고, 김재준 교수를 미국에 연구 목적으로 파견함으로써 교수직에서 배제

---

207. 허호익, 같은 책, 333쪽
208. 총회가 정한 조선신학교 새로운 교수 명단 중 앞의 4명은 선교사인데, 위인사(Samuel Dwight Winn, 魯仁士)는 미국 남장로교, 옥호열(Harold Voelkel, 玉鎬烈)은 미국 북장로교, 권임함(Frank William Cunningham, 權任咸)은 호주장로교, 서고도(William Scott, 徐高道)는 캐나다 장로교 선교회 소속이었다. 즉 선교사들은 각 나라 선교회 별로 분포되어 있었다. 한편 한국인 교수는 박형룡, 김진홍, 심문태, 명신홍인데, 심문태를 제외한 3명은 모두 이북 출신이고, 박형룡(朴亨龍, 1897-1978)의 총신대학교와 관련이 있다. 김진홍(金鎭洪, 1906-1988)은 고려신학교 교수를 역임하다가 총회신학교로 자리를 옮겼고, 명신홍(明信弘, 1905-1975)은 총신대학교 제9대 교장을 역임하였다. 심문태는 경남 함양 출신이고 경남노회 종교교육부 총무를 역임했다.(김진홍에 관하여는, 이상규,『교회 쇄신 운동과 고신교회의 형성』, 서울, 도서출판 생명의양식, 2016, 296~299쪽 참조.)

하는 방향을 택했다. 이를 위해 박형룡을 포함한 새로운 인사를 교수진에 영입하고, 개편 과정을 추진할 별도의 교섭위원회를 구성하기로 하였다. 그러나 이같은 방침은 김재준과 그를 지지하는 세력의 격렬한 반대에 부딪혀 결국 실행되지 못하고 무산되었다.

총회의 조선신학교 교수진 교체 계획이 무산되자, 교단 내 보수진영은 이듬해인 1949년 제35회 총회(총회장 최재화)에서 박형룡을 중심으로 한 장로회신학교를 교단신학교로 공식 인준하였다. 그 결과, 장로교 총회 내에는 진보 성향의 조선신학교와 보수 성향의 장로회신학교가 병존하는 어색하고도 긴장된 이중 구조가 형성되었으며, 이는 이후 교단의 분열과 신학적 갈등으로 이어지는 핵심 축이 되었다.

이런 총회의 태도에 대하여 기장측은 비판적이다. 당시 김재준에 대한 조사위원회의 결과가 아무런 문제가 없었지만, 그를 퇴출시키려는 자들에 의해 교수 총사퇴 안이 총회에 상정되었고, 이것이 부결되자 박형룡을 교장으로 하는 또 다른 신학교를 세웠다는 것이다.

이러한 논쟁 가운데 총회는 1947년 5월 12일부터 15일까지 김재준의 진술서와 학생들의 진정서를 살펴본 후 송창근과 김재준을 불러 문답을 실시했다. 문답과 김재준의 진술서를 토대로 무기명 투표를 진행하였고, 김재준은 신학적으로 문제가 없다는 결과가 나왔다. 총회는 김재준의 신학적 문제를 일단락짓는 듯 보였다. 그러나 장로회 정통신학교를 재건하려는 목사들은 조선신학교 이사진과 교수진을 총퇴진시키려는 계획안을 가지고 1948년 4월 20일 제34회 총회를 열고 상정하였다. 그러나 그들의 뜻대로 되지 않고 상정안은 부결되었다. 총회는 결국 1948년 5월 20일 장로회 정통 신학교란 이름으로 박형룡을 교장으로 하는 또 하나의 신학교를 남산에 세웠다.[209]

이러한 결과를 초래한 데에는, 기독교 내 가장 강력한 세력으로 자리잡은 서북지역 출신 교계 인사들의 영향이 컸다. 북한에서 공산당의 박해를 피해 대거 남하한 이들은 남한 교계 내에서 빠르게 세력을 형성했고, 총회의 흐름과 분위기를 사실상 좌우하게 되었다. 이들은 남한의 기존 보수 진영과 뜻을 모아, 김재준이 이끌던 조선신학교의 자유주의 성향을 신앙적 정통성의 차원에서 문제 삼았다. 이에 따라 박형룡을 중심으로 한 보수적인 장로회신학교를 교단의 공식 신학교로 승인하려 한 것이다.

29-6. 고려신학교 문제와 박형룡 교장

이자익 목사가 마지막 총회장이던 1948년 제34회 총회에서는 경남노회와 고려신학교를 둘러싼 여러 문제가 불거지면서 그 해결책을 찾는 데 어려움을 겪어야 했다. 이자익 목사는 보수적인 신앙에 입각한 지도자였고 신사참배를 반대하였기에 조선신학교보다는 고려신학교의 신학 노선에 가까운 사람이었다. 그리고 호주선교회 초청으로 거창지부를 맡아 무려 11년간이나 경남노회에 몸담았고 노회장도 역임하였기 때문에 경남노회의 인사들과도 친분이 두터웠다.

---

209. 장공김재준목사기념사업회, "[장공의 삶] 6장: 교육의 꿈을 펴다(1939-1959) - 한국기독교장로회가 탄생하다." (2018-07-19)(https://www.changgong.or.kr/index.php/03-2/life/?mod=document&uid=1135)

이자익 목사가 1927년 제22회 경남노회장이었을 때는 최상림 목사가 서기였고, 1928년 제24회 노회장이었을 때는 주기철 목사가 부회장, 이홍식 목사가 서기, 최상림 목사가 부서기였다. 또한 이자익 목사가 순회 목회 시절 주남선은 장로 신분의 조사(助師)로서 그를 도왔다.

1948년 제34회 총회에서는 고려신학교 지원자에게 각 노회가 입학추천서(천서)를 발급하지 않기로 한 정치부 헌의안이 결의되었다. 그 이유는 총회의 허락 없이 경남노회가 설립하고 운영하는 고려신학교를 총회의 신학교로 인정할 수 없었기 때문이다. 또한, 경남노회 내부에서도 고려신학교를 둘러싼 분규가 있어 의견이 일치하지 않았던 점도 주요 원인 중 하나였다.

이 결의에 이자익 목사가 얼마나 관여했는지는 알 수가 없다. 그러나 당시 총회로 모인 총대 수가 143명(목사 44명, 장로 44명, 선교사 55명)[210] 정도의 소수인 것을 고려한다면, 중요 안건에 관한 총회장 이자익 목사의 영향력은 무시할 수 없다고 봐야 한다. 그가 총회장으로 이 결의를 제지하지 않고 통과시킬 때의 마음이 어떠했을까를 생각해 본다.

고려신학교는 한상동, 박윤선, 주남선 목사 등 신사참배에 저항하고 순교를 각오한 경남노회 지도자들이 세운 학교이므로 이자익 목사가 고려신학교에 불리한 헌의안이 결의될 때 총회장으로 고심했을 수도 있다. 하지만 이자익은 원칙주의에 입각한 법통이었기에 위에 언급한 이유가 타당하다고 인정했을 것이다. 즉, 고려신학교의 신학 노선에는 찬성했지만, 총회의 승인 없이 경남노회 일부 출옥 성도를

---

210. 김수진에 따르면, 이 중 선교사 명단은 개회 예배 때가 아닌 절차 보고 시간에 호명한 것이라고 한다. (김수진, 『이자익 이야기』, 같은 책, 163~164쪽 참조).

중심으로 학교가 운영되는 것은 용인할 수 없었다. 또한 분열보다는 화합을 중시했던 이자익 목사로서는 경남노회 내부의 분규로 인해 어느 한쪽에 편을 들기 어려웠던 것으로 보인다.

이에 더하여 당시 총회의 주도권은 서북지역 출신과 남한의 보수 세력이 장악하고 있었으며, 이들과 박형룡 목사의 의도에 따라 경남에 위치한 고려신학교보다는 조선신학교에 맞설 교단신학교를 서울에 설립해야 한다는 주장이 더 힘을 얻었다.

흥미로운 점은 이들의 지지를 받고 있었던 당시 고려신학교 교장 박형룡 목사가 총회의 이러한 결의를 보면서도 학교 측 입장에서 적극적으로 반대하지 않고 침묵했다는 사실이다. 그 이유에 대하여 나삼진[211]은 다음과 같은 주장을 하였는데, 당시 총회의 대세를 읽을 수 있다.

> 고려신학교 편입생 36명 중 하나였고, 장신대 학장을 지낸 박창환 박사는 회고록에서 "한국교회 보수적 유지들과 신앙동지회 동지들은 암암리에 새 일을 꾸미고 있었다. 박형룡 박사를 모시고 서울로 가서 다른 신학교를 세우려는 공작을 하고 있었다"고 하였다. 그가 "전국교회 지도자들과 신앙동지회원들의 집요한 권유에 고려신학교를 떠나려는 결정"을 했으며, "고려신학교를 떠날 구실과 뚜렷한 명분이 있어야 한다"고 생각하고, 두 가지 명분으로 "종전처럼 미국남북장로교회도 후원교회로 받아들이자는 것"과 "전체 장로교회 안으로 들어가서 그들을 회유하고 가르치고 회개하는 것이 옳다"고 했다. 박형룡 박사는 신학교육의 이상의 차이로 떠

---

211. 나삼진 목사는 미국 Evangelia University 교수, 오렌지카운티 샬롬교회 목사이다.

난 것이 아니라, 서울로 올라갈 생각을 먼저 정하고 그 후에 나누어질 명분을 찾았다는 것이다. 그의 귀국에 고려신학교가 지대한 공을 세웠지만, 그가 서울에서 교계지도자들을 만나면서 부산에 내려가기를 꺼렸고, 제34회 총회의 '고려신학교 입학 지원자에게 추천서' 논의 과정에서, 신학적 무게가 있었으나 그는 발언하지 않았으며, 총회가 고려신학교를 단절하려는 의지를 확인하고 교장직을 사임한 것이었다.[212]

이후 박형룡은 곧바로 학교를 떠나 서울에서 1948년 5월 남산 근처의 성도교회를 빌어 장로회신학교를 개교하였고, 6월 3일 교장에 취임하였다.[213]

경남 노회의 분규와 박형룡 교장이 서울로 떠난 이후의 상황을 박용규[214]는 다음과 같이 설명하고 있다.

한국교회의 신학적 정화를 외치며 설립된 고려신학교는 박형룡과의 결별로 총회는 물론 경남노회 자체로부터도 극단적이라는 비판을 받지 않을 수 없었다. 1948년 9월 21일 부산 항서교회에서 회집된 경남노회 제49회 임시노회에서는 박형룡 박사의 고려신학교

---

212. 나삼진, "다큐 '고신교회 70년 역사 산책'(8) 박형룡 박사의 고려신학교 교장 부임과 철수", 고신뉴스 KNC(2022.01.11.)(https://www.kosinnews.com/news/articleView.html?idxno=23322).
213. 박형룡은 1947년 10월 14일 고려신학교 교장으로 공식 취임했지만 불과 7개월 만에 사임하였다. 그는 고려신학교 교장직을 1948년 5월까지 유지하며 겉으로는 교단 내 기존 신학교 체제에 머물러 있었지만 내부적으로는 장로회신학교 개교를 향한 준비를 차근차근 진행하였고, 1948년 6월 3일, 서울 남산에서 장로회신학교를 공식 개교하면서 그 의도를 명확히 드러냈다.
214. 박용규는 총신대학교 역사신학 교수이고 한국교회사연구소 소장이다.

이임, 고려신학교가 총회의 인준을 청원하지 않는 이유, 그리고 정통장로교 소속 소위 메이첸파 선교사를 고려신학교 교수로 채용한 이유를 들어 고려신학교를 인준했던 바로 그 노회가 한상동 목사의 답변에도 불구하고 44대 21이라는 압도적인 표차로 고려신학교 인준을 취소했다. 상황이 여기에 이르자 고려신학교를 지지하는 한상동 목사를 비롯한 출옥 성도들이 기성 경남노회와 별도의 경남노회를 조직하기에 이르렀다. 처음부터 총회의 인준을 받지 않았던 고려신학교는 경남노회마저 신학교 인가를 취소하자 더 이상 장로교 총회와는 무관한 신학교가 되고 말았다.[215]

29-7. 경남노회 문제와 이자익 총회장의 결의

총회장 이자익 목사는 고려신학교 문제와 관련하여, 총회의 승인 없이 운영되는 학교에 학생을 추천할 수 없다고 결의하였다. 반면, 경남노회 안건에 대해서는 교권주의적 입장에 선 자들을 배격하고 한상동 중심의 경남노회 결정을 정당하다고 결의하였다. 이는 이자익이 법 집행에 있어 좌우에 치우치지 않고, 어떠한 친분 관계에도 얽매이지 않으며 공정함과 원칙을 지키는 진정한 '법통' 지도자였음을 보여준다.

제34회 총회 결의 사항에는 "경남노회원 윤술용 씨의 상고 건은 경남노회 판결이 정당함으로 각하하다."라는 기록이 있다. 윤술용 목사가 상고한 구체적인 내용은 밝혀진 바 없다. 여기서 윤술용의 상고 건이 무엇인지에 대해 알기 위해서는 그의 행적을 추적해야 한다.

---

215. 박용규, 같은 책, 957쪽.

그리고 복잡한 경남노회의 분규 문제를 분석해야 한다.

당시 경남노회는 신사참배에 동조했던 김길창 목사를 중심으로 한 세력과, 신사참배를 거부하고 투옥되었던 한상동 목사를 중심으로 한 세력으로 양분되어 있었다. 윤술용은 초기에는 한상동과 뜻을 함께하며 신사참배 반대 측에 속하였지만, 이후 정치적인 이유로 김길창 측으로 입장을 선회하였다.

그런데 제34회 총회 직전인 1947년 12월 9일, 부산 광복교회에서 열린 제49회 경남노회 정기노회에서는 한상동 측에 우호적인 분위기가 조성되었고, 박형룡 교장의 고려신학교 부임으로 해당 신학교에 유리한 결정들이 통과되었다. 그 내용 중에는 신사참배자들에게 '사과서'를 받기로 한 것과 고려신학교의 노회 인준이 포함되었다. 이에 대하여 양낙흥[216]은 '한국장로교회사'에서 다음과 같이 밝히고 있다.

> 박형룡이 고신 교장으로 부임한 약 두 달 후인 1947년 12월 9일 부산 광복교회에서 제49회 경남 정기노회가 개최되었다. 노회 전에 떠돌던 소문에 의해 고신측이 우려했던 것과는 정반대로 노회는 출옥 성도들과 고신측에 우호적인 결정들을 무더기로 통과시켰다. 아마 그것은 연초에 있었던 경남노회 평신도들과 일선 교회들의 한상동에 대한 지지 성명과 박형룡의 고신 교장 부임이 복합적으로 작용한 결과였을 것이다. 노회는 제47회 노회가 통과시켰던 바, 신사참배자들의 자숙 결의안에 불복한 목사들로부터 "사과서"를 받기로 결의했다. 또 고려신학교장 박형룡 명의로 제출된 고신에

---

216. 양낙흥은 고신대학교(고려신학대학원) 교회사 교수로 재직하였고, 현재 명예교수이다.

29. 제33~34회 총회장 이자익 목사의 역할과 업적은 무엇인가? 179

대한 원조 요청을 긍정적으로 검토한 노회는 고려신학교를 인정하기로 가결했다. 1946년 12월 고신 인준을 취소했던 진주에서의 제48회 정기 노회 이후 정확히 일 년 만에 고려신학교에 관한 노회의 입장이 다시 정반대로 뒤집힌 것이었다. 그리하여 고려신학교와 노회의 관계는 회복되었다.[217]

아마도 윤술용은 김길창 측의 입장을 대신하여 위의 결정이 부당하다고 총회에 상고했을 가능성이 있다. 그러나 당시 총회장이었던 이자익 목사는 '경남노회의 판결이 정당하므로 상고를 각하한다'는 결의를 통해 윤술용의 요청을 받아들이지 않았다.

또 다른 이유를 추적하자면, 윤술용이 경남노회로부터 제명 처분당한 것에 대한 상고일 수도 있다. 경남노회의 분규는 김길창 측과 한상동 측의 주도권 싸움으로 인해 분열의 길로 치닫는다. 앞서 언급한 대로 1948년 4월 제34회 총회에서는 "고려신학교는 총회와 무관하므로 노회가 추천서(천서)를 줄 필요가 없다"는 결의가 있었고, 이 결의 직후인 1948년 5월 박형룡은 고려신학교 교장직을 사임하고 서울로 상경하여 6월 3일 남산 장로회신학교를 설립했다.

그런데 이 기회를 이용해서 김길창 측은 같은 해(1948년) 9월 21일 자기가 목회하던 부산 항서교회에서 제49회 경남노회 임시노회를 소집하고 고려신학교 인준 취소 안건을 상정했다. 그리고 중도파를 끌어들여 고려신학교 인준을 취소하게 했다. 박형룡의 고려신학교 사임이 김길창에게 기회를 준 것이다.

그러나 3개월 후인 1948년 12월, 제50회 경남노회 정기노회에서는

---

217. 양낙흥, 『한국장로교회사』(서울, 생명의말씀사, 2008), 373쪽.

다시 고려신학교의 인준이 복구되면서, 신사참배에 가담했던 김길창 목사에 대한 제명 시도가 있었는데, 이에 반발한 김길창은 노회를 이탈하였다. 이후 1949년 3월 8일, 그는 기존 경남노회와 별도로 부산 항서교회에서 '제51회 경남노회'를 조직하였고, 여기에 권남선, 윤술용 등 일부 인사들이 합류하였다. 이에 대해 한상동 측은 해당 조직을 사조직이라 규정하고 '사조(私組)경남노회'라 불렀으며, 기존 노회는 이에 대응하여 '경남법통노회'라 칭하였다.

경남노회는 김길창의 사조노회에 가담한 권남선, 윤술용 등 7인의 목사를 제명하였다.[218] 윤술용의 상고 내용은 이 제명 처분의 부당함을 호소한 것이라고 짐작된다.

이자익 총회장은 김길창 목사가 주도한 사조 경남노회를 합법적인 노회로 인정하지 않았다. 그러나 이후 김길창은 정치적 영향력을 행사하여, 경남 법통노회를 밀어내고 사조노회를 사실상 중심 세력으로 만들었다.

이자익 목사가 총회장직에서 물러난 이후, 1949년 4월에 열린 제35회 총회(총회장 최재화)는 기존 경남노회 소속 총대들을 적법한 대표로 인정했다. 그러나 경남노회 내부의 분규가 완전히 해결되지 않았다는 이유로 총대 발언권을 제한하는 결정을 내렸다. 하지만 총회는 김길창에 대해 아무런 징계 조치를 하지 않았다. 이에 대해 한상동 목사의 고려신학교 측은, 총회가 경남법통노회를 유일한 합법 노회로 인정하지 않고, 결과적으로 김길창의 사조노회를 인정한 셈이라며 강하게 반발했다. 이 갈등은 교단의 분열을 초래하는 원인이 되었다.

---

218. 「경남노회 청년면려회보」, 1949년 4월 5일, 이상규, 『해방 후 한국장로교회의 역사와 신학』(서울, 한국기독교역사연구소, 2015.) 227쪽 각주에서 재인용.

경남노회의 분열과 고려신학교에 관하여 이상규[219]는 다음과 같이 변호하고 있는데, 앞서 언급한 박용규의 주장과는 차이를 보인다.

> 경남에서의 교회 쇄신론자들과 친일 전력의 교권주의자들 간 대립은 1948년 12월 7일 마산문창교회 별관에서 개최된 제50회 경남노회에서 심화됐다. 노회는 논란 와중에 3일을 보내고 김만일 목사를 노회장으로 선임했다. 김길창 목사 측이 주도권을 장악한 것이다. 이런 상황에서 양심의 가책을 느낀 한대식 목사는 자신의 죄를 고백했다. 그는 신사참배는 물론 '미소기바라이'를 한 사람이라고 고백했다. 미소기바라이는 신도(神道)의 정결 의식으로 우리의 침례 의식과 같은 것이었다. 회중은 숙연해졌다. 이때 김길창은 "미소기바라이가 무엇인가. 나는 들어보지도 못한 말"이라고 했다. 그의 거짓됨을 보고 분노한 참석자들이 그를 제명하자는 데 동의했고 곧 재청이 이어졌다. 사태는 급격히 반전됐다. 불리해진 상황에서 김 목사는 자리를 떠났다. 노회장은 당사자가 현장에 없다는 이유로 가부를 묻지 않고 다음 회기 시까지 유보한다고 선언했다. 노회에서 제명 위기에 몰린 김길창은 기존의 경남노회를 이탈해 별도의 노회 조직을 만들려 했다. 49년 2월 9일자로 '발기인 대표 권남선'의 이름으로 별도의 경남노회 조직을 위한 소집통지서를 발송했다. "신앙 신조가 맞는 신앙 동지끼리 모여 열심 신주(信主)하여 전도 사업에 진력함이 신앙 양심에 꺼리지 않고 하나님과 혼란기에 있는 국민 앞에 기독교가 취할 명랑한 노선"이라고

---

219. 이상규 교수는 한국교회사 중 특히 경남지방 교회사 분야의 권위자이고 고신대학교 명예교수이며, 현재 백석대학교 석좌교수이다.

하면서 노회 분리를 의도하고 있었다. 이들은 예정대로 3월 8일 부산 항서교회에서 김길창을 비롯해 권남선, 김영환, 배성근, 손순열, 윤술용, 지수왕 목사 등 10여 명의 지지자들을 규합해 별도의 사조(私組) '경남노회'를 조직했다. 이를 51회 노회로 명명했다. 노회 조직과 함께 총회에 파송할 총대를 선출했다. 별도의 노회를 조직한 것은 자기 보위를 위한 수단이었다. 이것이 해방 후 한국장로교회 분열의 시작이었다. 그해 예정대로 마산 문창교회에서 본래의 경남노회 제51회 정기노회가 개최됐다. 이 노회에서도 총대를 선출했다. 이 노회는 후일 김길창 중심의 사조 노회와 구별된 법적 정통성을 지닌 노회라는 점을 드러내기 위해 '경남법통노회'라고 불렀다. 49년 4월 19일부터 23일까지 서울 새문안교회당에서 제35회 대한예수교장로회 총회가 개최됐다. 기존의 경남노회와 김길창의 사조 노회가 각각 총대를 파송했다. 총회는 경남법통노회 총대를 적법한 총대로 인정했으나 경남노회 분규 건이 종결될 때까지 발언권을 보류했다. 그러나 총회는 불법으로 노회를 조직한 이들에 대해서는 아무런 조치를 취하지 않았다. 도리어 전권위원 5인(김현정 김세열 김재석 서정태 구연직)을 선출해 경남노회 문제를 처리하게 했다. 전권위원회는 한부선 일파와 고려신학교와 관계하지 말라고 지적하고 경남노회 3분안을 제시했다. 즉 경남노회를 경남노회(부산지방), 경중노회(마산·통영지방), 경서노회(진주·거창지방)로 분할토록 결의한 것이다. 교회 쇄신론자들을 약화시키기 위한 조처였다.[220]

---

220. "이상규의 새롭게 읽는 한국교회사(71) – 경남 지방에서 교회 분열." 국민일보 (2012.7.15.)(https://www.kich.org/news/articleView.html?idxno=2846)

29-8. 사회 문제와 교회 문제에 관한 결의

이자익 목사는 총회장으로 재임 중, 기독교적 입장에서 사회 문제에 적극적으로 대응하였다. 제33회 총회는 총회장 이자익 목사를 중심으로 하여 '남조선과도입법의원'에 다음과 같은 사회 개혁안을 제출하기로 결의하고, 임원회를 통해 적임자 3인을 선정하였다.

'남조선과도입법의원'은 1946년 12월, 미군정 하에서 입법 기능을 수행하기 위해 개원한 기구로, 남북협상을 통한 통일정부 수립이 지연되자 단독정부 수립을 준비하는 과정에서 설치되었으며, 1948년 대한민국 정부가 수립되면서 해산되었다.

총회장 이자익 목사의 주도하에 총회가 제출하기로 한 사회 개혁안은 다음과 같다:

1) 주일을 공휴일로 지정하여 일반적으로 실시할 것
2) 공창 제도를 폐지할 것
3) 양주 제조 및 음주를 제한할 것
4) 흡연을 제한할 것
5) 아편의 재배 및 취급을 제한할 것
6) 교육과 종교의 관계에 대해 논의할 것
7) 미신을 타파할 것
8) 교육 사업에 대해 면세 혜택을 부여할 것
9) 형무소 내에 목사를 교화사로 임명할 것
10) 기독교 사업을 위한 적산(敵産) 불하를 요청할 것
11) 나병원은 각 종교 단체가 책임지고 운영할 것

이는 교회가 사회적 문제를 책임지고 바로잡겠다는 의지를 드러낸 것으로 의미가 있다. 주일을 공휴일로 정하고, 국가 차원에서 성매매(공창)를 금하고, 술과 담배, 그리고 아편 같은 마약 사용을 제한하는 등 당시 사회 문제 해결을 위해 적극적으로 해답을 제시한 태도는 오늘날 교회가 본받을 만하다.

한편, 총회장 이자익 목사는 해방 이후 혼란에 빠진 교단의 질서를 바로잡고, 교단 운영의 원칙을 확립하는 데 힘썼다. 이러한 그의 리더십 아래 열린 제33회 총회에서는 다음과 같은 중대한 결의들이 이루어졌다.

첫째, 신학교 졸업 후 즉시 목사 안수를 주던 기존 관행을 수정하여, 졸업 후 강도사로 3년간 사역한 뒤에 목사 안수를 받도록 규정하였다. 둘째, 북한에서 피난 온 목사가 노회에 소속되기 위해 이명을 신청할 경우, 목사 증명서를 구비하지 못한 이들을 위해 북한 출신 목사 3인 이상의 추천으로 이를 대신할 수 있도록 결정하였다. 셋째, 일제에 의해 순교한 이들과 태평양전쟁으로 순직하거나 별세한 이들을 추도하기 위한 예배를 성대하게 거행하기로 하였다. 넷째, 목사의 겸직을 제한하는 조치를 결의하였으며, 특히 공무원 등 정부 관직에 임명된 경우에는 당회장 권한을 행사할 수 없도록 하였다.

대외적인 사안에 대해서도 여러 결의가 이루어졌는데, "대내 대외로 한국 자주독립을 위하여 성명서 발표하기로 하다." "이승만 박사 외교 성공 축하키 위하여 대표를 파송키로 하다" 등이다. 그리고 연합기관인 "예수교서회는 완전한 교회 기관으로 할 것을 작정하다."라는 결의도 있었다. 또한 "명년에 개최될 세계교회 연합회에 대표 파견키로 하다."라고 하여 1948년 WCC 창립총회에 대표를 파견할

것을 결의하였다.²²¹

29-9. 총회장 직무 수행의 과로와 건강 악화

이자익 목사의 총회장 직무 수행에 대하여 한인수는 다음과 같이 평가하고 있다.

> 2년간에 걸친 자익의 직무 수행에 대해 교계는 '대체로 무난했다'는 평가를 내렸다. 자익이 해방 직후 그에게 부과된 역사적 소임을 무리없이 감당해 나아갈 수 있었던 것은 그의 기민한 두뇌와 강직한 성품 못지않게 그의 해학(humor)이 적지 않은 역할을 한 것 같다.²²²

이 무렵 이자익 목사는 2년 연속 총회장으로 수많은 어려운 과제들을 해결하느라 너무 무리했는지 건강에 이상이 왔다. 그는 1948년 성탄절에, 은퇴하여 미국에 가 있는 노령의 이눌서(William Davis Reynolds) 선교사에게 심장이 약해서 아무 일도 못하고 있다는 내용의 편지를 남기고 있다. 현대 문법에 맞게 수정하여 소개한다.

> 오랫동안 소식이 끊겼습니다. 주 은혜중 귀체 안녕하시오며 댁내

---

221. 1948년은 세계교회협의회(WCC)가 공식적으로 설립된 해이다. WCC(World Council of Churches)는 에큐메니컬 운동을 위해 설립된 전 세계 기독교 교회 간의 조직으로, 1948년 8월 23일 네덜란드 암스테르담에서 첫 총회를 열어 창립되었는데, 한국 장로교 대표로 김관식 목사(총회 정치부장)와 엄요섭 목사(청년대표)가 참석했다. (감리교에서는 변홍규 목사가 참석했다.)
222. 한인수, 『호남교회 형성 인물』, 같은 책, 119쪽.

가 태평하십니까? 위하여 기도하나이다. 교제[저]는 심장이 약하여 아무 일도 못하게 되었습니다. 기쁜 성탄을 맞으시며 새해에 하나님의 큰 복을 받으시기를 빕니다./ 1948년 12월 23일. 리자익.

그림 26. 이자익 목사가 1948년 성탄절에 이눌서(레이놀즈) 선교사에게 보낸 편지, (강학빈 사모 대필)

그림 27. 제34회 총회장 당선 후 임원들과 함께(1948)

그림 28. 제34회 총회 총대들과 함께 (셋째 줄 중앙이 이자익 목사, 1948)

30. 이자익 총회장 이후에 장로교단은 어떻게 분열했나?

조선신학교, 고려신학교, 장로회신학교 등 신학교 문제는 나중에 장로교가 분열하는 씨앗이 되었는데, 1952년의 고신측 분열과 1953년의 기장측 분열, 그리고 1959년의 통합측과 합동측의 분열이 차례로 이어졌다. 이자익 목사 시절 하나였던 장로교가 사분오열된 것이다.

30-1. 고신측 교단의 분열

1948년 제34회 총회부터 신입생 추천을 거부당한 고려신학교는 교단 탈퇴 수순을 밟기 시작하였고, 결국 1952년 4월 대구 서문교회에서 열린 제37회 총회[223]에서 교단과 결별하고 대한예수교장로회 고신 총회로 모여 새로운 교단(고신측)을 형성하였다.

경남노회는 교권주의자이며 총회와 인맥이 두터운 김길창 목사의 사조노회와 신앙의 순수성을 소중하게 여기지만 총회 정치에서는 멀리 있던 한상동 목사의 법통노회로 양분되어 있었다. 노회적인 교

---
223. 6·25 전쟁 때문에 1951년에는 총회로 모이지 못했기 때문에, 1952년 총회가 37회가 되었다.

세는 한상동 측이 많았지만, 총회적 우군은 김길창이 우세했다. 결국 1952년 4월 29일 대구 서문교회에서 열린 제37회 총회(총회장 김재석)에서는 고려신학교와 경남(법통)노회가 총회와 무관하다는 결정이 내려지게 되고, 고려신학교 측은 교단에서 분리되었다.

> 1951년에 들어서면서 고려신학교에 대한 총회의 입장은 더욱 부정적이 되었다. 그 해 총회는 총회 주도 하에 경남노회만을 인정하고 기성의 경남노회를 총회 산하 노회로 인정하지 않은 것이다. 1952년 4월 29일 대구 서문교회에서 회집된 총회에 두 개의 경남노회에서 파송된 총대가 참석했으나 총회는 한상동 목사와 그를 따르는 일련의 사람들이 주도하는 소위 경상법통노회에서 파송한 12명의 총대를 총대로 인정하지 않고 총회 지도하에 만든 경남노회에서 파송한 총대만을 총대로 인정했다. 고려신학교를 중심으로 한 경남법통노회는 총회와의 관계가 완전히 단절됨으로써 "경남법통노회의 별도의 치리회 조직"에 대한 어느 정도의 명분을 확보할 수 있었다.[224] .

1952년 9월 11일, 진주 성남교회에 모인 경남법통노회는 중대한 결단의 순간을 맞이했다. 총회에서 설 자리를 잃고, 그 존재를 인정을 받지 못한 채 열린 제57회 노회에서, 목사 총대 50명과 장로 총대 37명은 기존 총회의 틀을 더 이상 따를 수 없음을 선언하였다. 이에 경남노회는 총회와의 관계를 단절하고 독자적인 신앙 노선을 걷겠다는 입장을 공식화하였다.

---

224. 박용규, 같은 책, 962쪽

고려신학교를 중심으로 모인 출옥 성도들과 경남법통노회 인사들은 신사참배에 대한 참회와 교회의 거룩성 회복이라는 신앙적 사명을 실천하기 위해 '고신총노회'를 조직하였다. 이는 신앙의 정체성과 양심에 따른 새로운 교단의 탄생이었다. 이 총노회는 이후 1956년 '총회'로 명칭을 개편하며, 오늘날 대한예수교장로회 고신총회로 자리 잡았다. 이로써 해방 이후 장로교회 내의 치열한 신앙 논쟁과 교회 갱신의 움직임은 고신 교단의 탄생이라는 결과로 이어졌다.

1948년부터 1952년까지 이어진 이 일련의 사건은 단순한 교권 갈등이 아니었다. 그것은 신사참배 이후 한국교회가 회개를 중심으로 진실한 신앙을 회복하려는 투쟁의 결과였고, 고려신학교와 고신총회는 그 중심에 있었다. 고신의 시작은 교단 분열이 아니라, 믿음을 지키려는 분별과 헌신의 동기에서 비롯된 것이다. 하지만 결과는 교단 분열이라는 아픔을 남겼다.

교단의 역사 속에서 정치적 권력과 이해관계는 언제나 갈등과 분열의 씨앗이 되어 왔다. 각 세력은 자신들의 입장을 정당화하며 대의를 내세웠지만, 그 주장 속에는 신앙의 본질을 넘어선 교권 다툼이 있었다.

고신 측의 분열 역시 그러한 흐름 속에서 발생한 사건이다. 이 분열을 바라보는 시각은 지금도 저마다 다르며, 각 진영은 자신들의 선택을 신학적 충실함 혹은 교회 개혁의 열망으로 설명한다. 하지만 분열 그 자체가 남긴 상처와 혼란에 대해서는 여전히 충분한 성찰이 이뤄지지 않았다는 지적도 있다. 박용규는 이를 다음과 같이 정리하였다.

서로 간의 갈등을 조절하려는 노력의 필요성을 더 이상 느끼지 못한 경남노회는 총회와의 분립이 자신들이 할 수 있는 유일한 길이라고 판단했다. 고려파는 한국장로교회 주류가 "지나치게 자유주의적이고 지나치게 에큐메니칼적이며 신사참배 협조로 지나치게 더럽혀졌다"고 생각했고, 이들에 대해 못마땅하게 여기던 이들은 고려파의 분열이 한국판 바리새인들에 의해 부추겨졌고, 직간접으로 "미국 정통장로교회와 성경장로교회 분열[225] 과 관련 있는 근본주의 선교단체들의 지원을 받았다"[226]고 생각했다.[227]

총회장으로 재임하던 시절, 장로교회의 연합을 염원하며 힘써왔던 이자익 목사의 바람은 끝내 실현되지 못했고, 1952년 장로교는 이렇게 분열되었다. 그 책임은 어느 한쪽에 있는 것이 아니라 교단 전체가 공유해야 할 신앙적 과제로 남겨졌다.

---

225. 정통장로교회(Orthodox Presbyterian Church, OPC)는 미국의 신학자 존 그레셤 메이첸(J. Gresham Machen)이 1936년에 창립한 근본주의적 개혁파 교단이다. 그의 제자 매킨타이어는 같은 해 성경장로교회를 설립하여 메이첸과 결별을 선언하였다. 그는 1948년 WCC에 대항하기 위해 국제기독교협의회(ICCC)를 설립하였고, WCC를 용공이라고 선전하므로 한국 장로교 분열의 군불을 지핀 인물로 평가된다. (정병준, "해방 이후 한국장로교회 분열과 근본주의", 『정통주의를 흔드는 실체 근본주의를 파헤친다』, 서울, 가스펠투데이편집부, 2023, 28쪽 이하 참조.)

226. 박용규가 인용한 내용 중, 고신측이 정통장로교의 지원과 협조를 받은 것은 사실이지만, 성경장로교와는 친선관계만 유지하였다. 성경장로교 측은 회원 가입을 종용하며 고신과 협력을 원했으나 고신이 거부했고, 1971년에는 우호관계마저 단절하였다. (이상규, "고신총회의 역사문서(9) 고신교회와 국제기독교연합회(ICCC)", 고신뉴스 KNC, 2023.03.10.) (https://www.kosinnews.com/news/articleView.html?idxno=27652)

227. 박용규, 같은 책, 963쪽.

30-2. 기장측 교단의 분열

1950년 제36회 총회에서는 한경직 목사의 발의로 장로교단 총회가 승인한 장로회신학교와 조선신학교를 하나로 합치자는 안이 통과되어 추진 중이었다. 그러나 신학적 입장 차이와 교권 갈등이 깊어지면서 통합은 실패로 돌아갔다.

1953년 4월 제38회 총회에서 김재준의 신학을 반대하던 박형룡 교장의 대한예수교장로회신학교(구 장로회신학교)[228] 측 인사들은 한국신학대학(구 조선신학교)[229] 김재준 목사의 파면을 주장하였다. 총회는 김재준 목사의 성경 유오설 주장과 자유주의 신학 성향을 문제 삼아 목사직을 파면했고, 그 여파로 한국신학교 졸업자들에게 교역자 자격을 부여하지 않기로 결정했다. 이는 곧 강도권 부여나 목사 안수 대상에서 제외된다는 의미였다.

김재준을 지지하던 진보적 신학자들과 경기노회 측은 즉각 반발했고, 결국 교단 내 갈등이 폭발하게 되었다. 경기노회는 당시 서울 중심의 대형교회들과 유학파 목회자들이 다수 포진해 있었고, 자유주의 신학에 우호적인 분위기였다. 그리고 김재준 목사는 경기노회 내에서 신학적 자유와 학문적 양심을 강조하는 흐름을 대표하는 인물이었다. 경기노회는 총회 결의의 절차적·신학적 문제를 지적하며 호헌총회를 별도로 개최하는 데 중심적인 역할을 하였다.

이들은 김재준을 중심으로 1953년 6월 10일, 서울 동자동 한국

---

228. 장로회신학교는 1952년, 공식적으로 대한예수교장로회신학교라는 이름으로 설립 인가를 받았다.
229. 조선신학교는 1951년 문교부 인가를 받아 한국신학대학으로 개편되었고, 이후 기장 교단의 신학교가 되었다.

신학대학 강당에서 '기독교대한장로회'라는 새로운 교단을 창립하며 대한예수교장로회에서 공식적으로 탈퇴하였다.[230] 그리하여 장로교단은 대한예수교장로회(예장)와 기독교장로회(기장)로 분열되었다. 이로써 이자익 총회장 시절 하나였던 장로교단은 고신측 분열에 이어 대한예수교장로회와 기독교장로회로 다시 분열되는 아픔을 겪었다.

분열은 종종 많은 질문을 남긴다. 기장 교단의 출범 역시 그렇다. 단순한 분열이 아니라, 신앙과 정치, 학문과 교권, 자유와 질서 사이의 충돌이었다. 어떤 이에게는 교회의 원칙을 거부한 탈퇴였고, 또 다른 이에게는 억압을 거부한 양심의 발로였다.

예장측은 이를 무책임한 분열이라 보았다. 총회 결의는 무시되었고, 신학적 정통성은 흔들렸으며, 공동체의 질서는 파괴됐다. 특히 성경 유오설을 주장한 김재준 목사에 대한 파면과 한국신학교 졸업자에 대한 교역자 제한 조치는, 교단의 신학적 순수성을 수호하기 위한 불가피한 결정이라는 입장이었다. 반면 기장측은, 학문의 자유조차 억압받는 상황에서 더는 침묵할 수 없었다. 신앙은 복종이 아니라 물음이어야 하고, 총회는 권위가 아니라 대화여야 한다고 믿었다. 이에 대하여 박용규는 다음과 같이 정리하고 있다.

> 전성천, 김재준, 한완상, 이종성, 유부웅은 1953년의 대분열이 교권주의자들에 의해 생겨난 분열이라며, 박형룡 박사와 총회의 행동을 강하게 비판했고, 심지어 이종성 목사는 박형룡 박사가 네 개

---

230. 조선신학교 인사들은 별도로 이 모임 회집하고 '제38회 총회'라고 하였다. 이 총회에는 전북, 군산, 김제, 경북, 경서, 충남, 목포, 충북, 제주 등 9개 노회에서 총대, 청년회원, 여전도회원, 호원동지 등 111명이 참석했다.

30. 이자익 총회장 이후에 장로교단은 어떻게 분열했나? 193

의 장로교 분열 중 적어도 세 개에 대해서 책임을 져야 한다고 주장했다. 그러나 돌이켜보면 1953년의 기장의 분열은 그 기원상 정치적인 이유에서 비롯되었다기보다는 신학적인 문제에서 발단되었다. 김양선 목사가 한국기독교해방10년사(韓國基督教解放十年史)에서 적절히 지적한 것처럼 "만일 김재준 교수가 계속적으로 보수주의 신학을 강렬히 비난하지 않았다면 금일과 같은 장로교회의 분열은 일어나지 않았을 것이다."[231]

그러나 기장측은 교단 분열의 책임을 김재준의 신학적 문제가 아닌 교단의 주도권을 거머쥐려는 정치세력에서 찾고 있다. 즉 평양신학교의 권위와 전통을 복원하려는 정치적 기획 아래 이북 출신 교권 세력과 남한의 보수주의 세력, 그리고 일부 미국 선교사들이 공조를 형성했으며, 이 권력 연합이 교단을 양분하는 실질적 동인이 되었다고 주장한다. 이러한 과정은 김재준을 희생양 삼아 보수 신학 진영의 우위를 확립하려는 조직적 전략으로 작동했으며, 전략이 실패하자 '신학교 통합론'을 내세워 조선신학교를 장로회신학교로 흡수하려 했고, 김재준의 교수직 박탈이라는 결정으로 교단 분열을 촉발했다는 입장이다.

그러나 김양선이 이야기하듯, 재건을 위한 남한만의 세력은 일시적이었다. 왜냐하면 북한에서 장로교회 재건에 주체가 되었던 출옥 성도들과 많은 기독교인들은 소련 군정의 감시와 공산당의 탄압과 박해를 견딜 수 없었다. 그래서 남한 사회로 월남할 수밖에

---

231. 박용규, 같은 책, 951~952쪽.

없었다. 이제 교회 재건 세력이 남한만 존재하는 것이 아니라 남한에 두 세력이 함께 공존하게 된 것이다. 또한 신탁통치의 결과로 남한으로 미국 선교사들의 재입국이 허용되었다. 이들의 남한 합류로 인해 한국 교회 재건의 주체 문제는 쉽사리 해결될 듯 보이지 않았다. 남한으로 내려온 대부분의 평양신학교 목회자들은 보수주의적 근본주의 신학으로 중무장되어 있었다. 이들은 신학의 차이로 인해 1948년 총회신학교를 세우고 신학교육을 재개했다. 이것은 남부총회 때 직영신학교로 인정받은 조선신학교의 정통성에 대해 문제를 제기한 것이었다. 이러한 상황, 즉 해방 이후 분단된 조국과 교회라는 시대적 배경 가운데서 진보와 보수가 맞부딪치게 된 상황이 벌어진 것이다. 이러한 배경 속에서 한국교회의 '주체적' 재건이라는 과제가 김재준에게 시대적 소명으로 놓여졌다. [...] 한국교회 재건 주체성을 누가 가지느냐라는 쟁점은 보수주의자들이 김재준을 '신신학자', '자유주의자'로 맹비난하는 방법으로 이끌었다. 김재준의 신학을 대변하는 조선신학교를 교권주의자들은 가만히 둘 수 없었다. 이들의 목표는 남한교회를 재건시키는 것이었고, 그 재건의 중심적 신학은 선교사 신학이 이식된 '평양신학교'를 재건하는 것이었다. [...] 1950년 4월 21일, 제36회 총회가 열렸던 대구 제일교회에서는 안타까운 교회 역사의 한 장면이 기록되었다. 몸싸움까지 가세된 총회는 결국 경찰의 출동으로 사태를 수습해야만 했다. 결국 합동특별위원회는 이듬해 피난지 부산에 모여 두 신학교의 직영을 모두 취소하고 새 신학교를 세우는 안건을 상정 53대 3이란 다수결로 결정했다. 이 결의에 조선신학교 측은 강력히 반대했다. 왜냐하면 이 안건이 제36회 총회 결의대로 노회 수의를 거치지 않았고, 아무리 전쟁 상황이란 비상사태라 하더라도 전회의 결의를 번안하는 절차를 밟지 않았다는 것, 또한 이것을 총회에서 직결하는 것은 불법이었기 때문이다. 더구나 특별위원회의 안이었던 두 신학교를 취소하고 새 신학교를 설립한다는 것은 광고 보고로 받은 것뿐이었다. 정식 토의를 거치지 않았던 것이다. 그러나 조선신학교 측의 항의는 아무 힘을 발휘하지 못한 채 장로회신학교의 학교 폐쇄, 1951년 9월 18일 대구에 설립한 총회신학교로 합동하였다. 조선신학교 측은 이에 응하지 않았다. 조선신학교의 불응에도 불구하고 1952년 4월 대구 서문교회에서 열린 제37회 총회에서 이북 10개 노회의 총대 67명에게 행정권을 부여하였고, 이 세력을 기반으로 김재준을 파면시켰다. 미국 선교사들은 미군 군목이기도 했다. 그들은 자기편 대표들을 군용 지프차에 태워 왔다. 이들의 숫자가 정확히 5명 더 많았다. 김재준의 파면 역시 5표차로 파면당했다. 김재준의 파면으로 그치지 않았다. 5표 차이로 조선신학교 졸업생들에게는 일체 교역자 자격을 부여하지 않는다는 결정이 내려졌다. 김재준과 조선신학교에 동조한 캐나다 선교사 윌리엄 스콧을 처단하는 것 역시 5표 차이로 결정되었다.[232]

성경이 말하는 본질적 진리, 시대를 향한 책임, 그리고 한국교회의 사명 등을 실천적 과제로 삼고 김재준과 한국신학교는 교단을 떠났다. 그 이후 기장 측은 민권, 통일, 사회 정의라는 시대의 물음에 응답하며 자신만의 길을 걸었다.

---

232. 장공김재준목사기념사업회, "[장공의 삶] 6장 : 교육의 꿈을 펴다(1939-1959) - 한국기독교장로회가 탄생하다."(같은 인터넷 자료).

예장과 기장은 각기 다른 길을 걸었지만, 그 시작은 하나의 질문에서 비롯되었다. 하나님의 말씀인 성경을 어떻게 믿을 것인가, 그리고 교회의 참된 사명은 무엇인가에 대한 고민이었다. 결국 누가 옳았는지는 역사가 판단하지 않는다. 우리에게 남겨진 것은 오직 질문이다. "우리는 하나님 앞에 정당한가?" "우리는 교회의 역사 앞에 부끄럽지 않은가?" 이러한 질문에 대한 답을 통해 서로를 이해하려는 신앙의 태도야말로 오늘날 우리에게 가장 절실한 자세이다. 교회의 진실은 때로 갈등을 직면할 때 오히려 더욱 선명하게 드러난다.

30-3. 합동측과 통합측의 분열

대한예수교장로회는 1959년 제44회 총회에서 통합측[233]과 합동측[234]으로 다시 분열되는 아픔을 겪었다. 이자익 목사가 1958년 소천한 지 1년 후에 일어난 비극이었다.

이 분열의 원인은 세 가지로 분석할 수 있다. 첫째는 박형룡 목사가 1953년 장로회신학교 교장으로 취임한 후 교지를 확보하는 과정에서, 공원 부지로 묶여 있던 남산 조선신궁 터를 풀어주겠다는 브로커에게 속아서 3,000만 환(圜)을 사기당한 사건이 있었는데, 이 책임을 묻는 과정에서 박형룡의 지지파와 반대파가 나뉘었다.

둘째는 이 문제와 별 상관이 없는 에큐메니칼 운동(WCC)[235]을 지

---

[233]. 처음에는 연동측 총회라 하였다. 그런데 선교사들과 중립에 있던 이들, NAE에 가담했던 이들이 다 통합한 총회라 하여 '통합측'이란 이름이 퍼지게 되었다.
[234]. 처음에는 승동측이라고 불렸다. 그런데 서울 승동교회에서 총회로 모일 때, 고려파와 합하여 총회를 했다고 하여 '합동측'이라는 이름이 자연스럽게 정착되었다.
[235]. WCC(World Council of Churches) 세계교회협의회라고 하는데, 1948년 네덜란드 암스테르담에서 창립된 세계적인 교회일치운동(에큐메니칼 운동) 단체이다.

지하는 측과 이를 반대하는 NAE[236]측이 이념논쟁을 벌이며 상황을 악화시켰다. 셋째는 경기노회의 총회 총대 부정 투표 문제로 임시노회에서 재투표를 시행하였는데, 노회장 이환수 목사 측의 정기노회 총대 명단과 부노회장 강신명 목사 측의 임시노회 재투표 총대 명단이 총회 서기부에 동시에 접수되는 상황이 발생하면서 총대 명단을 확정하지 못하고 총회는 파행이 되었다.

그 결과 대전중앙교회에서 열린 1959년 9월 25일 제44회 총회(총회장 노진현 목사)를 끝으로 대한예수교장로회는 분열되었고,[237] 합동측의 총회신학교와 통합측의 장로회신학교가 각각 사당동과 광장동에 터를 잡아 오늘에 이르고 있다. 이 분열의 원인을 각 진영이 아전인수격으로 분석하며 자기방어와 정통성을 주장하지만, '통합측'과 '합동측'이 반드시 갈라서야만 했는가에 대한 물음에는 아쉬움이 남을 뿐이다.

1) 박형룡의 삼천만환 사건과 WCC 문제

장로교 통합측과 합동측의 분열 과정에서 박형룡 교장의 삼천만환 사건은 돌발적인 뇌관이 되고 말았다. 박형룡 교장은 미국에서 받은 헌금 중 약 삼천만환을 신학교 부지 매입에 사용하려 했는데, 이 과정에서 이사회 승인 없이 자금을 집행했고, 부지 매입은 실패로 돌아갔다. 총회 재정조사위원회는 박형룡이 임명한 부지위원들과 관

---

236. NAE(National Association of Evangelicals)는 다양한 복음주의 신앙을 가진 단체들을 포괄하며, 성경의 무오성을 신앙고백의 핵심으로 삼고 있다.
237. 1959년 대전제일교회에서 열린 제44회 총회는 본래 새문안교회서 개최되도록 계획되어 있었다. 그런데 소집 공고는 대전중앙교회(담임 양화석 목사)로 발표되었다. 그 이유에 대해 여러 변명이 있을 수 있으나, 이 또한 분쟁의 씨앗이요 분열의 단초가 된 것만은 확실하다.

련된 재정 집행 과정에서의 불투명성과 외환 관리의 부적절한 정황을 조사했다. 이 사건은 단순한 행정 미숙이 아니라, 교단 내 권력 구조와 윤리적 책임에 대한 근본적 질문을 던졌다.

선교사들은 이 사건을 심각하게 받아들였다. 미국 북장로교 선교부는 박형룡의 재정 운영에 대한 신뢰를 잃었고, 이후 총회신학교의 운영권을 회수하려는 움직임을 보였다. 특히 선교사들은 박형룡과 NAE 측의 교권 장악 시도에 대해 우려를 표하며, 에큐메니칼 측을 지지하는 방향으로 입장을 정리했다.

선교사들이 취한 태도는 신학적 견해 차이가 아니라, 교회의 자율성에 대한 불신과 윤리적 책임에 대한 우려에서 비롯된 판단이었다. 선교사들은 총회 정회 선언 직후, 연동교회에서 열린 통합측 총회를 합법적이라고 인정하며 성명서를 발표했다. 이는 박형룡 중심의 교권 구조에 대한 명확한 거부였다.

이러한 흐름 속에서 통합측은 박형룡의 삼천만 환 사건을 교단 분열의 핵심 원인으로 규정했고, 합동측은 이를 부정하며 주요 원인은 WCC(에큐메니칼) 논쟁이고 삼천만 환 사건은 부차적이라고 주장했다.

박용규는 그의 책에서 무려 45쪽에 걸쳐 WCC 문제를 중심으로 합동측과 통합측의 분열 과정을 설명한 후에, 결론적으로 합동측의 입장을 변호하며 WCC 문제를 분열의 주요 원인으로 지적하였다.

> 통합 측에 속한 이들과 에큐메니칼 지지자들은 1959년의 분열의 원인을 박형룡과 3천만 환 사건에 돌리고 있다. 3천만 환 사건이 이미 이전부터 총회 안에 일고 있는 에큐메니칼 측과 반에큐메니

칼 측(NAE)의 대립으로 인한 총회의 갈등을 가속화시킨 요인이기는 했지만, 그러나 이것이 통합과 합동 분열의 1차적인 요인은 아니었다. 당시 시대로 거슬러 올라가 시대적 배경과 사료들을 객관적이고 공정하게 분석한다면 통합과 합동의 분열의 주된 요인은 WCC 문제로 압축할 수 있을 것이다. [...] WCC와 에큐메니칼 외에 다른 문제들은 부차적인 문제였고, 그것도 자기들의 입장을 정당화하기 위해 사용한 하나의 도구에 불과한 것이다. 역사 서술은 결코 자기 교단이나 자기가 서 있는 노선을 정당화하기 위해 자의적으로 재구성되어서는 안 될 것이다. 일차적인 문제와 부차적인 문제는 구분되어야 한다.[238]

그러나 민경배는 통합측과 에큐메니칼적 입장에서 분열의 원인을 WCC가 아닌 박형룡의 삼천만 환 사건으로 지목하며 다음과 같이 반박하고 있다.

세계교회협의회(WCC)를 용공적이라고 공격하는 일부 목사들은, 한국교회의 보수와 신앙의 순수성 보존의 기치 아래 WCC에서 탈퇴할 것을 주장해 왔다. 그러나 1959년의 제44회 대전 총회에서 일이 여의치 않게 전개되고 어수선한 정회(停會)가 연발되기 때문에 그 파의 총대들을 상경시켜 11월 24일 승동교회에서 소위 합동 총회를 결성하였던 것이다. 한국 장로교 원류의 전통성을 주장한 이 총회는 당장에 WCC에서 영구 탈퇴하고 이와 관련된 어떠한 형태의 에큐메니칼 운동도 절대 반대하며, 미국의 교회 연

---

238. 박용규, 같은 책, 1012~1014쪽.

합회와도 인연을 끊어야 한다고 결의하였던 것이다. 그러나 WCC의 노선을 지지하는 총대들은 통합(統合) 총회를 1960년 2월 17일 서울 연동교회에서 개최하고, 이 비극의 분열을 아물게 하고자 WCC에서 잠정적인 탈퇴까지 감행하면서 재일치를 모색했다. 그러나 양쪽에서 다 재일치를 바라고, 그래서 여러 번 그런 기운이 적극화하였음에도 불구하고, 이 두 총회는 아직 나누인 채 피차 정통 총회임을 고집하고 있다. 실로 이것은 시대에 역행하는 악풍과 같은 것이라 아니할 수 없다. 더우기 이 분열의 기원이 총회신학교 교장이었던 박형룡 박사의 신학 기금 유용(流用)에서 유래된 교장 사임과 관계가 있고, 더우기 이 사임이 에큐메니칼 파의 중상이라는 박형룡 일파의 소행에서 결국 왔다고 한다면, 한국 장로교회는 부끄러워 견딜 수 없는 이미지를 한국교회에 주고 있었다고 보지 않을 수 없다.[239]

정병준[240]은 통합측과 합동측의 주장들이 각각의 입장만 반영한 채 공정한 역사적 판단을 하지 못한 것에 대하여 비판하며 다음과 같이 정리하였다.

> 1959년 한국장로교회의 분열 원인에 대한 선행 연구 중 통합 측에서는 '삼천만환 사건'을 주원인으로 강조하면서 'WCC 신학논쟁'을 가볍게 다루었고, 합동 측에서는 'WCC 신학논쟁'을 주원인으로 강조하면서 '삼천만환 사건'의 영향을 간과했다. '삼천만환 사건'

---

239. 민경배, 같은 책, 481쪽.
240. 정병준은 서울장신대학교 교회사 교수이고, 현재 부총장을 맡고 있다.

이 일어나기 전에 'WCC 신학논쟁'은 지속적으로 일어났고, NAE 측은 이 논쟁을 통해 강한 세력을 형성했고, 결국 교권을 장악했다. 그러나 1957년 NAE 측과 에큐메니컬 측은 신학 논쟁이 심각해지자 교단 분열을 염려하며 적절한 타협점을 찾았다. 그러나 이 균형을 깨뜨린 사건이 '삼천만환 사건'이었다. 합동 측 역사가들은 그 의미를 축소하는 경향이 있지만 '삼천만환 사건'은 심각한 윤리적 사건이었고, 당시 에큐메니컬 측은 그것으로 총회에서 NAE 측 교권을 공격할 준비가 되어 있었다. 통합 측 역사가들은 삼천만환 사건 이후 NAE 측이 박형룡의 교장 복귀를 위해 에큐메니컬을 공격한 것이 분열의 원인이라고 설명하지만, 그것은 역사적 사건을 좁게 해석한 것이었다. '삼천만환 사건'은 NAE 교권이 걸린 문제였다. 1959년 한국장로교회의 분열 원인을 설명할 때, 'WCC 신학논쟁'과 '삼천만환 사건', 그 어떤 하나를 원인으로 설명하는 것은 전체 상황을 설명하기 어렵다.[241]

합동측과 통합측의 분열 과정에서 에큐메니칼(WCC)과 NAE 간의 논쟁과 박형룡 교장의 삼천만 환(圜) 사건은 별개의 문제였지만, 박 교장의 사퇴를 막으려는 NAE 측에 의해 WCC 문제가 이념적 도구로 사용된 흔적이 있다. 삼천만 환 사건 이후 총회는 박형룡 교장의 사면을 인준하고 신학교 이사회는 도의적 책임을 지고 전원 사퇴하였다.

그러나 NAE 측의 박 교장 추종자들은 그의 일선 후퇴가 "보수신학의 후퇴"와 "자유·진보 세력의 득세"를 의미하는 것이라고 하

---

241. 정병준, 『한국교회 역사 속 에큐메니컬 운동』(서울, 도서출판 오이쿠메네, 2024[개정판]), 137-138쪽.

며, 한국교회가 보수·정통 신학을 유지하려면 박형룡을 복귀시켜야 한다고 주장하였다. 그리고 이러한 주장에 박형룡 자신도 동의하며 교비 손실에 대한 책임을 지라는 이사회의 제안에 미온적인 태도를 보였다.

박형룡의 삼천만 환 사건으로 총회는 그를 지지하는 세력과 거부하는 세력으로 양분되었고, 그전까지 교단 분열을 위협할 정도의 문제가 아니었던 신학 노선에 대한 이념논쟁이 노골화된 것이다. 박형룡을 지지하던 NAE 측은 WCC를 용공으로 몰아세우며 박형룡 교장의 사퇴는 신학교와 교단이 좌경화되고 자유주의 신학에 점령당하는 길이라고 주장하여 감정의 골을 깊게 했다.

합동측과 통합측의 분열에 대하여 가장 객관적인 시각에서 글을 쓴 사람은 양낙흥[242]이다. 그는 박형룡 교장의 삼천만 환 사건과 그에 따른 도덕적 책임에 대한 사퇴 요구가 제기되던 상황에서, NAE 측은 이를 회피하기 위해 WCC 가입 문제를 전면에 내세우며 논의를 이념논쟁으로 몰아갔다고 지적하였다.

> NAE측이 사태의 본질을 왜곡시켜 단지 행정적 도의적 책임의 문제를 신학적 노선 문제, 심지어는 "색깔론"으로 변질시켰다는 해석은 단지 통합측 사가들만이 아니라 제3자격인 고신측 사가에 의해서도 인정되는 사실이다. 남영환 목사는 박형룡의 추종자들이 그 무렵 에큐메니칼 측에 대한 용공, 자유주의자라는 공격을 강화했다고 지적하고 있다. 후대의 객관적 관점에서 볼 때, 설사 WCC

---

242. 양낙흥은 고신대학교 교회사 교수로『한국장로교회사』등을 통해 장로교 역사를 객관적인 시각에서 기술하였다. 그러나 이 과정에서 고신대의 창립자 한상동 목사를 비판하였다고 하여 고신 총회에서 해당 저서의 회수 및 폐기, 교수직의 순환보직, 교재 사용 금지 등의 불이익을 당하였다. 2021년 은퇴하였다.

가 용공이나 자유주의 신학이 지배하는 단체였다 하더라도 그것이 지도자의 도덕적 행정적 중대 실수를 면제해 주는 사유는 될 수 없는 것 같다. 행정적 실수에 대한 책임을 지는 것과 특정 외국 단체에 불가입하는 것은 완전 별개의 사안이기 때문이다. 즉 행정적 과오에 대한 책임을 질 사람은 지고 가입이 바람직하지 않은 단체에는 불가입하면 되는 것이다. 그럼에도 불구하고 책임자 문책과 단체 가입을 묶어서 한 사건인 양 취급한 행위는 그 주체들의 정직성과 순수성, 혹은 최소한 사안의 판단 능력에 의문을 갖게 하는 일이 아닐 수 없다.[243]

2) 경기노회 총회 총대 투표 문제

총회의 총대 선출에서도 파열음이 터졌다. 서울과 경기도를 포함하는 경기노회는 총회에서 가장 많은 총대를 파송하는 노회로서, 정치적으로 매우 민감한 위치에 있었다. 더구나 박형룡 교장의 문제를 다루는 1959년 제44회 총회는 어느 쪽이 총대 수를 많이 확보하느냐에 따라 그의 거취가 정해지기 때문에 중요한 문제였다. 바로 이 시기에 경기노회 총대 투표 부정 사건이 불거진 것이다.

1959년 5월 14일 경기노회에서는 노회장 이환수 목사 중심의 NAE 측과 부노회장 강신명 목사 중심의 에큐메니칼(WCC) 측 사이에 총회 총대 투표와 개표 과정에서 분쟁이 발생하였다. 총대로 당선된 에큐메니칼 측 목사 이름이 발표에서 누락된 것이다. 이 과정을 정병준은 다음과 같이 정리하고 있다.

---

[243]. 양낙흥, "합동과 통합측의 분열에 대한 교회론적 분석과 평가", 「장로교회와 신학」 3 (2006), 한국장로교신학회, 164~165쪽.

경기노회의 경우는 더 치열했다. 투표 결과 총대 28명 중 NAE측 16명, 에큐메니칼 측 12명이 선출되었다. 그러나 황금천 목사의 경우 당선이 되었는데도 이름이 누락되어 부정 개표의 시비가 생겼다. 임시노회에서는 정기노회의 총대 선거를 무효화하고 새로운 총대를 선출하였으나 NAE 측이 임시노회에 참석하지 않아서 대부분 총대가 에큐메니칼 (측)으로 선출되었다. 여기서 임시노회 측은 노회법상 정기노회에서만 총대를 선출한다는 원칙을 어겼다. 그러나 NAE 측은 임시노회를 열기로 합의하고 고의적으로 참석하지 않았다. 그것은 총회에 가서 투표로 이길 수 있다는 확신이 있었기 때문이었다. 1959년 9월 제44회 총회가 대전 중앙교회에서 열렸을 때, 경기노회에서는 양쪽의 총대 명단을 접수했다. 결국 총회는 양쪽을 놓고 전체 투표한 결과 124대 119, 기권 5표로 임시노회 측 총대를 받아들이기로 결의했다. 그러나 NAE 측은 그 투표 결과를 인정하지 않고 그것을 뒤바꾸기 위해 무리수를 두다가 총회 장소는 수라장이 되고 말았다.[244]

그러나 위의 경기노회 총대 투표 과정에 대한 NAE 측의 주장은 다르다. 박용규는 에큐메니칼 측이 총대 선거 개표 과정에서의 실수를 불법으로 몰았고, 임시노회에서 재투표가 시행된 것은 위법이라는 것이다.

---

244. "정병준의 교회사 교실 - 10강 분열하는 교회. 통합과 합동의 분열, 합동 내부의 분열."(https://blog.naver.com/jbjoon63/30101943239). 기존에 다수의 문헌에는 투표 결과 총대 수를 NAE 측 18명, 에큐메니칼 측 10명으로 기록하고 있었지만, 정병준은 새로운 자료에 따라 각각 16명과 12명으로 바로잡아, 해당 내용을 2025년 7월 20일 블로그에 수정·반영하였다.

결국 이들이 중심이 되어 1959년 6월 29일 승동교회에서 NAE 측이 불참하고 에큐메니칼을 지지하는 80여 명만 참석한 가운데 경기노회 제27차 임시노회를 열어 새로 총대를 선출한 결과 28명의 총대 중 장로 총대 1명과 목사 총대 1명 등 2명을 제외하고는 모두 에큐메니칼 측이 선출되었다. 사실, 앞서 정기노회에서 선출된 경기노회 총대는 개표 과정에 불법성이 있었던 것이 아니고 발표에 착오가 있었기 때문에 "발표의 착오만 수정할 것이지 전체를 무시하고 새로 택한 것은 위법"이었다. 더구나 노회 규칙에 의하면 반드시 "총회 총대는 5월 정기노회에서만 택한다"고 명문화되어 있었기 때문에 "임시노회에서 택한 것은 위법"이 아닐 수 없었다. 240명이 참석한 정기노회에서 선출한 총대들을 80여 명이 참석한 노회에서 완전히 무효화시킨 것은 양측의 첨예한 대립을 스스로 자초한 일이었다.[245]

제3자의 입장에서 이 사건을 객관적으로 정리한 역사학자 양낙흥은 경기노회의 총대 선거가 실수가 아닌 부정에 의한 것으로 보았다. 그 부정의 결과는 노회장과 서기가 사임할 정도로 심각한 것이었다.

급기야 임원들에 의해 투표지가 모두 재개표되었는데 "당선자들의 득표수와 순위에 많은 차이가 있는 것이 발견되었다." 혹자에 의하면, "한두 사람의 당락 번복이 있었을 뿐 아니라 정부총대 54인 중 두 사람을 제외한 나머지 전부의 득점 표수의 전도를 가져왔다." "당선되어야 할 자가 낙선되고 낙선되어야 할 자가 당선된

---

245. 박용규, 같은 책, 998~999쪽.

사실이 드러났다"는 것이다. 노회원들이라고 해야 일이백 명밖에 안 되는 수인데 그처럼 개표에 오류가 많았다는 것은 거기에 고의성이 개입되었을 가능성을 높이는 요소라 할 수 있을 것이다. 쉽게 말하자면 개표 위원들이나 투표에 관련된 자들 중에 부정을 저지른 자가 있었을 확률이 높았다는 것이다. 상황이 상황이니 만큼, 그리고 과열된 당시 형편을 생각할 때 부정이 개입했을 가능성은 상당히 높다. 실제로 그러한 의혹이 당시에 무성했다. [...] 물론, 가능성은 아주 낮지만 혹 개표 상의 본의 아닌 실수일 수도 있다. 실제 허순길 박사는 노회 폐회 후 개표 위원들의 실수로 황 목사의 이름이 누락된 사실이 발견되었다고 적고 있다. 어쨌든 선거에서의 중대한 착오에 대한 도의적 책임을 지고 노회장 이환수 목사와 서기 서재신 목사가 사임했다. 부노회장 강신명 목사는 6월 임시 노회 소집을 공고했다. 정기 노회가 선출한 총대를 무효화하고 재선거를 실시하기로 한 것이었다. 그리하여 6월 29일 승동교회에서 총대 재선거를 위해 제72회 경기노회 임시 노회가 모였다. 그러나 NAE측은 임시 노회 자체를 부정하고 대부분 불참해 버렸다. 이것도 유감스러운 처신이었다. 그것은 정기노회에서의 총대 선거에 문제가 있었다는 사실을 인정하지 않는다는 의미일 것인데 그렇다면 진작 그것을 입증하고 임시 노회의 소집 자체를 반대하거나 봉쇄했어야 했다. 그러자면 황금천 목사의 당선 누락 건이나 재개표 과정에서 노출된 문제들에 대해 납득할 만한 해명을 제시했어야 했다. 그러나 NAE측은 이러한 시도를 전혀 거부한 채 무조건 임시 노회를 거부한 것으로 보인다. 결과적으로 에큐메니칼파 일색이 된 모임에서 재선거를 실시한 결과는 당연히 정기노회의 그

것과 정반대일 수밖에 없었다. 이번에는 28인 중 26인이 에큐메니칼 측의 인사들로 선출되었다. 반면 NAE 측에서는 목사 한 명, 장로 한 명 만 총대로 당선되었다. 통합측 역사서는 "이 모든 일은 합법적으로 이루어졌다"고 주장한다. 형식상으로는 그러할지 모른다. 하지만 반대편 계파 대표들이 거의 불참한 것을 한눈에 파악할 수 있었을 상황에서 임시 노회를 강행하고 총대 선거에 들어간 측도 무리를 행했던 것 같다. 일방적으로 치우친 참석자들만으로 임시 노회를 강행하고 거기서 선거를 했을 때 반대편에서 그 결과를 인정하지 않으리라는 것은 자명한 사실이었다. 그러한 수순을 뻔히 내다보면서 선거를 강행하는 것도 사태를 원만히 해결하려는 의지가 부족했던 것으로 해석될 수밖에 없다. 물론 개회 성수가 되었는데도 노회를 열지 않을 법적 명분이 없는 것도 난점이기는 했겠지만 말이다.[246]

3) 아수라장이 된 제44회 총회

1959년 9월 제44회 총회는 경기노회의 회원권 문제로 첫날 파행이 불가피해졌다. 노회장 이환수의 정기노회 총대 명단과 부노회장 강신명의 임시노회 총대 명단이 같이 올라온 것이다. 총회는 두 총대 명부 중 하나를 택하기 위해 양측 대표 3명으로부터 노회 상황 설명을 하게 하였다. 그리고 경기노회의 총회 총대 명부 둘 중 하나를 표결로 결정하기로 하였다.

표결 결과 정기노회 측 명부 119표, 임시노회 측 명부 124표, 기권 5표로 부노회장 강신명의 에큐메니칼 측이 승리하였다. 총회장은 임

---

246. 양낙흥, "합동과 통합측의 분열에 대한 교회론적 분석과 평가", 「장로교회와 신학」 3, 같은 글, 같은 책, 171~173쪽.

시 노회 측 총대가 선정되었음을 선포하고 총대 명부에 그 명단을 기재하도록 했다.

그런데 이 투표 결과를 NAE 측이 승복하지 않고 재투표를 주장하며 싸움이 벌어졌다. 노회장은 정회를 선포하였다. 그리고 경기노회 총대 문제를 정리하여 11월 24일 다시 속회 한다고 선언하였다. 이때 에큐메니칼 측 안광국 목사가 갑자기 강단에 뛰어 올라와 총회장이 사회를 불법으로 진행했다고 하며 임원 불신임안을 발표하고 스스로 가부를 물어 통과시켰다.

이에 대하여 박용규는 NAE 측을 변호하며, 투표 결과 경기노회 임시노회 측 총대로 결정이 된 것은 중립을 지켜야 할 선교사들이 임시노회 편을 들어주어 생긴 결과이므로 문제가 있고, 정회가 선포된 후 에큐메니칼(WCC) 측 안광국 목사가 강대상에 올라가 절차상 문제를 지적하며 총회 임원 불신임안을 불법으로 통과시킴으로 총회가 싸움터로 변했다고 하였다.[247]

그러나 양낙흥은 안광국이 강단으로 올라와 임원 불신임안을 발표하며 소란을 피우기 이전의 상황을 자세히 설명하며 사회자로서 공정해야 할 총회장 노진현 목사의 정치적 편향성 문제를 제기하고 있다.

다음 날 총회가 속개되었을 때 전 경기노회장 이환수 목사가 이미 전날 일단락된 경기노회 총대 문제를 다시 제기했다. 어제 일단락된 사안을 납득할 만한 명분도 없이 다시 거론하기 시작했던 것이다. 게다가 NAE 측 장로들인 박희몽, 김자경이 나와 에큐메니칼은

---

247. 박용규, 같은 책, 1004~1005쪽 참조.

용공, 신신학, 단일 교회 운동이라고 고함을 쳤다. 이것은 논점을 벗어난 발언이요 회의장을 무정부 상태로 몰고 가는 행동이었다. 이때야말로 사회자의 역할이 중요한 시점이었다. 총회장은 일사부재리의 원칙을 어기고 논점 이탈의 오류를 범하고 있는 회원들을 제지하고 회무를 진행시켰어야 했다. 그러나 NAE측 인사였던 총회장 노진현 목사는 그 혼란 속에서 이미 끝나 버린 논의의 결정을 번복하려는 속셈을 가졌던 것 같다. 그는 무질서한 언동을 하는 회원들을 제재하고 회무를 진행하는 대신 그들의 무질서에 동조하는 제안을 했다. 경기노회 총대 문제를 해결하기 위해 정치부와 전 총회장들 연석회의를 열어 타개책을 강구하게 하자고 제안했던 것이다. 이것은 재론 동의와 그것의 채택 절차 없이 이루어진 일이었으며 따라서 불법적 절차에 의한 제안이었다. 김요나는 여기서, "회의장이 너무 시끄러워 회의를 진행할 수 없다고 판단한" 총회장이 증경 총회장과 정치부원들 연석회의에서 방안을 강구해 주도록 하자는 제안을 했다고 한다. 그러나 회의장을 정숙하고 질서 있게 만들 책임과 권리를 가진 이가 바로 사회자이므로 총회장은 마땅히 직권을 발동하여 장내 질서를 정리하고 회의를 계속했어야 했다. 게다가 총회원들은 사회자의 그러한 잘못된 회의 인도에 대해 의사 진행 발언 요청을 통해 이의를 제기하고 회의가 회의법을 따라 진행되도록 요구했어야 했다. 특히 에큐메니칼측 회원들은 불법적 회의 진행을 저지하고 그것이 회의법에 따라 이루어지도록 조치를 취했어야 했다. 그러나 어찌된 셈인지 그 순간에 아무도 그렇게 하지 않았던 것 같다. 전 총회장들의 모임의 결론은 "현 총회의 정세 하에서는 회무를 원만히 진행하기가 곤란하므로" 동년 11월 24일까지 총회를 정회하고 그때까지 경기노회가 스스로 총대를 다시 결정해 오라는 것이었다. 사실 그 결정이 꼭 필요했다면 총회 개회 전, 그리고 두 개의 경기노회 총대 명단들 중 하나의 선택을 위한 표결 전에 이루어졌어야 했다. 이미 총회의 표결로 그 문제가 결정된 후 다시 총대 명단 문제 해결책을 도출한다는 것은 수치스러운 무질서였다. 그 간단한 문제, 즉 노회에서의 총대 결정을 위해 노회를 세 번, 총회를 한번 열어야 했다는 것은 대한 예수교 장로회 총회가 원칙도 규범도 없는 무정부 수준의 회의라는 것을 폭로한 일이었다. 어쨌든 전 총회장들의 제안은 총회 표결에 붙여졌다. 그러나, 이성헌의 기술이 정확한 것이라면, 여기서 다시 총회장이 사회자의 위치를 악용하여 불법적으로 자파의 입장을 관철하려 했던 것으로 보인다. 11월 24일까지 총회를 정회하자는 안에 대한 가부를 물었을 때 100명의 NAE 측 "예"보다 에큐메니칼 측의 "아니오" 소리가 분명 더 컸음에도 불구하고 총회장은 가결을 선포했다. 왜 사회자는 그러한 경우 마땅히 했어야 할 투표를 통한 계수를 하지 않았는가? 또 왜 에큐메니칼 측 회원들은 표결과 계수를 주장하지 않고 그러한 불법적 가결을 묵인했는가? 이 점이 잘 이해되지 않기 때문에 사실 이성헌의 진술에도 의문은 없지 않다. 그러나 만일 이성헌의 진술이 사실이라면 당시 총회장은 아주 불의한 횡포를 저지른 셈일 것이다. 아무튼 형식적으로, 그리고 외견상으로는, 회의법에 어둡고 법치주의보다는 온정주의적 문화에 익숙한 총회원들은 증경 총회장들과 정치부의 제안을 채택했다. 아마도 많은 총대들은 패자 측에 의해 회의장에 극렬한 반대와 혼란과 대립이 일어나는 것을 두려워했던 것 같다.

그리하여 비록 어제 합법적으로 결의된 사항이지만 불만 집단을 달래기 위해서는 그것조차도 백지화하고 법절차를 희생시키는 것이 낫다는 과거의 한국적 방식을 취한 것으로 보인다. 온정주의에 흘러 무질서하고 원칙이 없는 방식을 채택했다는 것이다. 불과 하루 전에 자신들이 공식적으로 그리고 합법적으로 결의한 공회의 결정을 무시하고 재론 절차도 없이 재심의하여 새로운 결의를 추출해 내는 이러한 무질서한 회의 진행은 아직도 한국교회에서 가끔 발견되는 비민주적이고 후진적인 장면들이다.[248]

여기까지는 총회장의 정치 편향적 판단과 미숙한 회의 진행으로 당시 총회가 얼마나 무질서와 무원칙으로 흘러가고 있었는지를 보여준다. 양낙흥은 이에 대한 반동으로 안광국이 반발하였고, 이후 회의장은 난장판이 되었다고 하였다.

총회장의 계속적인 "불법적 사회"에 에큐메니칼측은 흥분했다. 그 결과 그들도 이제 비이성적이고 무질서한 대응을 시작했다. 총회의 정회가 선포된 뒤 "회원들이 퇴장하고 있는 찰라 별안간 안광국 목사가 강단으로 뛰어 올라가 미리 준비한 '임원 불신임안'을 낭독"했다. 그것은 회의를 불법적으로 진행하는 회장과 주로 NAE측으로 이루어진 임원들에 대한 전면 부정의 행동이었다. 그러면서 그는 마치 자신이 사회자나 된 듯이 '가하면 예 하시오'라고 요청했다. 사회자의 불법을 반대하는 행동을 하는 자신도 불법적인 일을 하고 있었던 것이다. 그것이 합법이든 불법이든 이미 이성적인

---

248. 양낙흥, 같은 글, 같은 책, 175~178쪽.

분위기가 사라진 회의장의 에큐메니칼측 회원들은 "환호성을 지르면서 기립 가결했다." 교회 최고 지도자들의 성총회장이 군중들의 운동 경기장 같은 분위기로 전락되었던 것이다. 그러자 신이 난 안광국은 "예 가결되었습니다…"라고 우스꽝스럽게 선언하고 급히 하단했다. 회의장은 야유와 찬성 가운데 아수라장으로 변했고 난투극까지 벌어지는 파국으로 치달았다. 그때 중앙교회 교인들이 회의장에 난입하여 의자를 뒤엎었고 사찰은 고무신으로 총대들을 난타했다. 다시 한번 한국 교회사상 가장 부끄러운 장면을 거룩한 총회장에서 연출하고 있었다. 양측 모두 파벌주의에 의해 이성을 잃고 있었다. 경기노회 총대 문제를 두고 4, 5일 동안 온갖 추태만 부리던 제44회 대한예수교장로회 총회는 이렇게 깨어지고 말았다.249

4) 총회 후폭풍으로 분열된 합동측과 통합측

1959년 9월 24일 대전중앙교회에서 모인 제44회 총회는 이렇게 파행이 되었다. 정회 선포 전 노진현 총회장은 2개월 뒤인 11월 24일 서울 새문안교회에서 속회한다고 발표하였다. 하지만, 에큐메니칼 측은 총회 직후인 9월 29일 서울 연동교회에서 총회를 속회하여 총회장에 이창규 목사(군산노회 구암교회)를 선출하고 임원을 개편하였다. 제44회 총회 중 안광국 목사에 의한 총회 임원 불신임안 결정에 대한 후속 조치로 새 임원진을 구성한 것이다. 그렇기에 연동교회 총회에는 제44회 총회 임원들이 참석할 수 없었다.

노진현 총회장은 이를 불법으로 간주하고 '임원회 일동'으로 전국

---

249. 양낙흥, 같은 글, 같은 책, 178~179쪽.

교회에 보내는 메시지를 발송하였다. 그리고 예정대로 같은 해 11월 24일 승동교회에서 제44회 총회를 속회하였다. 이렇게 총회는 승동교회 측과 연동교회 측으로 나뉘어 개최되므로 두 교단은 공식적으로 분열되었다.250

이 명분 없는 분열로 인해 많은 사람들이 가슴 아파했다. 총회 설립 75년 동안 형제처럼 지내던 목사와 장로들이 이제는 서로를 적대하며 대립하는 상황이 되어버린 것이다. 이러한 한국 장로교의 갈등을 해소하고 연합을 이루기 위해, 미국 남장로교 선교사들과 연동교회 측 인사들이 먼저 나서서 화해와 재결합의 길을 열었다.

1959년 연동총회와 승동총회의 분열을 모두가 반기는 것은 아니었다. WCC와 NAE 중 어느 한쪽을 적극적으로 지지하지 않는 중도파 목사들이 있었으며, 이들은 연동총회 직후 '통합촉진위원회'를 세우고 승동총회 직후에는 선교사들과 승동, 연동총회를 모아 화해 성명을 이끌어냈다. 여기서 연동측은 갈등의 종식을 위해 WCC를 탈퇴하였다. 그러나 승동측의 요구를 연동측이 수용할 수 없으므로 양측의 재연합 협상은 실패하였다. 연동총회는 1960년 2월 17일 중도파 목사들 일부와 함께 대한예수교장로회(통합)을 출범시켰다. 이후 연동총회 안에서 기독교장로회와 합치자는 의견도 나왔으나 채택되지 못하였다. 합동총회와의 재연합은 두 차례 더 논의되었으나 양측의 의견 차이만 재확인할 뿐이었

---

250. WCC 지지파는 기장측 일부 온건파 인사들과 연합하여 대한예수교장로회(통합) 총회를 만들었고, WCC 반대파는 1951년 독립해 나갔던 고신 교단과 손을 잡고 대한예수교장로회(합동) 총회를 만들었다. (나무위키, 장로회/대한민국/분열사)

다. 결국 통합측 내부에서 1968년 서울노회를 중심으로 WCC 재가입 운동이 시작되고, 1969년 9월 제54회 총회에서 WCC에 재가입함으로써 통합과 합동의 연합 논의는 다시 이루어지지 않게 되었다.[251]

이 교단 분열을 놓고 각 진영의 해석과 원인 분석이 다르다. 선교사들의 간섭과 미국 장로교 인사들의 통합측 지지 등은 한국교회의 자율성과 주체성에 큰 타격을 입혔다는 평가도 있다. 그러나 해외에서 지원된 자금 사용의 불투명성을 지적하자 반성이 아닌 반동으로 교단 분열을 자초했다는 비판도 무시할 수 없다.

양낙흥은 총회가 분열되는 과정에서 NAE 측이 여러 차례 불법적인 일을 저질렀다고 인정하면서도 마지막 교단 분열의 책임은 에큐메니칼 측에 있다고 보았다. 성급한 연동 총회가 교단 분열의 결정적 요인이었다는 것이다.

양 교수는 "적절한 비유가 될지 모르나, 장로교 분열 과정에서 합동측은 처음부터 20점짜리 과오를 계속 5개 범했다면 통합측은 비교적 상식적 룰을 따라 잘해 나가다가 마지막에 100점짜리 과오를 하나 범했다 할 수 있다."[252]고 지적하였다.

객관적으로 볼 때, 에큐메니칼 측은 분개할만 했다. 그러나 이러한 분노 속에서 이들도 중대한, 어쩌면 에큐메니칼 운동의 관점에

---

251. 위키백과 – 대한예수교장로회(https://ko.wikipedia.org/wiki/%EB%8C%80%ED%95%9C%EC%98%88%EC%88%98%EA%B5%90%EC%9E%A5%EB%A1%9C%ED%9A%8C).
252. 양낙흥, 같은 글, 같은 책, 194~195쪽.

서 볼 때는 가장 중대한 실수를 범했다. 교회 일치를 중시하는 에큐메니칼이라는 별명에 어울리지 않게 그들은 단지 총대 숫자라는 자파의 이익과 명분에 사로잡혀, 그리고 NAE 측의 절차상의 비신사성에 흥분하여 그보다 훨씬 더 중요한 명분인 교회 일치를 깨뜨리는 자충수를 먼저 범한다. 그들은 교회 분리를 각오했다. 그날 밤으로 안광국, 한경직, 전필순, 유호준 목사 등 에큐메니칼 측 인사들은 미션교부에서 대절해 준 기차를 타고 서울로 가 연동교회에서 전필순 목사의 사회 하에 자기들끼리 제44회 총회의 속회를 열었다. 그리고는 총회장에 이창규 목사 등 임원을 선출했으며 공석인 교장직에 계일승 박사를 서리로 임명했다. 비극적 교회 분리가 현실화되었고 그것은 그때까지 절차상의 문제들에서는 정당성이 훨씬 많았던 측의 격분에 의해 발생한 분리였다. 결정적 교회 분리에 있어 선수를 친 책임이 있는 자파의 입장을 변명하기 위한 것이겠지만, 통합측 사가들은 전 총회장들이 총회를 정회하고 11월에 속회하기로 결정한 그 시점에서 이미 "총회가 두 쪽으로 나뉜 것이나 마찬가지였다"고 주장한다. 그러나 그것은 속단으로 보인다. 만일 그들이 자신들이 표방하는 중요한 가치인 교회의 연합과 일치를 지키기 위해서, 비록 NAE 측의 미성숙한 억지가 대단히 불합리하고 불미스럽기는 하나 그것조차도 기독교의 근본 교리들을 위협하는 것은 아니라 여기고 조금 더 참았더라면 그처럼 성급하게 그날 밤 당장 서울로 올라가 자신들만의 총회를 엶으로써 한국 장로교회를 결정적으로 두 쪽으로 나누는 과오를 범하지 않았을 것이다.[253]

---

253. 양낙홍, 같은 글, 같은 책, 179~180쪽.

양낙흥인 한국 장로교 분열 과정에서 있었던 미국 선교사들의 잘못과 연동측을 지지하는 논리도 비판하였다.

연동 총회 직후인 10월 7일의 성명서에서 재한 미연합 장로교 선교회는 연동측 총회가 회의 규정을 따른 정상적 모임이었다고 주장했다. (1) NAE 측 총회원들이 불법적으로 총회의 정회를 시도했다. (2) 그래서 전 서기(안광국)가 일어나서 임원 불신임안을 제출했다. (3) 그 안은 회원 과반수의 찬성을 얻었다. (4) 그리고 직전 회장을 통해 회의를 속행하려 했다. (5) 그러나 회의장에서 강제 축출당했다. (6) 부득이 장소를 서울로 옮겼다. (7) 거기서 회원 과반수 출석으로 속회를 열었다. 그러나 이러한 주장에는 객관적인 관측자들이 납득하기 어려운 무수한 난점이 있다. 첫째, 불법적 정회 결정을 에큐메니칼측은 왜 회의장에서 합법적인 방식으로 저지하지 않았는가? 둘째. 비록 정회 결정 과정에 총회가 바로 전날 자신들이 투표로 한 결정-경기 노회 총대 명단을 정기노회의 것이 아니라 임시노회의 것으로 채택한 것을 재론 동의 등의 적법한 절차 없이 번복하는 등, 대단히 무질서하며 후진적이며 저급한 행태들이 있었던 것이 사실이지만 어쨌든 정회 결정이 최종적으로 이루어진 것은 총대들 다수의 동의에 의한 것이 아니었는가? 폭력이나 강압에 의해 그러한 결정에 도달한 것은 아니지 않는가? 만일 정회의 결정 과정에 총회장의 불법적 사회 등 잘못된 순간들이 있었다면 그 과정에서 저지를 시켰어야 하지 않을까? 만일 타이밍을 놓쳤더라면 사후에라도 이의를 제기하고 시정을 요구하는 방식으로 대처했어야 하지 않을까? 그렇게 하지 않고 독자적 총회를 구성하여 그 무질서하고 불명예스러운 집단을 교회에서 배제하는 결정을 한 것이 과연 합당한 선택이었는가? 셋째, 임원 불신임안이라는 중대하고 과격한 안건을 제기하고 통과하는 과정이 너무나 돌발적이고 엉뚱하며 무질서했다. 제안의 중대성에 걸맞는 충분하고도 차분한 사유 설명을 위한 시간도 없었을 뿐 아니라 총회가 그 안건을 채택하는 절차도 없었고 표결 전 토의 과정도 없었다. 그러므로 이것은 불법적인 폭거라는 인상을 준다. 넷째, 그 안에 대해 에큐메니칼 측이 환호를 올리며 화답했다고 하지만 그것이 정확히 회원 과반수 찬성을 얻는 계수 과정이 없었다. 다섯째, 총회장이 불신임당해서 사회를 볼 수 없으면 부회장이 사회를 대신해야지 왜 직전 회장이 나왔는가? 여기서, 사전에 그들 측에 각본이 짜여져 있었다는 의심이 제기될 수 있다. 여섯째, 서울에서 속회를 하기 전 모든 총대들에게 장소 변경과 속회 시간에 대한 광고가 있었는가? 혹 이러한 여러 의문들에 충분히 납득할 만한 대답을 할 수 있으면 연동측 총회가 정통성을 인정받고 그것이 교회 분리의 책임으로부터 자유할 수 있을지 모르지만 그렇게 하는 것은 거의 불가능한 일로 보인다. 한마디로 미연합 장로교 선교회 측의 논리에도 억지와 무리가 많다. 그러므로 그날 밤으로 서울로 가서 연동측 총회를 연 것은 성급하고 경솔한 처사였다. 결과적으로 연동측이 장로교 분열 과정에서 거의 마지막까지 승동측보다 훨씬 적법하고 정당하게 처신했음에도 불구하고 마지막 순간에 교회 분열을 결정적으로 초래한 책임이 있다는 지적을 면키 어렵다.[254]

---

254. 양낙흥, 같은 글, 같은 책, 180~182쪽.

5) 분열에 대한 아쉬움

분열 과정에서 가장 비판받아야 할 점은 '진리를 위한 논쟁'이 아닌 '권력을 위한 결집'이었다는 점이다. 교단 내에서 서로 다른 신학적 견해가 존재하는 것은 자연스러운 일이며, 그런 다양성이 교회의 풍성함을 만들어 낼 수 있다. 그러나 당시에는 이견을 포용하기보다 제거하려 했고, 이 신학적 논쟁은 결국 교권 쟁탈전으로 변질됐다. 교회의 분열은 막을 수 없다 해도, 그 분열이 진리에 기초한 것인지, 아니면 권력에 좌우된 것인지에 따라 교회의 본질이 달라진다.

1959년의 장로교 분열은 아무리 생각해도 이유가 없고 오늘날까지도 아쉬움으로 남아있다. 역사에 만약은 없지만, 가령 그 분열의 이유가 박형룡 교장의 삼천만 환 사건이었다면, 관계자들이 잘못했다고 한마디 하고 잠시 물러서면 될 일이었다. 그렇다고 보수 신학을 대표하는 박형룡의 학자적인 권위나 영향력이 손상되는 것은 아니었기에 그는 더욱 존경을 받고 교단은 화합되었을 것이다.

또한 WCC를 용공이라고 몰아붙이며 교단 분열도 불사한 사람들의 태도도 유감스럽다. 그 사람들이 (지금이 아닌) 창립 초기의 에큐메니칼 운동을 보다 관심 있게 이해했다면, NAE와 WCC 논쟁은 교단 분열의 원인이 될 수 없었다.

용공(容共)은 공산주의를 용인하거나 그 정책에 동조하는 태도나 행위를 뜻하는 말이다. 일부 인사들이 WCC(세계교회협의회)를 용공이라고 공격하였지만, WCC는 교단 분열 불과 9년 전인 1950년 6·25전쟁을 북한의 무력 남침이라고 명백히 규정하며 국제사회에 유엔군 파견을 요청한 단체 중 하나였다. WCC는 남한의 자유와 평화를 지키기 위한 국제적 연대의 필요성을 강조하며, 유엔의 개입을 지지했다. 다음은 '한국감리교회역사'에 있는 기록이다.

> 세계교회협의회는 창립 이후 한국교회와 다양한 관계를 맺어 왔다. 세계교회협의회는 6·25전쟁을 북한의 남침으로 규정하고 국제사회에 유엔군의 파견을 호소하는 성명을 발표하였다. 이 성명은 무장 공격은 잘못된 것이라면서 유엔이 세계질서의 도구로서 이 침략에 맞서서 신속한 결정을 취해 준 것과 모든 회원 국가가 지지하는 경찰 조치를 허가해 준 것을 높이 평가하였다. 전쟁 이후 한국 사회의 큰 이슈는 인권과 민주사회 실현이었다. 이 시기에 열악한 정치 상황과 인권 문제에 대해서 지속적인 관심과 지원에 나선 국제기구는 세계교회협의회였다.[255]

합동측과 통합측의 분열 사건은 단순히 신학적 논쟁이나 정치적 갈등으로 축소할 수 없다. 그것은 교회가 어떤 윤리적 기준 위에 서야 하는지를 묻는 역사적 시험이었고, 그 시험은 아직 끝나지 않았다. 즉 대한예수교장로회의 분열은 아직도 진행 중이다.

대한예수교장로회는 대분열 이후에도 여러 차례 분열되었다. 대표적으로는 1974년 제24회 대한예수교장로회(고신)총회에서 신자 간에 일반 법원에서의 고소가 가능하다고 가결한데서 빚어진 교리의 신학적인 변질과 교회 행정 문제에 항의한 것이 문제가 되어 고신측 총회에서 분리되어 나온 반고소 고려파가 대한예수교장로회(고려)총회를 세워 나간 사건이 있다. 또한 대한예수교장로

---

[255] 이덕주, 서영석, 김흥수(공저), 『한국감리교회역사』(서울, 기독교대한감리회출판국, 2017), 408쪽.

회(합동) 총회에서 1979년에 평안도와 경상도파 대 황해도와 호남파로 교권이 나뉘어 총회신학교를 두고 홍역을 겪은 사건도 주목할 만하다. 예장합동은 이후로 숱한 분열을 거쳐 가장 많은 군소 교단들의 모체가 되었다. 2018년 기준으로 대한예수교장로회라는 이름을 달고 있는 교단은 337개인데, 이들 중에는 자체적으로 대한예수교장로회의 이름을 가져다 붙인 경우도 있다.[256]

그림 29. 대전중앙교회에서 열린 장로교 제44회 총회 광경

---

256. 위키백과 - 대한예수교장로회(같은 인터넷 자료).

31. 교단 분열의 아픔과 이자익 목사의 가치

31-1. 한국교회 최고의 법통, 이자익 목사가 살아있었다면!

이자익 목사는 총회장에서 물러난 후 대전에서 말년을 보내며 고등성경학교를 개교하고 대전 선교부 사역에 헌신했다. 그는 1952년 고신 측의 분열과 1953년 기장 측의 이탈로 인한 교단 분열의 아픔을 멀리서 지켜보았다. 그리고 그가 소천한 지 1년 뒤에는 통합과 합동 총회가 다시 분열되는 일이 벌어졌다. 많은 사람들은 교단이 분열되는 과정에서 이자익 목사의 부재를 크게 아쉬워했다.

김광현 목사는 1959년 합동과 통합 총회가 분열된 역사를 회고하며, 이자익 목사가 살아있었다면 교단 분열은 없었을 것이라는 글을 남겼다.

> 다시 1959년 9월 제44회 총회가 분열될 때 이자익 총회장을 몇 번이고 떠올려 보았다. 그때 살아계셨으면 합동과 통합의 분열은 없었으리라는 생각이 든다. 그분은 비록 체구는 작았지만, 마음만은 참으로 넓었다. 용서와 사랑이 가득 찬 목사였다. 그 당시의 옛 일들과 환경을 생각해 보니 한국교회 역사상 마부 출신이 총회장을

세 번이나 역임한다는 일은 상상도 못할 일이다. 그러나 이자익 목사는 참 목자임을 재발견하게 되었다.[257]

이자익 목사는 한국교회 역사상 최고의 법통이고 원칙주의자였지만, 교단의 화합과 일치를 가장 중요한 가치로 여기며 총회를 이끌었던 지도자였다. 역사학자 민경배[258]는 이자익 목사를 중용의 사람으로 평가하고 있다.

> 장로교의 이자익(李自益) 목사는 현실적인 면과 신비적인 면, 진보적인 것과 보수적인 것, 이 두 차원의 중용(中庸)을 설교하면서 "하나님 앞에서나 사람 앞에서나 가장 적당하도록 중도를 택하여 나아갈 것이다"고 권고하고 있었다.[259]

돌이켜보면, 장로교단의 분열 가운데 기장측의 분열은 신학적 입장 차이에 기인한 측면이 컸다. 자유주의 신학과 보수 신학은 성경을 바라보는 근본적인 접근 방식에서부터 현격한 차이를 보였으며, 이러한 이질적인 신학적 틀 안에서는 교단의 통합이 사실상 불가능했다. 성경을 문서설로 이해하며 창세기를 신화(설화)로 치부하고, 예수의 동정녀 탄생과 육체적 부활에 대해 역사적 사실성보다는 그 상징적 의미를 강조하는 신앙은, 보수적 신앙고백을 고수하는 교단과 하나 되기에는 분명한 한계가 있었다.

---

257. 김수진, 『이자익 이야기』, 같은 책, 6쪽.(김광현 목사 추천사)
258. 교회사학계의 원로 민경배는 연세대학교 명예교수이며, 서울장신대 총장을 역임하였다.
259. 민경배, 『한국기독교회사』(서울, 대한기독교출판사, 1986년[5판]), 331쪽.

그러나 나머지 고신측과 합동측과 통합측이 분열된 이유는 무엇일까? 이들은 모두 칼뱅의 개혁주의 신학 전통을 계승한다고 자처한다. 그리고 웨스트민스터 신앙고백서, 대소요리문답, 성경의 권위를 공유하는 교단들이다. 신앙의 핵심에서 볼 때, 이들은 다르지 않다. 해석의 접근법이나 사역의 방향성에서 차이를 보일 수는 있지만, 그들이 고백하는 하나님, 예수 그리스도의 구속 사역, 성령의 역사에 대한 믿음은 본질적으로 동일하다.

그럼에도 불구하고 분열이 발생한 주된 이유는 당시 노회장과 총회장이 사회를 원활하게 진행하지 못했고, 정치적 중립성을 유지하지 못했으며, 총회법에 대한 이해가 부족했기 때문이다. 특히 1959년 제44회 총회 때의 합동측과 통합측의 분열은 총회장의 무능과 무책임, 그리고 총회법에 대한 무지로 인한 파행의 결과였다고 해도 과언이 아니다.

만약 그해 총회를 이자익 목사가 이끌었더라면 교단은 갈라지지 않았을 것이라는 김광현 목사의 고백은, 지나간 역사의 상처에 대한 아쉬움의 탄식이며, 그 시대의 교계가 공유한 침묵 속의 믿음이었다. 이자익의 원칙과 절제, 그리고 신앙적 양심에 의한 결단은 그러한 위기를 단호히 막아냈을 것이다.

그는 단지 법을 아는 사람이 아니라, 법 안에서 교회의 질서와 화해를 이끌 수 있었던 '영적 사법자'였다. '법대로 하라'는 그의 말은 냉엄한 규칙의 외침이 아니라, 교회 공동체를 하나 되게 하는 신앙의 울타리였고, 교회가 지켜야 할 정의와 공정함, 그리고 신뢰의 언어였다.

이자익 목사는 한국 장로교 역사상 가장 탁월한 법통으로 불리는 인물이다. 그는 장로교 헌법을 직접 기초했을 뿐 아니라 그 전체를 외우고 있었고, 철저히 그 '법대로' 총회를 사회한 유일한 인물이었다. 그에게는 좌로나 우로나 치우치지 않는 중용이 있었고, 정치적 진영 논리나 흥정이 통하지 않았다. 그러면서도 사람을 품을 줄 아는 도량이 있고, 분쟁에서 화합을 도출하는 지혜가 있었다.

통합측과 합동측이 갈라서기 35년 전인 1924년, 이자익 목사는 40대 중반의 나이에 제13회 총회장으로 선출되었다. 총회에 참석하여 그의 사회를 지켜본 남대리 선교사는 이자익을 가리켜 "사회자로서의 하나의 불가사의"라고 놀라움을 표현하였다.[260] 한인수는 이에 더하여 당시 명사회자로서의 이자익 총회장의 모습을 다음과 같이 정리하였다.

> 남대리(L. T. Newland) 선교사는 그를 '사회자로서 하나의 불가사의'(a wonder as a moderator)라고 격찬할 정도였다. 자익은 회의를 이끌어가는 사회자가 갖추어야 할 필수적인 요소들을 모두 구비하고 있었다. 먼저 그는 교회 헌법에 정통했다. 그리고 그는 회의 규칙에 대해 완벽한 지식을 갖추고 있었다. 게다가 그는 문제의 핵심을 명료하게 포착하여 진술하는 탁월한 능력을 보유하고 있었다. 파당적인 색깔을 지닌 회원들의 애매모호하고도 혼란된 발언은 자익의 명쾌한 논리 앞에서는 설 자리를 찾을 수 없었다. 따라서 회무는 처음부터 끝까지 법과 질서에 따라 착착 진행되었다. 함흥총회는 장로교회의 새로운 자랑거리 하나를 만들어 낸 총회로

---

260. 남대리(L.T.Newland) 선교사는 총회를 처음부터 끝까지 참석한 후 개인보고서에서 이에 대해 자세한 기록을 남겨놓았다. (한인수, 『호남교회 형성 인물』, 같은 책, 109쪽.)

많은 사람들의 기억 속에 길이 남게 되었다.[261]

이자익은 제33회에 이어 연속으로 1948년 제34회 총회장에 선출되었다. 그의 나이 70세의 원로로서 마지막으로 총회장직을 수행한 것이었다. 당시 나이로 보나, 법통으로서의 헌법 지식으로 보나, 사람을 대하는 인품으로 보나, 모두가 존경하고 고개를 숙이는 한국교회 어른이고 총회의 자랑이었다.

총회장에서 물러난 이후에도 이자익 목사의 대전 사택에는 교계 지도자들의 발길이 끊이지 않았다. 이들은 복잡한 교계 현안을 논의하며 그의 지혜를 구했고, 그 가운데에는 1959년 제44회 총회 분열의 핵심 인물이었던 대전중앙교회 양화석 목사도 포함되어 있었다. 양화석은 NAE 측에 속했지만, 이자익을 아버지처럼 존경했고, 이자익 역시 그를 신뢰하여 제2대 대전신학교 교장직을 맡겼던 사이였다. 또한, 제44회 총회 말미에 회의장을 혼란에 빠뜨렸던 에큐메니칼 측의 안광국 목사 역시 이자익 목사의 사택을 드나들며 조언을 구했던 인물이었다.

말년의 이자익 목사 부부를 3년 동안 모셨던 진남숙[262]이 남긴 손편지 형식의 회고 글에 보면, 1955년경으로 추정되는 시기에, 이자익 목사의 사택을 찾아와 현안을 의논하였던 교계 지도자들의 이름이 기록되어 있어 눈길을 끈다.

회고해 보면 제가 철이 없어서 잘 몰랐지만, 양화석 목사님이나 안

---

261. 한인수, 『호남교회 형성 인물』, 같은 책, 109쪽.
262. 진남숙은 대전고등성경학교 제5회 졸업생으로 노령의 이자익 부부를 모시고 1955년부터 3년간 대전에서의 마지막 삶을 함께한 제자이다.

광국 목사님, 김만제 목사님, 백락봉 목사님, 문창교회 양[양치관] 목사님, 동부교회 방병덕 목사님, 최희덕 목사님, 그리고 여러 선교사님들이 자주 찾아오셔서 교회의 어려운 문제들과 성경학교에 대해서 의논하시는 것을 자주 봤습니다. 그때 제 짧은 생각엔 대전제일교회 하면 그때 당시 서울 밑에선 제일 큰 교회 목사님이셨고, 백낙봉 목사님도 노회장이셨고, 다른 목사님들도 모두 훌륭하신 목사님들이셨는데, 왜 어려움이 있을 때마다 다 늙으신 목사님을 찾아와 저렇게 의논하실까 많이 궁금했었는데 [...][263]

그런 이자익 목사가 1959년 팔순의 노구에도 살아서 총회장으로 제44회 총회를 인도하는 장면을 상상해 보라! 상상만으로도 우리의 가슴이 뿌듯해지고 은혜가 넘치고 평화가 찾아올 것이다. 교단 분열의 책임이 있었던 양화석 목사와 안광국 목사를 비롯한 모든 인사들이, 계파를 초월하여 그의 권위에서 나오는 위엄과 헌법적 지식에서 나오는 공정한 상식 앞에 복종하므로, 총회는 은혜롭게 모든 난제를 극복했을 것이다. 장로교는 더 이상 분열되지 않았을 것이고, '통합'과 '합동'이라는 같은 의미의 다른 단어가 서로를 향해 대립하는 비극은 일어나지 않았을 것이다.

그의 존재감 앞에 분열과 갈등의 파도가 물러가고 잔잔한 바다와 같은 평화가 찾아왔을 제44회 총회를 생각하면서, 우리는 오늘도 이자익 목사를 그리워한다. 그의 존재는 단지 한 사람의 기억이 아니라, 우리가 잃어버린 리더십의 표상이며, 교회가 다시 회복하길 바라는 영적 기준점이다.

---

263. 진남숙 사모의 편지 형식의 증언 중에서 발췌.(2008년 10월 9일).

'총회장 이자익!' 그의 이름은 곧 그리움이다. 한국교회가 잃어버린 공정과 상식, 그리고 공의와 사랑을 아우르는 신앙적 품격의 상징이기 때문이다.

31-2. 역사 속에 묻힌 이자익 목사의 가치

이자익 목사는 세 번이나 총회장에 선출되었고, 전남노회장, 경남노회장, 대전노회장 등 삼남 지역에서 모두 다섯 번이나 노회장이 되어 한국교회를 바르게 이끌었다. 이는 140년 한국 기독교 역사에서 그 누구도 이루지 못한 전무후무한 기록이며, 오직 이자익 목사이기에 가능했던 고유한 전설이자 신화였다.

참으로 유감스러운 것은 이러한 이자익 목사의 업적과 가치가 역사 속에 묻혀 빙산의 일각처럼 조금만 알려져 있다는 것이다. 왜냐하면 그가 평생을 농촌 목회자로 살았기 때문이다. 이자익 목사는 김제 금산교회를 시작으로 원평교회 등 전북의 농촌교회를 목회하다가 1924년 제13회 총회장이 되었다. 그러나 그는 다시 1925년 호주 장로교 선교회의 요청으로 거창지부를 맡아 11년간 농촌교회 순회 목회자로 지냈다. 그는 70이 다된 나이에 제33~34회(1947~1948년) 총회장에 연속으로 선출되었는데, 그 후 대전에서 대전신학교를 세우고 김제에서 소천하였다.

인물은 후대가 기념해서 세우지 않으면 묻혀버리고 만다. 이자익을 인물로 기념하여 세울만한 교회가 없었다. 다행히 말년에 대전신학교를 세웠기에 그나마 이자익 목사는 역사 속에서 뒤늦게 살아날 수 있었다. 그러나 학교가 미약하여 초대 교장인 이자익을 알아주는 사람이 없었고, 근 50년의 세월 동안 그의 이름은 사람들의 기억 밖에 있었다.

박형룡은 합동측과 총신대학교가 정통 장로교 신학의 정점에 세운 인물이다. 김재준은 기장측과 한신대학교가 창립자이자 자유주의 신학의 토대를 마련한 지도자로 기념하고 있다. 한상동은 고신측과 고신대학교가 창립의 원조로 존경하며 떠받들고 있고, 한경직은 영락교회와 통합측 장로회신학대학교가 한국교회를 대표하는 목회자요 통합 신학의 상징으로 세웠다. 이들은 모두 교단의 분열과 재편 과정에서 새로운 교단의 기반을 다진 인물로서, 각 교단을 대표하는 창립의 영웅들이었다.

그러나 이들 모두의 정신적 지주이자 존경의 대상이었던 이자익은 아무 교단이나 학교나 교회도 기념해 주지 않았다. 장로교 역사를 다루는 교회사학자들조차도 박형룡, 김재준, 한상동, 한경직의 이름 사이에 묻혀 있는 이자익을 발견하지 못했다.

1879년생 이자익은 박형룡보다 18세, 김재준과 한상동 보다 22세, 한경직보다 23세 연상이었다. 그만큼 그는 그 시대를 대표하는 신학자들과 목회자들보다 훨씬 앞선 연배의 어른이었으며, 가히 한국 장로교의 형성과 분열의 격동기를 살아낸 교계의 원로로서, 당대를 주도하던 인물들이 진심으로 존경하던 정신적 지주였다.

이자익은 교단이 없다. 그가 총회를 이끌고 있을 때는 장로교가 하나였기 때문이다. 이자익은 교회도 없다. 그는 농촌교회를 두루 돌며 목회했기 때문이다. 이자익은 학교도 없다. 대전에서 야간 신학교를 세웠으나 1년도 못 되어 은퇴하고, 낙향하여 소천했기 때문이다.

난세가 영웅을 만든다는 말이 사실이라면, 이자익은 교단 분열이라는 난세를 겪지 않았기에 영웅으로 기억되지 못했는지도 모른다. 그가 한 일이라면 기장측이 분리될 때 보수측 교회를 보호하기 위하여 충남노회에서 대전노회를 분리 창립한 것밖에 없다. 그는 분열의 중심에 서는 대신, 조용히 질서를 붙들었고, 교단이 흩어지지 않도록 가장 아픈 자리를 지키며 침묵으로 섬겼다. 어쩌면 그는 화려한 영웅의 자리를 포기하고 깊은 헌신으로 그늘진 곳에서 혼란한 교회를 가슴에 품었던 숨은 영웅이었다.

박형룡, 김재준, 한상동, 한경직이 한국교회 역사의 흐름을 주도한 '아버지'의 이미지로 기억된다면, 이자익 목사는 그 모두를 품어 안으며 사랑과 화해의 길을 모색한 '어머니'의 이미지이다. 분열과 대립의 한가운데서 강하게 나아간 이들이 교단을 세웠다면, 이자익 목사는 갈라서려는 교회 공동체를 온몸으로 껴안고 지키려 했던 따뜻한 품이자 사랑의 화신이었다.

이제 한국교회는 장로교를 하나로 지키며 교단을 이끌었던 이자익 목사의 진정한 가치를 온전히 인정해야 할 때다. 『대한예수교장로회100년사』[264]에는 총 640쪽에 이르는 방대한 분량에도 불구하고, 이자익 목사를 단 한 차례만 짧게 언급하고 있다. 한국 교회사나 장로교 역사 관련 서적들에서도 그의 이름은 겨우 한두 번 등장하거나, 극히 단순한 방식으로 취급되었다. 이는 그가 남긴 리더십과 헌신, 그리고 교단의 질서를 지키기 위해 몸을 던졌던 숭고한 사역을 외면한 처사이며, 한국교회가 반드시 바로잡아야 할 역사적 왜곡이다.

---

264. 『대한예수교장로회100년사』, 대한예수교장로회총회 편(서울, 한국장로교출판사, 1984).

32. 이자익 목사의 대전에서의 마지막 사역은 무엇이었나?

32-1. 충남고등성경학교 개교

1945년 일제강점기의 종식과 함께 해방을 맞이하자, 그동안 추방되었던 선교사들이 한국으로 다시 귀국하기 시작했다. 1947년에는 미국 남장로교 선교부가 재건되었는데, 이 선교부는 전라북도와 전라남도의 여러 지역에 지회를 복원하였다. 또한 교통의 중심지이자 전략적 요충지인 충남 대전에도 선교부 지회 설립의 필요성을 인식하고, 이에 따라 본격적인 설립 작업에 착수하게 되었는데, 책임자로 보이열(Elmer T. Boyer)과 인돈(William Alderman Linton) 선교사가 대전에 파송되었다. 그리고 당시 총회장이며 한국교회 최고 지도자로 인정받는 이자익 목사를 동역자로 초청하였다.

이자익 목사가 마지막 총회장이었던 제34회(1948년) 총회에서는 "대전에 선교사 주재를 청원하기로 하고 차 교섭을 선교협의회에 일임하기로 하다."[265]라는 결의가 있었다. 이 결의에 따라 이자익 목사는 대전의 고등성경학교 개교를 위해 1950년 3월 7일 제43회 전북

265.「조선예수교장로회총회 제34회 회의록」(1948), 22쪽.

노회에서 충남노회로의 이명 청원을 허락받았고, 전북노회는 그를 공로목사로 추대하여 그동안의 노고를 치하하였다. 이자익 목사는 1950년 71세의 고령에도 불구하고 대전 지역의 선교를 위한 새로운 사역의 길에 들어선 것이다.

이자익 목사는 선교사 사택인 대전시 삼성동 387번지의 일본인 적산가옥으로 이사하여[266] 보이열 선교사와 함께 학교 개교를 위한 준비 작업에 들어갔다.[267] 드디어 1950년 4월 6일 삼성동 선교사 자택에서 40명의 학생과 함께 충남고등성경학교[268]가 개교하였다. 교장에 보이열 선교사, 부교장에 이자익 목사가 임명되었는데, 보이열 선교사가 여수 애양원 원장으로 있었기에 실질적인 학사 책임은 이자익 목사가 담당하였다.

1950년 3월 14일부터 대전제일교회에서 개최된 제6회 충남노회에는 목사 16명과 장로 24명 등 모두 40명이 모여 남장로교 선교부의 대전 지부 개설과 고등성경학교 설립을 결의하였다. 그리고 보이열 교장과 이자익 부교장의 선임을 승인하였다. 당시 보이열 선교사의 충남고등성경학교 관련 보고는 다음과 같다.

> 남장로교 선교사 보이열(保伊悅) 목사가 선교사업에 대한 보고를 하니 아래와 같이 받고 협조위원 3명을 선정하니 공천부에 일임키로 하다.

---

266. 김수진, 『이자익 이야기』, 같은 책, 177쪽 참조.
267. 1948년 제34회 총회록에는 이자익 목사의 주소가 "대전부 삼성동 387"번지로 되어 있어서 총회 전에 대전으로 이주한 것이 확인된다.(『조선예수교장로회총회 제34회 회의록』(1948), 25쪽.)
268. 이 학교는 1952년 대전노회가 충남노회에서 분립한 후에는 '대전고등성경학교'에 흡수 통합되었다. 개교 당시 이자익 목사도 학교 한구석에 방을 얻어 거주하였다.

1. 본 미슌회[269]에서는 대전 선교사업을 시작하기로 작정하고 진행하는데 선착으로 고등성경학교를 시작하기로 하고 본 미슌회가 노회 연락 위원으로 보이열 선교사를 정하였나이다.
2. 본 미슌회에서 고등성경학교 교장을 보이열 목사로 정하고 이자익 목사를 부교장으로 시내 교역자들을 교섭하여 교사로 돕는 일을 정하였나이다.
3. 오정리에 매입한 토지를 성경 학생들로 노동을 하여 학비로 돕고 기숙사를 준비하여 추기부터 김장과 장을 담아서 학생의 편의와 학비를 돕고자 하오니 유망한 학생들을 많이 보내 주시기를 바랍니다.[270]

이 결의에 의해 1950년 4월 5일 드디어 충남고등성경학교가 개교하였는데, 학생 50명에 교수진은 보이열, 이자익, 김만제, 오진문, 양화석, 민영호였다.

학교가 막 문을 열고 시작한 지 두 달여 만에 6·25전쟁이 발발하였다. 학업은 중단되고 사람들은 피난을 가야 했기에, 학교는 잠정 폐쇄되었다. 학교는 1년이 지난 1951년 9월 2일 같은 장소인 이자익 목사 자택에서 학생 22명과 함께 다시 문을 열 수 있었다. 그 후 현 한남대학교 여자기숙사 자리인 최복락 장로(오정교회)의 사랑방으로 옮겨 수업을 계속했다.[271] 당시의 열악한 학교 상황을 이자익 목사는 다음과 같이 설명하고 있다.

---

269. 미슌회의 미슌은 미션(mission) 즉 선교를 의미하며, 미슌회는 남장로교 선교회를 말한다.
270. 『대전노회35년사』, 대전노회역사편찬위원회(대전, 대전노회, 1986년), 120쪽.
271. 『대전노회35년사』, 같은 책, 110쪽.

고등성경학교를 시작하였는데 교장은 보이열 목사요 선생은 교제(教弟)[272]와 안광국 목사인데 학생은 22명이고 학교도 아직 없고 책상, 풍금, 태이블 하나도 없습니다.[273]

이자익 목사는 고등성경학교에서 성경과 요리문답, 그리고 교회정치를 가르쳤다. 그의 강의 방법은 암기 위주였는데, 요리문답 시간에도 학생들에게도 외운 문항 중 하나를 발표하게 하였다. 또한 자신이 목회나 노회, 총회에서 경험한 것을 말해주므로 실질적이고 체험적인 교육이 이루어졌다.[274]

32-2. 6·25전쟁 발발과 피난 생활

전쟁 중에 이자익 목사는 어디에서 피난 생활을 했을까? 자부 김양호와 손자 이규석의 증언으로는 친척인 해광 스님이 있는 완주 송광사로 피신하였다고 한다. 그런데 한인수는 그의 책에서 3남 이성환이 있는 마을(김제)에 있었다고 적었다.[275] 대전에서 가까운 순서대로 생각한다면, 먼저 송광사에 피신하였다가 이성환[276]의 집으로 가서 지낸 것으로 보인다.

---

272. 이자익 목사를 가리키는 말이다.
273. 한인수, 『호남교회 형성 인물』, 같은 책, 121쪽.
274. 한인수, 『호남교회 형성 인물』, 같은 책, 121쪽.
275. 한인수, 『호남교회 형성 인물』, 같은 책, 120쪽.
276. 3남 이성환은 대구 계성고보를 졸업하고 형이 운영하는 대전의 자애의원 제약부에서 근무하다가 고향 원평으로 돌아와 약방을 경영하였다. 1956년부터 6년간 원평 면장을 지냈고, 그 후 금평수리조합장을 7년간 역임하였다. 그 지역에서는 사회적으로 발이 넓고 인간관계가 원만한 사람이었다.

김수진에 의하면 이자익 목사 부부가 대전에서 병원을 하고 있던 차남 이봉호[277]의 권유로 완주 송광사로 먼저 피신하였다가 공산당에 체포 구금되었고, 그 후 김제에서 약방을 하던 3남 이성환의 노력으로 풀려난 후에는 김제 이성환 집에 머무르며 지냈다고 한다.[278] '대전신학대학교50년사'에는 "공산군들은 이자익 목사를 체포해 가서 전주 내무서에 며칠간 구금했다가 풀어주었지만, 그는 내무서에서 갖은 곤욕을 당하였다."[279]라는 기록이 있다.

한인수는 이자익 목사가 전쟁 중에 겪은 고초를 다음과 같이 적고 있다.

> 사변 중 자익은 매우 어려운 고초를 겪어야만 했다. 공산당에게 끌려가 모진 고통을 당했음은 물론 구사일생으로 살아난 후에도 한동안 여러 사람에게 피해를 입혀 가며 숨어 살지 않으면 안 되었다. 삼남(三男) 성환이 마을 사람들에게 인심을 잃지 않아 그의 집에 은거하며 9·28 수복을 맞이할 수 있어서 다행한 일이었다.[280]

---

277. 차남 이봉호는 연희전문학교 문과를 졸업하고 세브란스 의학전문학교에 진학하여 의사가 되었고, 금산에서 동인의원을 개업하여 잠시 있다가, 대전에서 자애의원(慈愛醫院)을 개업하여 크게 성공하였다. 6·25전쟁 중 병원이 불타고 재산을 잃은 후에는 서울로 가서 의료생활을 하며 어렵게 지냈다. 1959년경 농촌위생 연구소 화호중앙병원(전북 정읍군 신태인읍 화호리) 부원장, 군산시 개정면 개정병원장, 전주성모병원 원장을 거쳐 전주에서 이봉호 의원 개업하였다. 그리고 1967년부터 여수 호남정유 의무실장으로 근무하다가 1975년 소천하였다. 그는 세브란스 의학전문학교 축구 선수이기도 했는데, 영어에 능통하였으므로 제15회 헬싱키 올림픽에 의료진으로 참가하였다.
278. 김수진,『이자익 이야기』, 같은 책, 182~185쪽 참조.
279.『대전신학대학교 50년사』(대전신학대학교, 서울, 한국장로교출판사, 2004), 125쪽.
280. 한인수,『호남교회 형성 인물』, 같은 책, 120쪽.

이어서 한인수는 이자익 목사가 이눌서 선교사 부인에게 보낸 편지(1951.11.10.)를 인용하며, 전쟁 중에 그가 공산당에게 잡혀서 옥에 갇혔다가 풀려나고, 자식들이 죽고 재산의 피해가 있었다고 하였다.

> 교제[저]는 작년에 공산당에게 잡혀서 옥에까지 들어갔다가 살아났습니다. 살기는 하였으나 옷과 세간은 다 도적맞고 아들의 병원[281]은 폭격으로 불타버리고 딸의 집도 불타고 셋째 자부와 둘째 딸은 죽고[282] 퍽 괴롭게 지냅니다.[283]

32-3. 대전노회 초대 노회장, 오정교회 초대 당회장

앞서 언급했듯이, 이자익 목사는 총회장에서 물러난 후 교계의 원로로 지내면서 장로교단 분열이라는 아픔을 겪었다. 1952년 고신측에 이어, 1953년 김재준을 중심으로 한 기장측이 분열된 것이다. 이자익 목사는 1948년 제34회 총회장 시절 김재준 목사를 감싸고 교단을 지키려고 안간힘을 썼다. 그러나 해를 거듭하면서 문제는 봉합되지 못하고 갈등이 증폭되었고 교단 분열은 점점 시간문제로 다가왔다.

이자익 목사는 이를 직감하고 노회 분립을 계획하였다. 그의 주도하에 1952년 3월 11일 제8회 충남노회가 장항교회에서 모였을 때, 노회 분립 연구 위원을 정하였다. 위원장에 양화석 목사가 선정되었고, 위원은 노승익, 임일준, 오진문, 김만제, 조윤동이었다. 신설 노회

---

281. 의사였던 차남 이봉호가 개업한 대전 자애의원을 의미한다.
282. 여기서 딸은 장녀 이희순이고, 셋째 자부는 이성환의 첫 부인이다. 현재 김제에 생존한 자부는 이성환의 재혼한 부인이다. 둘째 딸은 이보은을 말한다.
283. 이자익 목사가 이눌서 선교사에게 보낸 편지(사모 강학빈 대필); 한인수, 『호남교회 형성 인물』, 같은 책, 120~121쪽.

이름은 대전노회로 하였는데, 대전, 대덕, 연기, 논산, 공주 지역을 포함하였다. 대전노회 분립 청원은 1952년 4월 29일 대구서문교회당에서 열린 제37회 총회(총회장 김재석)에서 승인되었다.[284] 다음은 제37회 총회록의 기록이다.

> 충남노회장 정규태 씨의 청원한 노회 분립의 건은 허락하심이 가하오며
>
> 1. 명칭: 대전노회
> 2. 지역: 대전시, 연기군, 공주군, 논산군, 대덕군 일원
> 3. 조직책임자: 이자익 목사
> 4. 재정은 반분씩
> 5. 문부[文簿: 행정문서와 서류]는 충남노회에
> 6. 조직, 시일, 장소는 조직책임자에게 일임키로
> 7. 교세: 교회 20처, 당회 8, 목사 7인, 교인수 700명[285]

총회 결의 후, 1952년 5월 20일, 대전제일교회에서는 충남노회에서 분립된 대전노회의 창립 노회가 이자익 목사의 사회로 소집되었다. 다음은 '대전노회 50년사'의 기록이다.

> 1952년 3월 11일 제8회 충남노회가 장항교회에서 회집되었고 대전노회 분립연구원을 선정하니 위원장 양화석, 서기 노승익, 위원 임일준, 오진문, 김만제, 조원동[조윤동][286] 제씨였으며 노회 명칭은

---

284. 『대전신학대학교 50년사』, 같은 책, 108쪽 참조.
285. 제37회 「총회록」,(1952) 164쪽.
286. '대전노회 50년사'의 이름 중 조원동은 조윤동의 잘못된 기록이다.

'대전노회'로하고 분립 지역은 대전, 대덕, 연기. 논산, 공주 지역으로 정했으며 1952년 제37회 대구 총회에서 허락을 받아 1952년 5월 20일 대전 제일교회당에서 소집장 이자익 목사의 사회로 회집하여 초대노회장 이자익, 부회장 양화석, 서기 계창봉, 부서기 김만제, 회계 오진문, 부회계 정규환[정길환][287]을 선출하였다. 당시 교회 20개 처, 당회 8, 목사 7, 교인수 700여 명이었다. 노회 조직 당시 교회는 대전제일, 초치원[조치원],[288] 대전중앙, 삼성, 인동, 천근, 공주, 내관, 신도안, 득윤리,[289] 논산중앙, 강경. 대전서부(현, 충신), 회덕, 가오리(현, 신흥), 탄동 외 기도처 수 개였다.[290]

제1회 대전노회 회의록에 따르면, 1952년 5월 20일 오후 7시 30분에 대전제일교회에서 창립노회가 소집되었으며, 이날 참석한 총대는 목사 8인(이자익, 양화석, 김만제, 강신충, 계창봉, 김호연, 이은석, 이재화)과 장로 8인(정길환, 오진문, 민영호, 최세현, 홍순행, 이근석, 안흥진, 김상호)이었다.[291] 소집장 이자익 목사는 대전에 장로교회가 설립된 지 11년 만에 본 노회가 조직된 것을 공포하였다.[292] 이날 예배는

---

287. 정규환은 정길환(鄭吉煥)의 오기이다.
288. 초치원은 조치원의 오기이다.
289. 득윤리(得尹里) 교회는 충청남도 논산시 광석면 득윤리에 있다.
290. 『대전노회50년사』, 대전노회50년사편찬위원회, 대전, 2002, 116쪽.
291. 『대전신학대학교50년사』(같은 책, 108쪽)에는 목사 총대에 백응수와 김영생이 추가되어 10명으로 기록되어 있다.(김영생은 김영상으로 오기되어 있다.) 이는 제1회 대전노회에서 이명을 허락받은 제주노회 백응수 목사와 황해노회 김영생 목사를 참석자 명단에 포함시킨 것이다.
292. 「대전노회록 제1회~제30회」 1권, 제1회 대전노회회록, 대전노회·대전서노회 노회록출판위원회(미간행 비매품, 1992), 9쪽 참조.

다음과 같은 순서로 진행되었다.

> 소집장 이자익 목사의 사회로 찬송가 제 18장을 합창한 후 양화석 목사 기도하고, 강신충 목사로 성경 여호수아 1장 1절로 9절까지 봉독케 한 후 '지극히 강하고 담대하라'는 문제(問題)로 설교하고 김만제 목사 기도로 개회 예배를 필하다.[293]

예배 후 임원 선거에서 이자익 목사는 초대 노회장으로 선출되어 새로운 노회의 초석을 놓았다. 이로써 이자익 목사는 세 번의 총회장뿐만 아니라, 전북노회장(1919~21년. 1947년), 경남노회장(1927~28년)에 이어 대전노회장(1952년)까지 삼남 지역에서 노회장을 모두 5차례 역임하는 진기록을 세웠다.

이자익 목사가 대전노회를 분립한 이유는 두 가지로 정리할 수 있다. 우선 전쟁 이후 이북에서 월남한 교인들이 많아지고 대전 지역에 교회들이 늘어나자, 거리상의 이유를 들어 충남노회와 분립을 한 것이다. 또 한 가지는 김재준 목사의 사건으로 총회가 분열되려고 할 때 충남노회 대다수의 교회가 자유주의 노선에 선 김재준을 지지하는 것을 보고, 대전 지역 교회의 교단 이탈을 막고 보수 신앙의 울타리 안에 보호하기 위함이었다.

대전노회의 분립 이유로는 충청남도 전역을 한 노회로 했기 때문에 거리상 불편함이 많은 것이 분립하게 된 원인이라고 할 수 있다. 뿐만 아니라 38선 이북에 공산주의가 세력을 잡고 교회와 성

---

293. 「대전노회록 제1회~제30회」, 같은 책, 9쪽.

도들을 핍박하기 시작하자 월남하는 신도와 교역자들이 있었고, 1·4 후퇴로 무수한 신도들과 목사와 장로들이 월남하여 도처에 있었다. 그렇게 되니 대전 지역의 교세가 노회를 운영할 만한 힘이 생기게 된 것이다. 또한 저변에 있었던 이유로는 제37회 총회에서 신학 사상 문제로 김재준의 징계 결의가 되자 충남노회의 절대 다수 회원과 교회가 김재준 노선을 지지할 위기에 있었기 때문에 당시 정통보수의 노선에 굳게 선 이자익, 양화석 등은 대전 지역의 신생교회를 분리시켜 소위 자유주의 신학의 영향 밖으로 모아 안정시키는 데 기여한 것으로 볼 수 있다.[294]

이자익 목사는 최복락 장로에 의해 시작된 오정교회를 1년 정도 목회하였다. '오정교회 50년사'에는 이자익 목사가 1953년 10월에 취임하여 1954년 8월에 사임한 초대 당회장으로 기록되어 있다.

1952년 12월 9일 대전중앙교회에서 제2회 대전노회가 열렸는데 노회장으로 임사부장을 겸하고 있던 이자익 목사는 오정교회 신설립을 청원하여 허락을 받았으며 교회의 당회장은 중부 시찰에 일임키로 했다. 그런데 그때 중부 시찰장도 이자익 목사였다. 드디어 오정교회는 노회의 승인을 받고 1953년 10월 이자익 목사를 초대 오정교회의 당회장으로 모시게 된 것이다.[295]

오정교회 마당에는 이자익 목사가 기증한 것으로 알려진 교회 종이 전시되어 있다. 이후 이자익 목사가 교회를 맡은 적은 없다.

---

294. 『대전신학대학교50년사』, 같은 책, 108~109쪽 참조.
295. 『오정교회50년사』, 오정교회역사편찬위원회(대전, 오정교회, 2003), 63쪽.

32-4. 대전고등성경학교와 대전성서신학원

대전노회가 설립된 후 대전고등성경학교가 개교하였는데, 충남고등성경학교는 대전고등성경학교와 양립할 수 없어서 흡수 통합되었고, 성경학교 운영은 대전노회가 직영하도록 하였다. 선교사의 손에서 노회로 운영권이 넘어간 것이다.

> 대전시 도당회장 양화석 씨의 청원한 대전성경학교 경영은 대전노회가 인수하여 주심이 가한 줄 아오며[296]

그러나 재정에 대한 어려움이 있어서 미국 남장로교 대표 김기수 선교사[297]와 노회 교섭위원(김만제, 이자익, 백인숙)들이 회의를 열고 경영에 지혜를 모았고, 남장로교로부터 재정 지원을 끌어냈다.

대전고등성경학교는 그 후 현 계룡공고 앞에 위치한 동부교회에서 공부를 계속하다가 오정리에 부지를 매입하고 건물을 지어 교사로 사용했다. 1955년 6월 7일, 인동교회에서 열린 제7회 대전노회 보고서에는 1956년도 예산 중 학교 건축비(2,500달러)와 인건비(800달러)를 미국 남장로교로부터 지원받은 사실이 기록되어 있다.

> 대전고등성경학교 이사장 김기수 선교사는 현 교사를 205만 원에 매도하고 오정리에 선교부 재단 임야 4천 평을 허락받아 청원한 350만 원에 운영하려 함에는 회장이 임명한 특별위원 이태석, 이

---

296. 「대전노회록 제1회~제30회」, 제5회 대전노회록, 같은 책, 66쪽.
297. 김기수(Keith Renn Crim, 1924~2000) 선교사는 미국 남장로교 선교사로, 1950년대~1960년대 초반에 대전 지역에서 선교 활동을 펼친 인물이다.

인규, 김형준, 김만제, 오경신 5명과 성경학교 이사와 협의하여 처리하기로 하였다. 이 땅이 바로 오늘날 대전신학교 부지가 된 것이고, 이 부지는 1948년에 대전에 교육 선교를 위하여 남장로교에서 구입한 일부분이다.[298]

대전고등성경학교는 나중에 대전성서학원으로 교명을 변경하였고, 평신도 성경 교육기관으로서의 역할을 감당했다.

1962년 4월 3일 대전제일교회에서 모인 제20회 노회에서는 해방 이후 전국적으로 사용하던 '고등성경학교'라는 명칭을 전국고등성경학교 교장협의에 따라 '성서학원'으로 개칭할 것을 골자로 하는 이사회의 보고를 채택함으로 '대전성서학원'이 되었다.[299]

32-5. 대전신학교 설립

1954년 8월 20일, 75세의 이자익 목사는 총회 야간신학교로 개교한 대전신학교의 초대 교장으로 임명되었다. 대전신학교(현 대전신학대학교)는 같은 해 5월 6일, 총회정책협의회의 결의에 따라 복음적 보수진영 강화를 목적으로 설립되었으며, 총회신학교 내에 야간부, 여자부, 대학원을 설치하기로 한 결정의 일환이었다.

대전신학교는 총회신학교의 야간신학교 대전 분교로 시작되었다. 대전이 이렇게 다른 지역보다 일찍 학교를 개교할 수 있었던 이유는

---

298. 『대전신학대학교50년사』, 같은 책, 116쪽.
299. 『대전신학대학교50년사』, 같은 책, 116쪽.

이자익 목사를 비롯한 한국 목사들이 움직였기 때문이었다.

> 이러한 시대적인 상황 속에서 총회의 정책에 따라 대전에 야간신학교 분교를 전국에서 제일 먼저 발빠르게 추진할 수 있었던 이유는, 첫째 당시 각 노회의 상황이 선교사들의 영향을 많이 받고 있었지만, 대전노회는 선교사들의 영향권 밖이었고, 둘째 대전이 지역적으로 한국 사회의 중심 도시가 되리라는 유리한 입지 조건과, 셋째 총회장을 역임한 이자익 목사나 총회적으로 많은 활동을 하던 대전중앙교회 양화석 목사와 같은 인물과 후에 대전신학교에 직·간접적으로 영향을 주었던 김만제 목사와 같은 분들이 있었기 때문이다.[300]

1954년 6월 8일 오후 2시, 제5회 대전노회 정기노회가 천안읍중앙교회당에서 목사 12명과 장로 10명이 참석한 가운데 개최되었다. 당시 노회장은 양화석(楊華錫) 목사였으며, 서기는 양성은(梁聖殷) 목사가 맡았다. 이 회의에서 노회는 다음과 같은 결정을 내렸다.

> 공천부장 김만제 씨의 신학교 추진위원 선정 보고는 여좌(如左)히 받기로 가결하다. 이자익, 양화석, 백응수, 정기환, 김만제, 임한상, 백인숙.[301]

이렇게 노회는 공천부장 김만제 목사가 보고한 대로 신학교 설립 위원 7인을 허락했다. 그리고 이들은 대전신학교 초대 이사가 되

---

300. 『대전신학대학교50년사』, 같은 책, 118쪽.
301. 「대전노회록 제1회~제30회」, 제5회 대전노회록, 같은 책, 67쪽.

었다.[302]

　드디어 대전신학교는 1954년 8월 25일 대전중앙교회 교육관에서 개교식과 입학식을 겸한 기념 예배를 드림으로 그 역사를 시작하였다. 이날 설교는 총회신학교 교장 박형룡 목사가 하였다. 비록 임대 건물에서 첫발을 내디뎠지만, 대전중앙교회 교육관에 모인 이들의 눈빛은 기대감과 설렘으로 가득 찼다.

　그날 드려진 개교식과 입학식은 단순한 행사 그 이상이었다. 오늘이 있기까지 한 사람의 깊은 결단과 헌신이 자리하고 있었기 때문이다. 바로 이자익 목사, 75세의 나이에도 신학교육의 불씨를 살리기 위해 온몸을 던진 영적 지도자가 세운 학교였기에 남다른 의미가 있었다.

　이자익 목사는 열악한 환경 속에서도 총회 야간 신학교로 대전신학교를 개교하고 초대 교장직을 맡았다. 이는 단순한 직책 수락이 아니라, 복음주의 신학을 지키고 보수 신앙을 확산시키려는 그의 깊은 믿음의 결단이었다. 그가 중심이 된 대전신학교의 시작은 분교 이상의 중요한 의미를 지닌 출발이었다. 그날의 예배가 남긴 울림은 오늘날까지도 이자익이라는 이름을 추억하는 이들의 가슴 속에서 살아 숨 쉬고 있다.

　대전신학교 이자익 교장은 같은 해 12월 7일 대전제일교회당에서 모인 제6회 대전노회에서 '야간 신학교로 개교한 것과 학생이 75명인 것'을 보고하였다.[303] 이 노회에 이사장 양화석 목사가 보고한 대전신학교 상황은 다음과 같다.

---

302. 『대전신학대학교50년사』, 같은 책, 119쪽.
303. 학생 수가 노회록과 다른 것은 추가 모집을 통해 채웠기 때문으로 생각된다.(『대전신학대학교50년사』, 같은 책, 119쪽 참조).

신학교, 이사장 양화석 목사의 보고는 여좌히 접수하기로 하다.
 1. 직원조직
    교장: 이자익
    교무처장: 양성은, 사무처장: 김만제
    강사: 정기환, 이자익, 양화석, 백낙봉, 양성은, 김만제, 김영생
 2. 개교일시: 1954년 8월 25일
 3. 방학 예정일: 1954년 12월 10일
 4. 학생수: 본과 35명, 별과 40명, 계 75명
 5. 교수과목: 창세기, 공관복음, 기독교사, 조직신학, 요리문답, 신약개론, 음악, 개인전도, 철학, 영어, 사회생활.[304]

대전신학교의 초창기 교육은 비록 '신학교'라는 이름을 지녔지만, 실제로는 고등성경학교 수준의 소박한 구성에서 출발했다. 그럼에도 이 기관이 한국교회와 신학계에 의미 있는 족적을 남길 수 있었던 이유는, 교육과 헌신의 중심에 선 지도자들 덕분이었다.

무엇보다도 초대 교장 이자익 목사는 총회 차원에서도 존경받는 인물로, 깊은 신앙과 풍부한 목회 경험으로 학교의 초석을 놓은 영적 리더였다. 그의 존재는 대전신학교의 정체성과 방향성을 단단히 세우는 데 결정적인 역할을 했다.

그 뒤를 이은 2대 교장 양화석 목사는 초기의 혼란 속에서도 교장직을 맡아 교육 현장을 안정적으로 이끌었고, 이후 3대 백락봉 목사, 4대 김만제 목사, 5대 타요한[305] 목사, 6~7대 이디모데 목사, 8대 문전

---

304. 「대전노회록 제1회~제30회」, 제6회 대전노회록, 같은 책, 78쪽.
305. 타요한(John E. Talmage) 선교사는 타마자 선교사의 아들로 대전대학(현 한남대학교) 2대 학장도 역임하였다.

섭 목사, 9대 신인현 목사, 10~11대 정행업 목사, 12~13대 문성모 목사 등이 교장을 맡으면서 학교는 대전과 충청 지역을 넘어 전국 교회를 위한 교역자 양성 기관으로 자리를 잡아갔다.

32-6. 대전노회 공로목사 추대와 성역 47주년 및 77회 생신 축하

이자익 목사는 대전신학교를 설립하고 불과 4개월 만에 교장직을 양화석 목사에게 물려주고 은퇴하였다. 대전노회는 그의 공을 기리는 마음으로 1954년 12월 7일 제6회 노회에서 공로목사 추대식을 거행하였다. 이때 예배순서와 대전신학교 이사 변동에 대하여 '대전신학대학교50년사'에는 다음과 같은 기록이 있다.

대전신학교의 초대 이사장은 양화석 목사, 초대 교장은 이자익 목사로 구성되어 노회의 허락을 받았으나 같은 회기에 이자익 목사는 노회의 공로목사로 추대받았다. 이자익 목사의 공로목사 추대식 순서를 보면 백낙봉 목사의 기도, 대전제일교회 성가대의 찬양, 그리고 양화석 목사의 설교로 진행이 되었다. 그다음 순서로 고등성경학생의 이중창, 양화석 목사의 약력 소개, 김영생 목사의 추대사, 이자익 목사의 답사 순서로 진행하였다. 노회의 행사지만 모두 대전신학교와 관련이 있는 분들이 순서를 담당했음을 알 수 있다. 같은 노회기에 이자익 목사가 공로목사로 추대됨으로 자연히 새로운 체제를 마련하게 되는데 처음 이사 7인을 보완하여 1년 조에 김영생, 임한상, 백인석[백인숙],[306] 2년 조에 김만제, 정기환, 3년 조에 정길환, 백응수 씨로 정하였다. 그리고 이사장에 김만제 목사를, 교장에 양화석 목사를 인준하였다.[307]

대전노회는 이듬해인 1955년 12월 30일 이자익 목사 성역 47주년 및 77회 생신(희수) 기념 예배를 열어 그의 공로와 업적을 치하하였다.[308] 그 예배는 단순한 축하를 넘어, 한 세대의 목회 여정을 존경으로 되새긴 감동의 순간이었다.

이자익 목사는 교회와 교단의 영적 뿌리를 다진 한 시대의 증인이었다. 총회 안팎에서 신뢰받던 그의 지도력은 지식에 기반한 것이 아니라, 말씀을 따라 살아온 삶에서 비롯된 권위였다. 그날, 이자익 목사가 축하객들에게 남긴 가장 큰 선물은 그가 살아온 77년의 세월 동안 하나님께 받은 은혜를 간증하며 전한 잔잔한 감동이었다.

32-7. 총회 헌법 개정

법과 원칙에 밝은 이자익 목사는 1953년 제38회 총회에서 헌법을 개정하는 정치수정위원회 위원장직을 맡아 총회 헌법을 전면 개정하였고, 1954년 제39회 총회에서 '발행인 이자익'의 이름으로 개정된 『대한예수교장로회 헌법』이 출판되었다.[309]

---

306. 백인석은 백인숙(白仁淑)의 오기이다.
307. 『대전신학대학교50년사』, 같은 책, 121쪽.
308. 『대전신학대학교50년사』, 같은 책, 126쪽.
309. 『대한예수교장로회 헌법』, 대한예수교장로회총회(서울, 대한예수교장로회 종교교육부, 1954).

이는 오늘날 장로교 총회 헌법의 기초와 근간이 되었다. 그의 손에서 다듬어진 조항 하나하나는 신앙의 질서를 세우려는 깊은 고민과 교회 사랑의 결과였다. 헌법을 글로 새기는 작업은 차가운 법률의 형식이 아니라, 교회를 세우는 신앙의 고백이었다.

한국 교회사 최고의 법통이라 불리는 이자익 목사가 기초한 『대한예수교장로회 헌법』은 장로교회의 교리와 신앙적 정체성을 정립하는 뼈대가 되었으며, 오늘날까지도 총회 헌법의 근간으로 살아 숨쉬고 있다.

그는 이 헌법을 만들어 공포함으로 교회 정치의 바른길을 제시했고, 원칙과 상식에 의한 한국교회의 나아갈 방향을 보여주었다. 그는 법을 사랑한 사람이었지만, 그 법의 목적은 언제나 하나님 사랑과 이웃 사랑과 교회 사랑이었다.

이자익 목사의 헌법은 정치를 위한 도구가 아닌, 교회의 순수성을 지키기 위한 기준이고 울타리였다. 그래서 우리는 그를 기억할 수밖에 없다.

그림 30. 대전노회 초대노회장 기념(1952.5.21.)

그림 31. 대전고등성경학교 1회 졸업식(1954.3.5.)

32. 대전에서의 마지막 사역은 무엇이었나?

그림 32. 대전고등성경학교 1회 졸업식(1954.3.5.)

그림 33. 대전신학교 개교식(1954.8.25.)

그림 34. 오정교회 교인들과 함께(1953.10.18.)

그림 35. 대전고등성경학교 재학생 2명과 함께 (1955년경)

그림 36. 대전노회 주최 77회 생신 및 성역 47주년 기념
(사별 후 재혼한 강학빈 사모와 함께, 1955년 12월 30일)

33. 이자익 목사의 임종과 장례는 어떻게 진행되었나?

 이자익 목사는 믿음의 선한 싸움을 싸우며 달려갈 길을 다 마쳤다. 1954년 12월, 그는 대전신학교 교장직을 양화석 목사에게 이양하고 자리에서 물러났다. 평생을 착하고 충성된 종으로 살아온 그는, 이제 하나님께서 자신을 부르실 날이 가까워지고 있음을 깨달았다.
 1956년 3월 이자익은 몸에 병을 얻어 대전을 떠나 김제군 원평면의 셋째 아들 이성환의 집으로 이사하였다.[310] 그런데 이 사이에 이자익 목사는 전주 예수병원에 약 3개월간 입원한 적이 있었다.[311] 병원 입원 기간에 정성을 다해 돌본 사람은 사위 장금식이었다.[312] 이자익 목사가 원평으로 갈 때 가지고 간 물건은 지팡이와 가방 하나였다고 한다.
 이자익 목사는 1958년 10월 7일(음력 8월 25일) 79세의 나이로 소

---

[310] 「기독공보」(1958.4.7.), 한인수, 『호남교회 형성 인물』 124쪽에서 재인용.
[311] 손녀 장옥문 권사와 장은옥 권사의 증언.(2025년 3월 25일 대담) 이는 자부 김양호의 증언과도 일치한다.(2025년 4월 6일 대담, 김제 자택.)
[312] 장금식 집사는 차녀 이보은과 결혼하였고 당시 전주 기전여고에서 교편을 잡고 있었다.

천하였다.³¹³ 그를 2년 반 동안 원평에서 마지막까지 간호하고 모신 사람은 자부 김양호이다. 이때 동네 청년 하나가 고령의 이자익의 거동과 간호를 도와주었고, 별세 전 얼마간은 전주 예수병원에 있다가 다시 원평 이성환(3남)의 집에 와서 소천하였다고 한다.³¹⁴

대전에서 원평으로 이사한 후 소천하기까지의 상황을 한인수는 자부 김양호의 증언을 토대로 다음과 같이 기록하였다.

> 1956년 3월 자익은 만 8년여의 대전 생활을 청산하고 김제군 원평에 있는 아들 성환의 집으로 이거했다. 대전에서 딱히 할 일도 없을 뿐만 아니라 아내가 중풍으로 전주예수병원에 입원해 있었기 때문이었다. 그 후 자익은 비교적 건강하게 지냈으나 갑작스레 찾아온 노환을 막아낼 수는 없었다. 얼마 동안 병석에 누워 신음하던 자익은 동년 10월 7일(음력 8월 25일) 자녀들을 불러 모아 "신앙생활을 바로하고 서로 화목하게 지내라." 유언한 후 평화로운 얼굴로 소천하였다. 그의 장례식은 10월 9일 원평에서 대전 노회장으로 치뤄졌다.³¹⁵

1958년 10월 20일 「기독공보」에는 이자익 목사의 장례식에 대하여 다음과 같은 기록이 있다.

---

313. 이자익 목사의 제적등본에는 음력 사망일인 8월 25일로 기재되어 있다. 제적등본의 내용은 다음과 같다: (단기 4291년 8월 25일 오후 9시 본적지에서 사망. 동거 이봉환 단기 4294년 10월 5일 신고.)
314. 자부 김양호 권사와의 면담 녹취.(2025년 4월 6일, 김제 자택.)
315. 한인수,『호남교회 형성 인물』, 같은 책, 125쪽.

증경 총회장 이자익(李自益) 목사가 별세하였다 함은 간단한 전보에 의하여 이미 보도하였거니와, 대전노회에서는 노회장(老會葬)으로 노회장 김영생 목사의 집례로 10월 9일 오후 2시 김제 원평에서 장례식을 거행하였다. 이 목사는 경남 남해 출생으로 1915년 평양신학교를 제8회로 졸업하였으며, 대한예수교장로회 총회 정치부장으로 정치 제정에 심혈을 기울여 왔다. 이 목사는 역대 총회장 중 3차에 걸쳐 총회장에 역임하여 가장 어려운 때에 법을 준수하여 처리하였으며, 총회신학교에서 다년간 정치, 법, 질서 유지에 대한 후배 양성에도 노력하여 왔다.[316]

김수진은 이자익 목사의 장례식 광경을 다음과 같이 기록하고 있다.

대전노회 노회장(老會葬)으로 장례 집례가 진행되었기에 자연히 김영생 노회장의 인도로 고별식 예배가 진행되었다. 이날 설교는 제2대 교장인 양화석 목사가 맡았으며, 조사는 대전신학교 이사장이며 대전제일교회 김만제 목사가 맡았다. 축도는 총회장인 노진현 목사의 순서로 고별식 예배를 마감하였다. 그의 죽음의 소식을 듣고 달려왔던 전북노회 회원은 말할 것 없이 김제노회 회원, 충남노회 회원, 그리고 원근 각처에서 모여들었다. 여기에 대전신학교 학생들까지 몰려와 마지막 그의 가는 모습을 지켜보았다. 그의 시신을 운구하는 일은 대전신학교 학생들의 몫이었다. 시신은 마지막 선산이 있는 금산면 쌍용리에 안장을 하고 돌아왔다. 모든 동역자들이 그의 죽음을 아쉬워했다.[317]

---

316. 「기독공보」(1958.10.20.)
317. 김수진, 『이자익 이야기』, 205쪽.

자부 김양호와 그의 동생 김승자는 장례식에 참석하였는데, 외국인이 엄청 많이 참석하였고, 시골에 그렇게 많은 외국인이 온 것이 매우 신기하고 놀라웠다고 회고하였다.

참고로 이자익 목사의 족보에는, 묘지가 금산면 쌍용리 월평 뒷산 서쪽 기슭이라고 되어 있다. 1929년 거창에서 소천한 김선경 사모의 묘는 처음에는 거창에 있었으나, 1936년 이자익 목사가 김제로 돌아간 뒤 이장되었다. 1958년 이자익 목사가 소천한 뒤에는 봉분을 달리하여 김선경 사모의 묘와 강학빈 사모의 묘를 각각 옆에 모셨다. 그리고 2012년에 충남 금산읍 대전제일교회 동산으로 이장하면서 이자익 목사, 김선경 사모, 강학빈 사모의 유골을 화장하여 한곳에 함께 모시게 되었다.

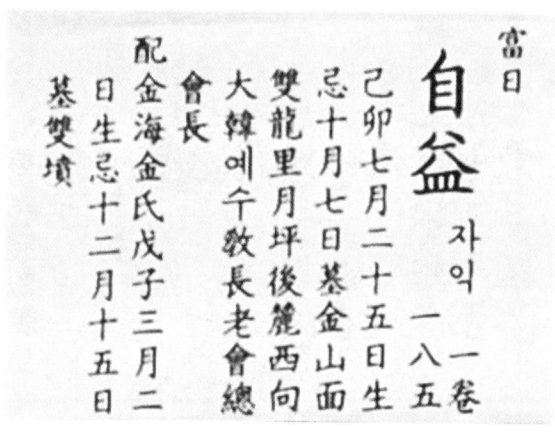

그림 37. 이자익 목사 개인 족보/ 자익/ 기묘년 7월 25일에 태어남. 기일은 10월 7일. 묘지는 금산면 쌍룡리 월평 뒷산 서쪽 기슭. 대한예수교장로회 총회장. 배우자는 김해 김씨로 무자년 3월 2일생. 기일은 12월 15일이고 묘지는 쌍경. (출처: 장수 이씨 대동보 제2권 125쪽.[長水李氏大同譜 卷之二 125面]).

34. 인간 이자익은 누구인가?

34-1. 인자한 호랑이 선생님

이자익은 매우 올곧은 성격이고 법을 준수한 사람으로 유명하다. 그는 대전고등성경학교에서 학생들을 가르칠 때 호랑이 선생님으로 소문이 나 있었다. 당시 학생이었던 김병연(동대전교회 원로목사)은 이자익 목사의 수업과 시험 출제에 대하여 다음과 같은 이야기를 전했다.

이자익 목사님은 호랑이 선생님으로 학생들 사이에 평이 나 있었지만, 가르치실 때는 인자하신 분이었습니다. 다만 시험 볼 때 학생들이 아주 혼이 났습니다. 가령 요리문답을 가르치시고 시험을 내는데, 목사님은 학생들에게 요리문답 전체를 다 외우라고 하셨습니다. 그러고는 필기시험이 아니라 누구를 지명하여 "아무개 씨 요리문답 5번을 외워보시오."라고 하면 그것을 말로 답하는 게 시험이었습니다. 어떤 학생이 "요리문답 문항의 질문을 알려주시면 답을 하겠습니다." 했더니 목사님이 "요리문답 질문과 답을 같이 외워서 답하시오." 그랬습니다. 그러니 호랑이 선생님이라고 소문이 난 겁니다. 수업 시간에는 인자하셨지만, 시험에는 일절 봐주는 것이 없었습니다. 물론 목사님도 다 외우고 있어서 잘못 대답하면 책을 보지 않고 그 자리에서 지적을 하셨습니다.[318]

34-2. 장관직 제의 거절

이자익은 세상의 명예보다 하나님께서 맡기신 목회 사명을 천직으로 여기며 한결같이 그 길을 걸어간 인물이다. 그는 오랜 친구 함태영 목사가 부통령이 된 후 장관직을 제안했지만, 이를 단호히 사양하고 목회자로서의 길을 끝까지 걸어갔다. 한인수 목사는 장남 이봉환의 둘째 딸 이은소에게 들었다고 하며 다음과 같은 이야기를 전했다.

1952년 9월경 부통령에 당선된 함태영이 갑자기 찾아왔다. 그의 방문 목적은 자익에게 입각(入閣)을 권유하기 위해서였다. 함태영이 자익에게 제시한 부처는 교통부와 체신부였다고 한다. 입각 교섭을 받은 자익은 일언지하에 이를 거절했다. "지금까지 목사로 살았으니 앞으로도 목사로 종신하겠다"는 것이 그의 대답이었다.[319]

이 이야기는 자부 김양호도 동일한 증언을 하고 있다. 이자익은 자수성가형 인간이고 어린 시절이 가난했으니 명예에 대한 보상 심리가 컸을 터인데, 장관 자리를 거절하고 목사의 길을 걸어간 용단은 높이 평가할 만하다.

---

318. 김병연 목사와의 통화 녹취.(2025년 3월 1일)
319. 한인수, 『호남교회 형성 인물』, 같은 책, 122쪽.

34-3. 뛰어난 유머 감각

이자익은 유머 감각이 뛰어났던 사람이라고 한다. 그에게 가장 어려웠던 문제는 김재준의 자유주의 신학 사상에 대하여 총회가 징계하려고 할 때 이를 처리하는 것이었다. 이자익은 사람도 살리고 문제도 해결하기 위해서 김재준을 1년간 미국에 유학을 보내고 새 교수진을 편성하고자 하였다. 그러나 이에 불만을 품은 방청석의 학생들이 단상을 점령하는 바람에 비상 폐회를 하고 말았다.

이듬해 총회를 준비하는 과정에서 친구 최재화[320]가 웃으면서 이자익의 결정에 핀잔을 준 것에 대해 그가 대답하는 광경을 한인수는 기독공보 기사(1965.5.29.)를 인용하며 다음과 같이 적었다.

> 최재화 목사가 일어서며 "영감, 그게 뭐요? 바로 끝내고 말 것이지" 하고 말을 걸었다. 자익이 작년 총회서 김 교수 사건의 사회를 잘못 보았다는 핀잔의 말이었다. 이때 자익은 단장을 번쩍 들고 최 목사를 노려보면서 "야야 야야! 너는 꽤 잘할 것 같냐?" 하였다. 두 노인의 악의 없는 말의 공방을 지켜보고 있던 사람들은 모두 폭소하고 말았다.[321]

34-4. 사모의 내조와 원만한 부부 관계

이자익은 부부 사이도 원만했고, 사모의 내조도 훌륭했기에 그 많은 일을 감당할 수 있었다. 이자익 목사는 거의 가정을 돌보지 못한 채 교회와 총회 일에 매진하였다고 후손들이 전한다. 그러나 먼저 소

---

320. 최재화 목사는 이자익 목사 후임으로 1949년 제35회 총회장이 되었다.
321. 한인수, 『호남교회 형성 인물』, 같은 책, 119쪽.

천한 김선경 사모나 사별 후 재혼한 강학빈 사모가 모두 묵묵히 순종적으로 내조하였기에 화목한 가정의 분위기를 유지했다.

제자인 김병연은, 이자익 목사가 강직하신 분이셨지만 가끔 오래 전 돌아가신 사모님에 대한 정 때문에 가슴 아파했다는 이야기를 전했다. 1955년부터 3년간 대전에서 노령의 이자익 목사 부부를 모시고 수양딸처럼 봉양했던 진남숙은 편지 형식의 증언에서 다음과 같이 썼다.

> 저는 3년 동안 이자익 목사님을 할아버지라고 강학빈 사모님을 할머니라 부르며 살았는데, 두 분은 한 번도 얼굴을 붉히며 다투는 모습을 본 적이 없었습니다. 그저 정겨웠던 할아버지 할머니였을 뿐 교만이나 자랑이나 성냄을 보지 못하고 살았는데, 제가 살아보니 부부간에도 의견 충돌도 있었을 법한데 한 번도 그런 추한 모습을 못 봤기에 목사님들은 예수를 닮아서 그렇게 사시나 보다 하고 참 부러워 보였고 항상 학교 일에만 전념하였고 거기에 맞추어 할머니는 내조를 잘하였던 것 같습니다.[322].

34-5. 겸손한 지도자

이자익은 자기 자랑이나 교만이 전혀 없었던 사람이다. 진남숙은 그의 편지에서 이자익 목사가 총회장 시절의 자랑을 한 번도 한 적이 없다고 하였다.

사람들은 외국에 한 번 다녀와도 자랑하고 싶어서 "내가 어느 나

---

322. 진남숙, 앞의 편지.

라에 갔을 때" 하면서 은근히 자랑하시잖아요. 지금 생각하면 3년이라면 짧다면 짧고 길다면 긴 세월이었는데, 무슨 말씀 끝에라도, "내가 총회장 시절에" 하시면서 총회장을 세 번씩이나 하셨던 추억들을 은연중에라도 나이 어린 저에게 자랑도 하셨을 법도 했는데, 목사님께선 정말 겸손하셨던 것 같습니다. 목사님께선 정말 전혀 자랑도 없으셨고 잘난 체도 않으시고 인자한 할아버지 그대로였습니다.[323].

34-6. 폭넓은 대인관계

이자익은 성품이 부드러워 포용력이 있고 유머 감각이 뛰어나고 행정 능력도 갖춘 지도자의 면모를 두루 갖춘 인물이었다. 따라서 교회의 어려운 문제를 상의하고 답을 얻으려는 목사와 선교사들이 항상 그를 찾아와서 상의했다고 한다. 진남숙은 편지에서 그를 찾아온 사람들의 이름을 열거하고 있다.

> 제가 알기로 여러 목사님들, 인돈 선교사, 김기수 선교사, 타마자 선교사, 타요한 선교사, 양화석 목사님, 김만제 목사님, 백낙봉 목사님, 김영생 목사님, 최희덕 목사님께서 분주히 이자익 목사님 댁을 왕래하셨던 일들이 어렴풋이 생각나며.[324]

이자익 목사의 폭넓은 대인관계는 그가 쓴 일기에도 자세히 기록되어 있다. 그는 당대의 거물급 선교사들이나 교계 지도자들과 만나

---
323. 진남숙, 앞의 편지.
324. 진남숙, 앞의 편지.

고 편지를 주고받으며 우의를 다졌다. 그리고 그가 만난 교인들 이름을 하나하나 일기에 기록하며 인간관계를 소중히 여겼다.

34-7. 증산교도 탐낸 이자익 목사의 유명세

이자익 목사가 당대 기독교계에서 지닌 위상과 명성은 김제의 신흥종교인 증산교도 인정하고 탐을 낼 정도였다. 여기서 기독교계에 알려지지 않은 증산교 자료를 공개할 필요가 있다. 증산교 계열의 한 종파인 증산도의 경전인 『증산도 도전』[325] 5편 174장에는 다음과 같은 이자익 목사 관련 황당한 이야기가 기록되어 있다.

> 하루는 팥정이에 사는 장로교 조사(助事) 이자익(李自益)이 상나무쟁이에서 큰비로 불어난 내를 건너려고 옷을 벗으려 하는데 상제님께서 다가가 물으시기를 "이 목사, 내가 건네주랴?" 하시거늘 자익이 황공하여 "선생님 부탁드립니다." 하고 벗던 옷을 다시 입으니 상제님께서 자익을 한 손으로 옆구리에 끼시고 폭이 수십 보가 되는 내를 한 걸음으로 뛰어넘으시니라.[326]

이 '도전' 편찬은 종도사(宗道師) 안경전이 30년 이상 증산(강일순)의 행적을 답사하고, 당시 신도들과 후손들의 증언을 채록하여 철저한 고증을 거쳐 이루어졌다고 알려져 있다. 즉 문헌적 자료에 의한 것이 아니라 사람들에게서 들은 이야기를 모은 것이다.

---

325. 『증산도 도전』은 1992년(상생출판) 초판 후에 2003년 개정판이 나왔다. 제5편 174장 "목사 이자익을 건네주심"이라는 대목이 있다.
326. 『증산도 도전』 5편 174장, (대전, 상생출판, 2003, 682쪽).

철저한 고증을 거쳤다고 하지만, 적어도 이자익에 관한 이야기는 그런 것 같지 않다. 이자익을 앞부분에서는 조사(助事)라고 하였다가 뒷부분에는 '목사'라고 다르게 호칭한 것부터가 고증의 문제점을 드러낸다. 조사와 목사는 전혀 다른 직함이기 때문이다.

또한 이자익이 조사 시절에 '助事'(조사)라는 한자를 사용한 사례도 있으나, 대부분 '助師'(조사)라는 표기를 많이 사용했으므로, 이것도 고증의 부실함을 드러낸다. 그리고 중요한 점은 '상나무쟁이'라는 지명이 현재 국토지리정보원 지명검색 시스템이나 공식 지도에 없다는 사실이다.

성경처럼 2000년 전의 책도 아니고 고작 20세기 후반에 만들어진 책이라는 것을 감안할 때, '도전' 속의 이자익 관련 기록은 사실이 아닌 허구에 불과하다는 것임을 지적하지 않을 수 없다. 아마도 이자익이 목사로서 그 지방을 넘어 전국적으로 유명해졌을 때, 그의 유명세를 도용한 황당무계한 이야기가 만들어졌다고 본다.

그러나 위의 사실 여부를 따질 필요조차 없다. '도전' 속 이자익 관련 이야기가 완전한 허구라는 것은, 상제(上帝)라 불리는 증산교 교주 강일순과 목사 이자익의 생몰(生歿) 연도만 비교해 봐도 명백하다. 강일순은(姜一淳)은 1871년에 태어나서 1909년에 사망했다. 이자익은 1879년생이니 두 사람의 나이 차이는 불과 8살밖에 되지 않는다.

그리고 이자익이 목사가 된 해는 1915년이다. 강일순은 1909년에 사망했고, 이자익은 6년 뒤인 1915년에 목사 안수를 받았다는 말이다. 즉 이자익이 목사가 되었을 때는 강일순이 이미 사망했으므로 위의 이야기는 성립될 수 없는 완전한 허구이다. 이자익은 강일순이 죽은 해인 1909년에 조사(助師)가 되었고, 그로부터 6년이 지난 후에 목사가 되었으므로, 두 사람이 서로 '목사'와 '선생님'으로 부르며 만났다는 이야기 자체가 성립되지 않는다. 결국 이 이야기는 거짓된 권위를 위해 다른 사람의 이름을 멋대로 이용한 파렴치한 기만이며, 이는 종교가 지녀야 할 최소한의 윤리마저 저버린 행위이다.

'증산도 도전'에 기록된 이자익 목사에 대한 일화는, 신앙의 본질과 역사적 인물의 명예를 근본적으로 훼손하는 심각한 종교적 왜곡이다. 이자익은 일제강점기 동안 한국 기독교의 대표적 지도자로, 신사참배 반대 운동의 상징이자, 여호와 하나님 외의 그 어떤 존재에게도 무릎 꿇지 않았던 교회 지도자였다. 그는 불교 신자인 장인의 박해에도 굴하지 않고 신앙을 지켜냈으며, 기어이 장인을 예수 믿고 구원받게 한 불굴의 신앙인이었다.

기독교는 하나님 외의 초자연적 존재에 의존하거나 의뢰하는 행위를 우상숭배로 간주한다. 이자익 목사가 증산교 상제(강일순)의 초월적 능력 앞에 자신을 맡겼다는 서술은, 그가 평생 지켜온 신앙적 원칙과 정면으로 충돌한다. 증산교의 종교적 권위를 부각시키기 위해 기독교 지도자의 신앙을 훼손하는 방식으로 끌어들이는 것은, 종교 간 경계를 침범하는 무례한 왜곡이자 비윤리적 행위이다.

실존했던 인물의 이름과 정체성을 이용해 신흥종교의 교리적 권위를 부여하려는 이러한 서술은, 고인의 신앙을 모독하는 행위로 비판받아 마땅하다. 이는 이자익 목사 개인에게뿐 아니라 기독교 전체의 역사적 정체성에 대한 공격으로 간주 될 수 있으며, 따라서 강력한 신학적·윤리적 비판을 통해 바로잡아야 할 왜곡이다.

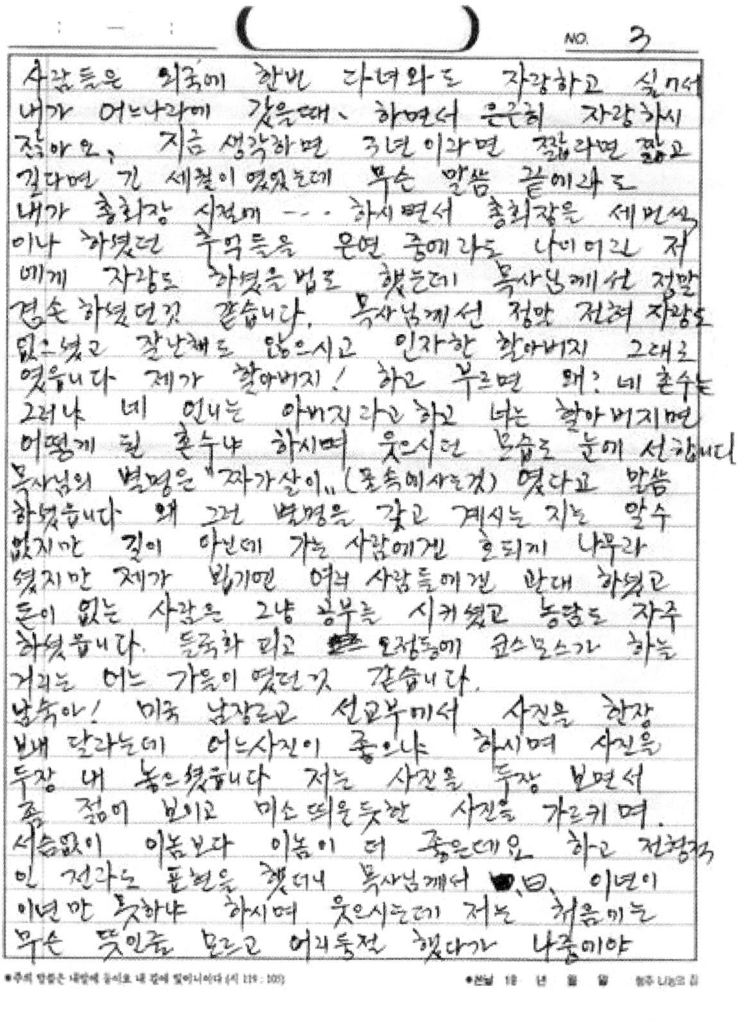

NO. 3

사람들은 외국에 한번 다녀와도 자랑하고 싶거던
내가 어느나라에 갔을때、 하면서 은근히 자랑하시
잖아요, 지금 생각하면 3년이라면 짧다면 짧고
길다면 긴 세월이 였었는데 무슨 말씀 끝에라도
내가 총회장 시절에 --- 하시면서 총회장을 세번씩
이나 하셨던 추억들을 은연 중에라도 나이어린 저
에게 자랑도 하셨을 법도 했는데 목사님께선 정말
겸손 하셨던것 같습니다. 목사님께선 정말 전혀 자랑도
없으셨고 잘난체도 않으시고 인자한 할아버지 그대로
였읍니다 제가 할아버지! 하고 부르면 왜? 네 촌수는
그러냐 네 언니는 아버지라고 하고 너는 할아버지면
어떻게 된 촌수냐 하시며 웃으시던 모습도 눈에 선합니다
목사님의 별명은 "짜가살이" (꽁속에사는것) 였다고 말씀
하셨습니다 왜 그런 별명을 갖고 계시는 지는 알수
없지만 길이 아닌데 가는 사람에겐 호되게 나무라
셨지만 제가 뵙기엔 여러 사람들에겐 관대 하셨고
돈이 없는 사람은 그냥 공부를 시키셨고 농담도 자주
하셨읍니다. 들국화 피고 오정동에 코스모스가 하늘
거리는 어느 가을이 였던것 같습니다.
남숙아! 미국 남장로교 선교부에서 사진을 한장
보내 달라는데 어느사진이 좋으냐 하시며 사진을
두장 내 놓으셨읍니다 저는 사진을 두장 보면서
좀 젊어 보이고 미소 띄운듯한 사진을 가르키며.
서슴없이 이놈보다 이놈이 더 좋은데요 하고 천청자
인 전라도 표현을 했더니 목사님께서 ㅂ.ㅁ. 이년이
이년만 못하냐 하시며 웃으시는데 저는 처음에는
무슨 뜻인줄 모르고 어리둥절 했다가 나중에야

그림 38. 대전고등성경학교를 5회로 졸업한 제자 진남숙 사모의 편지 형식의 회고 자필본 중 (2008년 10월 9일)

35. 이자익 목사 시대의 성경과 찬송가는 어떤 것이었나?

이자익 목사는 어떤 성경 번역본과 찬송가를 사용했을까? 이자익 목사 시대의 성경과 찬송가는 오늘날의 것과 다르다.

35-1. 구역 성경과 개역 성경

그가 예수를 믿은 1902년부터 소천한 1958년까지 한국 개신교가 사용한 성경 번역본은 두 가지인데 구역(舊譯) 성경과 개역(改譯) 성경이다.

옛 번역이라는 의미의 구역 성경은 한국 최초의 '성경전서'이다. 대한성서공회가 번역 출판한 1900년의 신약전서와 1911년의 구약전서를 합하여 『성경젼셔』가 완성되었는데 이를 구역 성경이라고 한다. 이 성경은 히브리어 구약성경과 헬라어 신약성경 원문을 참조하고, 당시의 중국어 성경과 영어 성경에서 한글로 번역하여 만들었다.

구역 성경의 개정판이라고 할 수 있는 개역 성경전서는 1938년에 출간되었다. 1936년에 구약 개정판이 먼저 발행되고, 1938년에 신약 개정판이 나왔는데, 이를 합하여 『성경개역』이라고 하였다. 당시 바

펴낸 한글 맞춤법에 따라서 성경을 개역한 것이다.

35-2. 찬숑가와 신편찬송가

이자익 목사 시대의 찬송가도 두 가지인데, 1908년에 발행된《찬송가》와 1935년에 장로교가 이를 개정하여 만든《신편찬송가》이다. 이자익 목사는 이 두 종류의 찬송가를 사용했을 것이다.

한국의 개신교는 장로교와 감리교가 교파별로 다른 찬송가를 만들어 사용하다가 1907년 대부흥운동의 결과로 교회 일치 운동이 일어나고, 1908년 통일된 개신교의《찬송가》가 출판되었다. 이 찬송가의 1908년 판은 악보 없이 가사만 있는 '무곡 찬송가'였고, 1909년 판은 악보가 있는 찬송가였다. 총 262곡이 담긴 이 찬송가는 판을 거듭하여 발행되다가, 23년이 지난 1931년 이를 개정 보충한 314곡의《신정찬송가》(신뎡찬숑가)가 발행되었다.

이 찬송가는 본래 연합정신을 살려서 장로교와 감리교가 함께 사용할 목적으로 출판한 것이었다. 그러나 장로교는 내부 사정으로 우여곡절 끝에 기존의《찬숑가》를 계속 사용하다가, 1935년에 따로 400곡이 담긴《신편찬송가》를 출판하였다. 따라서《신정찬송가》는 감리교만 사용하게 되었다.

이자익 목사는 1935년 전까지《찬숑가》를 사용하다가, 그 후에는 장로교가 개정한《신편찬송가》를 사용하였다. 그의 1929년 '일기'에 보면, 이자익 목사가 교인들에게 곡조 찬송가를 팔았다는 내용이 있는데, 이는 1909년 판《찬송가》를 말한다.

그런데 당시 교회나 교인들의 경제 사정으로 개정된 찬송가를 바꾸지 못하여 해방 전까지도 이전의 《찬송가》를 계속 사용한 교회들도 있었다.

그림 39. 이자익 목사 시대의 성경과 찬송가(구역성경, 개역성경, 찬송가, 신편찬송가)

36. 이자익 목사 시대의 예배순서는 어떠했을까?

이자익 목사 시대의 예배는 어떤 순서가 포함되었을까? 1925년(대정 14년)에 나온 『예수교장로회 예식서』[327]에는 '성찬식을 포함하는 예배'가 다음과 같은 순서로 진행되었다. (원문을 현대 문법에 맞게 그대로 옮긴다. [각 괄호]의 설명은 저자의 해설이다.)

— 黙禱(묵도) - 各其(각기) 罪(죄)를 告(고)하고 恩惠(은혜)를 求(구)함
— 讚頌(찬송) - 80장. 142장, 72장 ['찬송가'의 찬송 중]
— 祈禱(기도) - 罪(죄)를 自服(자복)하고 恩惠(은혜)를 感謝(감사)하는 公祈禱(공기도)
— 聖經朗讀(성경낭독)
— 救濟捐補(구제연보)

---

327. 『예수교 장로회 예식서』(경성, 1925[대정 14년]), 부록 21~23쪽. 이 책의 뒷부분에는 '저작 겸 발행자 미국인 군예빈(君芮彬)'이라는 글씨가 새겨져 있다. 그의 본명은 쿤즈(Edwin Wade Koons, 1880~1947)이다. 군예빈 선교사는 미국 북장로교 소속으로 1903년부터 1947년까지 한국에서 활동한 대표적인 교육자로서 그의 사역은 평양, 황해도 재령, 서울 등지에서 펼쳐졌다. 그는 1913년부터 1939년까지 경신학교 제8대 교장으로 재직하였는데, 이 시기에 이 예식서를 발행하였다. 발행처는 창문사(彰文社)인데, 이 출판사는 한국인의 주체적인 기독교 문화를 창출하려는 목적에서 1923년에 이상재, 윤치호, 유성준 등에 의해 창립되었다. 한국교회가 삼일운동 후 어려울 때, 예배와 예식의 모범을 세우고자 선교사에 의해 만들어진 이 예식서는 귀한 자료로 남아있다.

* 이 禮式(예식) 中(중)에는 貧窮(빈궁)한 者(자)를 爲(위)하여 救濟捐補(구제연보)하는 것이나 或(혹) 神靈(신령)한 일을 爲(위)하여 捐補(연보)하는 것이 可(가)하나 다 堂會(당회)가 作定(작정)할 것이니라.

一. **廣告(광고)** - 責罰(책벌) 下(하)에 在(재)한 者(자)와 良心(양심)이 不安(불안)한 敎友(교우)를 警惺(경성)케 할 것.

* 이 성례로 말미암아 풍성하신 은혜와 무한히 자비를 나타내심과 이 예식 행하는 중에 결점 된 일이 있사오면 용서함 받기를 간구하며 저희의 몸과 행실을 받으시기 위하여 기도하며 성신의 은혜로 도와주심을 입어 주예수 그리스도를 받으며 그 안에서 행하며 저희로 하여금 이미 받은 은혜를 굳게 잡으며 저희의 언행이 복음에 합하게 하며 주의 죽으심을 항상 기억하며 또한 예수의 생명이 저희 육신에 나타나게 하며 사람 앞에 저희의 빛을 비추어 사람으로 하여금 저희 선행을 보고 하늘에 계신 저희 아버지께 영광을 돌리게 하시기를 빌지니라.

一. **講道(강도)** - [강도는 설교를 의미한다.]
一. **祈禱(기도)** - [설교 후 기도]
一. **讚頌(찬송)** - ['찬숑가' 중에서]

[성찬식]

(✝ 목사가 강설(講說)을 마친 후 기도와 찬송으로 성찬(聖餐) 받을 마음을 경건히 준비케 하고 간단히 설명한다.)

목사: "이는 그리스도께서 세운 禮式(예식)이라. 우리 믿는 者(자)로 자기 죽으심을 오실 때까지 記念(기념)케 하신 것이니 자기 백성에게 큰 힘이 되게 하사 모든 罪(죄)와 苦難(고난)을 이기고 굳게 서서 거룩함과 敬虔(경건)한 生活(생활)로 다 말할 수 없

는 有益(유익)을 얻게 하셨느니라."

회중: 아멘.

一. 聖經(성경) - 마태二十六章二十六至二十八(마26:26-28)
　　　　　　　고전十一章二十三至三十四(고전11:23-34)
一. 祝辭(축사) - 分餠(분병)에 對(대)한 感謝(감사)로 祈禱(기도)함
一. 分餠(분병) - 作定(작정)한 長老(장로)로 入敎人(입교인)에게 分
　　　　　　　與(분여)
† 목사: 主(주)께서 잡히시던 날 밤에 떡을 가지사 祝謝(축사)하신 후 떼사 弟子(제자)에게 주셨으니 나도 只今(지금) 그의 이름으로 이 떡을 나눠 주노라. 主(주) 가라사대 이 떡은 내 몸이니 너희를 爲(위)하여 떼인 것이라. 이를 행할 때마다 나를 記念(기념)하라 하셨으니 우리가 이를 받는 中(중)에서 主(주)님의 죽으심을 깊이 生覺(생각)합시다.

† 회중: 아멘.

* 떡을 입교인에게 다 돌려서 먹게 한 후에 돌리던 장로를 다 앉게 하고 목사가 떡을 주어 먹게 할지니라.

一. 問受餐(문수찬) - 受餐(수찬)하지 못한 이가 있는가 묻는 것[328]
一. 祝辭(축사) - 分與(분여)할 葡萄汁(포도즙)에 對(대)하여
† 목사: 主(주)께서 떡을 떼어 弟子(제자)에게 주어 먹게 하신 後(후)에 또한 盞(잔)을 가지사 祝謝(축사)하시고 저희게 주시며 가라사대 이 盞(잔)은 내 피로 세운 새 言約(언약)이니 많은 사람을 爲(위)하여 흘려 罪赦(죄사)함을 얻게 함이라 하시고 이를 마실 때마다 나를 紀念(기념)하라 하셨으니 이 盞(잔)을

---

328. "혹시 떡을 받지 못한 사람이 있으면 손 들어 표해 주십시오."라고 묻는 것.

받는 우리는 그 흘리신 피가 오늘 우리와 相關(상관)된 것을
또한 깊이 生覺(생각)할 것이외다.
† 회중: 아멘.

—. 分汁(분즙) - 亦作定(역작정)[329] 한 長老(장로)로 入敎人(입교인)
에게 分與(분여)

* 葡萄汁盞(포도즙잔)을 입교인에게 다 돌려 마시게 한 후 잔 돌리던 장로들
을 다 앉게 하고 목사가 다시 盞盤(잔반)을 들어 마시게 할지니라.

—. 問受盃(문수배) - 受飮(수음)치 못한 이가 있는가 묻는 것[330]
—. 讚頌(찬송) - 三章(삼장) [찬송가 3장]

—. 祝福感謝祈禱(축복감사기도)로 閉式(폐식)
* 聖餐禮式(성찬예식)을 다 畢(필)하고 상을 다시 整齊(정제)히 덮은 후에 三
章(삼장) 찬송과 祝福祈禱(축복기도)로 폐회하고 從容(종용)이 散會(산회)
케 할지니라. 혹 폐회할 시에 使徒信經(사도신경)이나 主祈禱文(주기도문)이
나 히브리 十三章二十節·二十一節(13장 20~21절)을 외우기도 함.

 성만찬이 없는 예배는 이 중에서 성찬식 부분만 빼고 진행하였다.
즉, 묵도, 찬송, 기도, 성경낭독, 헌금(연보), 광고, 설교, 찬송, 축도의
순서였다. 그러나 예배순서는 각 지역마다 조금씩 달랐고, 시대에 따
라 변천되었다.

---

329. '역작정'은 '미리 정한'이라는 뜻이다.
330. "혹시 잔을 받지 못한 사람이 있으면 손 들어 표해 주십시오."라고 묻는 것.

37. 이자익 목사 시대의 예배당과 예배 풍경은 어떠했나?

37-1. 기역자 예배당에서의 예배와 결혼식

이자익이 예수 믿고 목사로 활동하던 초기에는 남녀가 유별하다는 유교 사상이 지배적이었다. 따라서 교회는 남녀 신도가 함께 예배를 드릴 수 없었다. 많은 교회당이 기역자(ㄱ) 형태로 지어져서 남녀 출입문을 따로 구별하였고, 중간에 흰 천으로 가림막을 하여 남녀 신도가 얼굴을 볼 수 없게 하였다. 물론 의자 없는 마룻바닥에 방석을 놓고 예배를 드렸다.

기역자 예배당의 가장 초기 형태가 1908년에 지어진 김제 금산교회 기역자(ㄱ) 예배당이다. 이자익이 장로 장립을 받은 1908년에 건축된 이 예배당은 남녀 사이를 가릴 뿐만 아니라 목사와 여신도 사이에도 휘장이 있어서 여자들은 목사의 얼굴도 보지 못하고 음성만 들으며 예배를 드렸다. 목사의 정면에는 남자 석이 있고, 좌측면에는 여자 석이 있는데,[331] 목사는 남자만 바라보며 설교해야 했다.

---

331. 남좌 여우(男左女右) 사상은 음양오행(陰陽五行) 사상에 기반한 남녀의 위치 배치 원칙이다. 남자는 왼쪽(좌), 여자는 오른쪽(우)에 위치한다는 뜻인데, 음양오행에서 동쪽(좌)은 해가 뜨는 방향으로 양(陽)의 기운을 지녀 남성을 상징하고, 서쪽(우)은

익산의 두동교회 기역자(ㄱ) 예배당은 21년 후인 1929년에 지어졌다. 이때는 남녀 석 사이에 휘장이 가려진 것은 같지만, 목사와 여신도 사이의 휘장은 없고, 강대상도 목사가 남녀를 동시에 바라볼 수 있도록 좌측으로 45도 방향을 틀어 배치하였다.

예배당을 직사각형으로 지은 교회도 있었는데, 이런 예배당은 한 가운데 휘장을 치고 왼쪽은 남자, 오른쪽은 여자가 따로 앉아 예배를 드렸다. 서울의 정동제일교회 초기 예배는 휘장 대신 병풍을 중간에 치고 예배를 드렸다. 1920년대에 들어서면서 황해도의 어떤 교회는 늘어난 교인을 한꺼번에 수용할 수 없어서 시간을 달리하여 남자와 여자가 따로 예배를 드렸다는 기록도 있다.

심지어는 교회에서 결혼식을 할 때도 신랑과 신부가 따로 들어가서 만났다는 기록이 있어서 흥미롭다. 원평교회 김정숙 권사는 이자익 목사 주례로 결혼하였는데, 그 광경을 다음과 같이 회고하였다.

> 결혼식을 교회에서 할 때 신랑은 남자 문으로 들어가고 신부는 여자 문으로 들어가서 만났다. 나는 이자익 목사로부터 세례받았고, 주례도 이자익 목사가 했다. 결혼사진에 이자익 목사가 있다. [332]

37-2. 여신도의 휘장 세례

당시 여자들은 어떻게 세례를 받았을까? 여자들이 외간 남자와 얼굴을 마주치지 못하던 그 시절 여신도들은 휘장에 뚫린 머리 하나 내놓을 만한 구멍을 통하여 머리만 내밀고 고개를 숙인 채 물세례를

해가 지는 방향으로 음(陰)의 기운을 지녀 여성을 상징한다고 본 것이다.
332. 주명준, 같은 책, 327쪽.

받았다. 1895년 평양에서 스크랜턴 선교사에게 세례를 받은 여자 교인 전삼덕의 증언은 다음과 같다.

> 나는 세례가 어떻게 하는 것인지 모르거니와 우리나라 풍속에는 여자는 모르는 남자와 대면치 못하는 법이 있으니 어찌하여야 하리까 하고 물으니 그(스크랜튼)가 대답하기를 그러면 방 가운데 휘장을 치고 머리 하나만 내놓을 만한 구멍을 낸 후에 그리로 머리만 내밀 것 같으면 물을 머리 위에 얹어 세례를 베풀겠다고 하였다. 나는 그의 가르쳐 주는 대로 하여 나의 작은 딸과 함께 처음으로 세례를 받았다.[333]

37-3. 성가대와 반주 악기

이자익 목사가 살던 시대는 남녀가 유별하였기에 성가대도 없었다. 남녀가 함께 성가 연습을 할 수도 없었고, 남자 지휘자에게 여자가 배울 수도 없던 시절이었기 때문이다. 평양 장대현교회에서는 남자 성가대가 조직된 적이 있고, 서울 정동제일교회에서는 이화학당의 여학생들 중심의 여자 성가대가 여 선교사의 지휘로 만들어졌다는 기록이 있다. 하지만 대부분 교회에는 그 시절 성가대가 없었다.

예배 반주 악기는 풍금이었지만 이마저도 없는 교회가 많았다. 이자익 목사가 목회하던 원평교회도 풍금이 있었지만 성가대는 없었다고 한다.[334] 금산교회도 당시 사용하던 풍금은 지금 남아있지만, 성

---

333. "휘장세례로 여성교육의 선두에 선 전삼덕", 웨슬리안타임즈(2021.08.08.)(https://www.kmcdaily.com/news/articleView.html?idxno=2418)
334. 주명준, 같은 책, 321쪽 참조.

가대는 없었다.

37-4. 설교와 찬송가와 연보

이자익 목사의 1930년대 설교에는 예화로 공자, 석가모니, 암행어사, 공방 등의 이야기가 등장하는데, 이는 한국 문화에서 예화를 찾은 흔적이기에 중요하다.[335] 이자익 목사는 원고 설교를 한 것 같다. 그가 친필로 남긴 다니엘서, 데살로니가전후서, 히브리서, 요한일서, 요한계시록 등의 강해 노트가 남아있다.

찬송가는 악보 없이 가사만 있는 '무곡(無曲) 찬송가'가 널리 사용되었고, 찬송가가 없는 교인들을 위하여 대형 한지에 먹으로 가사를 크게 써서 괘도에 걸어 넘기면서 찬송 가사를 보게 하였다.

이자익 목사 시대의 헌금은 연보(捐補)라 하였는데, 이는 구제의 의미가 포함된 말이다. 헌금 시간에는 벨벳 같은 천으로 만든 헌금용 주머니를 사용했는데, 나중에는 여기에 막대를 달아 헌금위원이 앉아있는 교인들 앞에 들이밀어서 수금하였다.

37-5. 성찬식

이자익 목사 시대의 성찬식에는 포도즙이 사용되었다. 그런데 떡은 무엇을 사용했을까? 이에 대하여 자부 김양호는 다음과 같은 중요한 증언을 하였다. 면담하면서 여러 차례의 질문과 답이 오간 것 중에 김양호의 답 부분만 정리하여 소개한다.

---

335. 김수진, 『이자익 이야기』, 같은 책, 219~221쪽 설교문 참조.

> 성찬식 떡은 인절미로 했어요. 교인들이 직접 절구에 찹쌀로 떡을 만들고 시루에 쪘습니다. 그리고 흰떡에 콩고물을 묻혀 인절미를 만들었어요. 그리고 그것을 잘게 썰어서 성찬식 떡으로 사용했어요. 떡은 쟁반에 담아 나누었고 잔은 옛날 종지 같은 작은 잔을 사용했어요. 선교사도 이 떡을 먹었습니다.[336]

이것은 자부 김양호가 기억하는 성찬식 떡과 잔의 모습인데, 떡의 재료는 서울이나 평안도 등 지역마다 달랐을지도 모른다. 그리고 시대가 변하면서 다른 것으로 대체되었을 것이다. 성찬식에 포도즙을 사용한 기록은 있으나, 떡을 무엇으로 했는지에 대한 기록은 없고 이를 기억하는 사람도 거의 없으므로 김양호의 증언은 소중하다.

초창기에는 성찬식을 할 때도 남자 목사나 장로가 휘장의 구멍을 통하여 떡과 잔이 담긴 쟁반을 손으로 들이밀었고 여신도들은 그것을 받아먹었다.

37-6. 예배당 휘장 문화의 변천

교회의 휘장 문화는 서울에서부터 점차 없어진 것으로 보인다. 서울의 안동교회는 1911년에 예배당의 휘장을 없앴다는 기록이 있다. 안동교회의 초대 목사 한석진은 매우 개혁적인 인물로서, 그가 1911년 부임하면서 첫 번째 한 일이 남녀 사이의 휘장(포장)을 없앤 것이었다. '안동교회 90년사'에 있는 기록을 소개한다.

---

336. 김양호 권사와의 면담(2025년 4월 6일. 김제 자택.). 이 날은 김양호 권사가 정신이 또렷하고 기억이 선명하였다.

그런데 한 목사(韓 牧師)는 어느 날 삼일기도회가 끝난 후 교회 직원들을 소집하고 돌연 이 남녀석(男女席)을 가로막는 포장의 철폐를 제의하였다. 한 목사의 이 의외의 제안에 모든 직원들은 어리둥절하여 대답할 바를 몰랐다. 그때는 예배당에서 남녀가 함께 모인다고 시비를 하는 사람도 있었고 특히 양반계급에 속하는 인사들은 거의 모두가 못마땅하게 여겨 교회에 나가기를 주저하고 있는 터이니만큼 만일 포장까지 철폐하면 지금까지 나오던 교우들 중에서도 그만두게 될 사람들이 적지 않을 것을 걱정하여 쉽사리 찬성하지를 못하였다. 그러나 한 목사는 우리나라의 뒤떨어진 형편과 믿는 사람은 다 주 안에서 한 가족이요 형제 자매라는 기독교 정신을 간곡히 설명하였다. 한 목사의 인격과 진보적 사상을 존경하고 흠모(欽慕)하며 그의 과단성을 잘 알고 있는 직원들은 결국 한 목사의 제안에 찬성하게 되어 양반교회로 유명한 안동교회가 한국에서 남녀반 사이의 휘장을 철폐한 시초의 교회가 되었다.[337]

한석진 목사의 안동교회 휘장 철폐의 영향으로, 예배당 휘장 철폐 문제가 1913년 9월 7일 제2회 장로교 총회에 헌의안으로 상정되었다. 그러나 당시 상황으로서는 너무 조심스러운 문제이므로 "휘장 치고 걷는 것은 각기 그 당회에서 형편대로 조심하여 할 일."[338]이라고 결의하였다.

서울 안동교회에서 휘장이 거두어진 시점보다 3년 앞서 김제 금산교회의 기역자 예배당이 건축되었고, 총회가 휘장 철폐 문제를 논의

---

337. 『안동교회90년사』, 안동교회(서울, 한들출판사, 2001), 68~69쪽. 채필근의 『한국기독교 개척자 한석진 목사와 그 시대』(206~207쪽)에 있는 글을 재인용한 것.
338. 「예수교장로회조선총회 제2회 회의록」(1913), 29~30쪽. (영인본)

한 1913년보다 16년이나 지난 1929년에도 익산의 두동교회 기역자 예배당이 건축되었다는 사실에 비추어 보면, 예배당 휘장 문화의 변천은 지역에 따라 큰 차이를 보인다는 것을 알 수 있다.

전국적으로 예배당 휘장 문화는 1925년 전후에 점차 사라졌지만, 서울이나 대도시가 아닌 시골에서는 더 오래 유지되기도 하였다.

그러나 이자익 목사의 1929년 일기에는 휘장 이야기가 나오지 않는다. 그리고 이자익 목사가 남녀 교인이나 선교사를 자유롭게 만나고 있음을 알 수 있다. 이는 그가 성경적인 보수 신앙을 유지하면서도 교회 문화에 대해서는 개방적인 목회자였음을 보여준다.

그림 40. 이자익 목사가 목회하던 금산교회 기역자(ㄱ) 예배당

38. 이자익 목사의 후손들은 누구인가?

이자익 목사는 6남 4녀를 두었다. 그중 마지막 쌍둥이 두 딸은 생후 2개월 만에 사망하였고, 4남 이종환은 6·25 전쟁 중에 실종되었다. 남은 5남 2녀의 자손들에 대하여 부산의 김형대 목사는 일일이 등기부등본을 조사하고 후손들과 만나 다음과 같이 정리하였다.

하나님은 이자익 목사의 후손들 중에 세상의 빛과 소금으로 이끄는 섬기는 리더십의 사명자들을 많이 주셨다. 다음은 2017년 8월 18일 김제 이자익 목사 셋째 자부(88세 김양호 권사) 댁에서 필자의 정윤곤 법인 이사, 이자익 손자 이규석 목사와 함께 이자익 전체 등기부를 보면서 찾고 확인한 후손들이다. ① 목사 8명 ② 교수 1명 ③ 의사 4명 ④ 약사 5명 ⑤ 교장 2명 ⑥ 면장 1명 ⑦ 마을금고 이사장 1명 등 섬기는 자의 후손을 백향목과 종려나무같이 세워 주셨다.[339]

---

339. 김형대, 같은 책, 57쪽. 이 중에서 3남 이성환의 '마을금고 이사장'은 금평수리조합장을 잘못 쓴 것으로 생각된다.

이자익 목사의 후손 이름과 약력은 다음과 같다.

38-1. 장남 이봉환 장로

1906년 4월 18일 출생
1930년 3월 25일 연희전문학교 문과 졸업
1937년 2월 14일 구봉리교회(원평교회) 장로 장립
1949년 6월 19일 금산읍교회 장로 장립
1946년 5월 금산여자중학원을 설립
1948년 금산여자중학교 초대 교장
1951년 군산 영명중학교 교장
1953년 광주 숭일고등학교 교장
1956년 목포 정명여자중학교 교장
1963년 목포 정명여자고등학교를 개교하고 교장 겸임
1982년 11월 30일 소천

(자부) 김옥례 권사
1906년 10월 03일 출생
전주 기전여자고등학교 졸업
1924년 7월 29일 이봉환과 결혼
1985년(?) 소천

(손자녀)
이인소 집사 (김상진 성도), 이은소 권사 (최동휘 장로)
이금자 권사 (진영동 집사)

38-2. 장녀 이희순 권사

1909년 9월 6일 출생
1932년 4월 25일 김재환과 결혼
1974년 4월 28일 대전중앙성결교회 권사 취임
1979년 12일 19일 소천
동래 일신여자고등학교 졸업
성우보육원 운영

(사위) 김재환 장로

1911년 11월 17일 출생
1953년 4월 11일 대전중앙성결교회 장로 장립
1967년 기독교대한성결교회 부총회장 역임
성결교회 사회사업복지협의회 회장 역임
한국사회복지협의회 회장 역임
1987년 10월 16일 소천

(손자녀)

김현철 집사 (김영주 권사), 김현배 집사 (인진희 성도)
김현문 집사 (유학자 권사), 김익자 권사 (오세형 장로)
김영자 권사 (문용수 집사), 김현숙 선교사 (최영진 선교사)

38-3. 차남 이봉호 집사

1913년 10월 21일 출생,
1933년 평양숭실학교 졸업
1936년 11월 27일 송복년과 결혼

1937년 연희전문학교 문과, 1941년 3월 27일 세브란스 의학전문학교 졸업. (세브란스 의학전문학교 축구 선수)

금산 동인의원, 대전 자애의원 개업 및 원장(6·25전쟁으로 병원 소실)

1952년 제15회 헬싱키 올림픽에 의료진 임원으로 참가

1959년경 농촌위생 연구소 화호중앙병원 (전북 정읍군 신태인읍 화호리) 부원장

군산시 개정면 개정병원장

전주 성모병원 원장을 거쳐 전주에서 이봉호 의원 개업

1967년 여수 호남정유 의무실장으로 근무

1975년 9월 8일 소천

(자부) 송복년 권사

1913년 6월 24일 출생

평양여자고등성경학교(평양여자신학교) 졸업

1985년 5월 12일 충주 예성장로교회 명예 권사 취임

1989년 2월 12일 소천

(손자녀)

이규완 장로 (이숙희 권사), 이규택 장로 (이순엽 권사)

이민자 권사 (문숭사 장로), 이영자 권사 (최완열 안수집사)

이규선 권사 (김용일 장로), 이규석 목사 (신옥순 사모)

38-4. 차녀 이보은 집사

1916년 4월 11일 출생
일본 동경대학 졸업
장금식과 1940년 1월 13일 결혼
1951년 10월 29일 소천

(사위) 장금식 집사

1913년 6월 25일 출생
일본 동경대학 졸업
전주 기전여자고등학교 교사
2000년 10월 15일 소천

(손자녀)

장행문 집사 (강숙희 권사), 장옥문 권사 (김영선 집사)
장창문 집사 (하위숙 집사), 장은옥 권사 (이준상 집사)
장은선 권사 (이성학 성도)

38-5. 삼남 이성환 집사

1919년 4월 4일 출생
1941년 3월 27일 대구 계성고보 졸업
1953년 3월 13일 김양호와 결혼
대전 자애의원 제약부 근무
전북 김제군 원평 약방 운영
전북 김제군 원평면장 6년
금평수리조합장 7년

2001년 6월 11일 소천

(자부) 김양호 권사
1931년 9월 30일 출생
전주 기전여자고등학교 졸업
1987년 9월 30일 원평교회 권사 취임

(손자녀)
이규상 집사 (권대순 권사), 이규옥 권사 (이강주 장로)
이미선 권사 (김태성 장로), 이규팔 집사 (김옥순 집사)
이규재 집사 (김효숙 집사)

38-6. 사남 이중환 성도
1922년 2월 27일 출생
일본 유학 중 6·25 전쟁이 발발하자 미군 통역관으로 귀국했다가 행방불명

38-7. 오남 이창환 집사
1924년 3월 21일 출생
1960년 2월 25일 김순덕과 결혼
1993년 9월 11일 소천

(자부) 김순덕 집사
1933년 7월 20일 출생

(손자녀)
이금혜 권사
이승희 권사 (손영대 성도), 이승선 권사 (한상학 성도)
이규홍 집사 (배정숙 집사), 이선미 권사 (김상균 집사)

38-8. 육남 이영환 집사
1927년 7월 9일 출생
1953년 3월 16일 김은성과 결혼
1999년 10월 10일 소천

(자부) 김은성
1932년 7월 12일 출생

(손자녀)
이영희 집사 (안병렬 성도), 이단아 성도 (최상전 성도)
이신화 집사 (박정태 집사), 이민화 집사 (유상복 집사)
이미화 집사 (조중식 집사)

38-9. 삼녀 이은희
1929년 12월 14일 출생
1930년 2월 10일 소천(2개월 생존)

38-10. 사녀 이경희
1929년 12월 14일 출생
1930년 2월 13일 소천(2개월 생존)

그림 41. 이자익 목사 장남 이봉환 장로 회갑 기념에 모인 후손들
(가운데 앉은 이, 1966년 6월 4일)

그림 42. 뒷줄 왼쪽 이자익 목사(차남 이봉호 연희전문학교 시절 교정에서, 1940년경)

39. 금산교회 조덕삼, 조영호, 조세형 장로는 누구인가?

이자익 목사에게는 평생 잊지 못할 은인이 두 사람 있었다. 영적으로는 그의 신앙을 이끈 최의덕 선교사였고, 육적으로는 삶의 버팀목이 되어준 조덕삼 장로였다. 이자익과 조덕삼은 최의덕 선교사의 전도로 차례로 예수를 믿게 되었고, 금산교회의 첫 교인이 되었다. 그리고 최의덕 선교사의 지도 아래 한 사람은 목사가 되고 또 한 사람은 장로가 되어 금산교회를 섬겼다. 이 과정에서 조덕삼은 자기 집 마부 출신인 이자익이 먼저 장로로 선출된 것을 기꺼이 환영하며 아름다운 교회사의 한 토막을 장식하였다.

조덕삼 장로의 가정은 3대에 걸쳐 금산교회의 장로직을 계승하며, 장로 명문 가정으로 자리 잡았는데, 조덕삼 장로(1867~1919), 조영호 장로(1896~1949), 조세형 장로(1931~2009)로 이어지는 금산교회 장로의 계보를 이뤘다. 조덕삼 장로는 조영호, 조영진, 조영환 삼 형제를 두었다. 장남 조영호는 아버지의 뒤를 이어 금산교회 장로로서 헌신했고, 거창 순회 전도 사역을 마친 이자익 목사를 금산교회 위임목사로 다시 초빙하며 아버지 조덕삼처럼 함께 교회 부흥에 힘썼다. 이어 그의 아들 조세형은 제10, 13, 14, 15대 국회의원으로 활동하다가 늦게 금산교회 장로가 되었다.

39-1. 조덕삼 장로

조덕삼 장로는 금광업과 장사로 큰 부자가 되었는데, 예수를 믿고 개인과 가정이 구원 얻었을 뿐만 아니라, 나라 사랑과 민족 구원의 큰 포부를 갖게 되었다. 그의 이러한 생각의 전환은 이후 아들 조영호의 애국 운동과 손자 조세형의 국회의원 활동의 씨앗이 되었다.

조덕삼은 이자익과 함께 1905년 금산교회 최초의 학습 교인이 되었다. 그리고 그해 일제의 강압에 따라 을사조약(乙巳條約)이 체결되고 나라가 위태로워지자, 1906년 금산교회 옆에 유광학교(維光學校)를 설립하고 초대 교장이 되었다.

그가 나라를 구하는 길이 교육에 있다고 믿게 된 것은 최의덕 선교사의 영향이었다. 당시 천자문이나 가르치던 서당 교육으로는 나라를 구할 수 없다고 생각한 것이다. 비록 초가집에 방 2칸의 초라한 학교였지만, 신식 교육으로 나라를 구할 인재를 양성하겠다는 포부는 컸다. 그는 1908년 과수원 땅을 헌납하여 지금의 금산교회 기역자(ㄱ) 예배당을 지었고, 1910년 장로가 되었다.

조덕삼 교장은 친아들 조영호뿐만 아니라, 믿음 안에서 아들처럼 여긴 이자익도 교사로 임명하였다. 유광학교에서는 매일 아침 예배를 드리고 성경을 가르치고 나라를 위하여 기도하였다. 그리고 우리나라 역사를 일깨우고 한글 교육을 했다. 또한 어린이와 청소년들을 모아 축구부를 만들어 체력을 기르고 단합심을 강조하였다. 당시 청소년 축구부는 대개 선교사들이 세운 전주의 신흥학교 같은 큰 도시의 대형 학교에만 있었기에, 김제 금산면 같은 시골에서 축구부를 만든 것은 매우 파격적인 발상이었다. 이는 아들 조영호가 신흥학교 축구부원이었기에 그 경험을 바탕으로 설립할 수 있었다.

유광학교는 조덕삼에 이어 조영호가 교장이 되었다. 그는 우리나라가 일제에 의하여 국권을 찬탈당한 1910년 8월 29일을 국가의 수치일(국치일)로 학생들에게 가르치고, 애국가 부르고 태극기를 그리게 하였다. 1919년 삼일 만세 운동이 일어났을 때 유광학교 출신 학생들이 전주 신흥학교를 다니며 만세를 주도하였고, 유광학교 재학생들도 숨겨놓은 태극기를 들고 만세를 불렀다. 이 만세 운동의 결과 조영호 교장을 비롯한 금산교회 교인들이 김제경찰서 고등계 형사에게 끌려가 모진 곤욕을 치렀다. 조영호는 감옥에서 풀려나온 즉시 만주 북간도로 가서 독립운동을 계속하였는데, 용정과 화룡 지방을 다니며 독립군과 협력하는 일에 몸을 바쳤다.

1919년 12월 17일 삼일운동의 실패 속에서 나라의 운명이 암울하고 가정이 파탄이 나는 상황을 보면서 조덕삼 장로는 조용히 눈을 감고 세상을 떠났다. 그의 아들 조영호는 만주에 있다가 아버지의 임종을 지키지 못하였다. 이자익 목사는 당시 전북노회장이 되어 교회를 섬기다가 아버지처럼 의지하고 사랑하던 조덕삼 장로의 임종 소식에 마음 아파했다.

39-2. 조영호 장로

조영호는 조덕삼 장로의 소천 이후, 1920년에 만주에서 귀국하여 김제의 유광학교를 재건하였다. 이후 그는 학교의 이름을 '유광'에서

'동광학원(東光學院)'으로 변경하였다. 금산리가 김제 동쪽에 위치해 있다는 점에서 착안하여, '동방의 밝은 빛이 되자'는 의미를 담은 교명이었다. 또한, 이 이름은 동방의 나라 조선(朝鮮)과도 연결되는 애국적인 의미를 가지고 있었다.

조영호는 1925년 최의덕 선교사가 미국으로 가고, 같은 해 이자익 목사가 호주 장로교 선교회의 요청으로 경남 거창으로 자리를 옮긴 후, 금산교회를 포함하여 전주 서남 지방의 선교를 담당하던 서국태(D. A. Swicord) 선교사에 의해 장로로 피택되고, 1926년 6월 10일 장로 장립을 받았다.

조영호 장로는 대쪽 같은 성격의 독립운동가였고, 그만큼 고난도 많이 겪으며 살았던 인물이다. 그는 1936년 이자익 목사가 거창 선교부의 사역을 마치고 김제로 돌아와 금산교회와 원평교회를 담임하도록 적극 협력하므로 교회의 안정과 부흥을 도왔다. 그러나 2년 뒤, 일제의 강요로 전북노회와 장로교 총회에서 신사참배를 결의하려는 움직임이 보이자, 이자익 목사는 이에 항의하는 뜻으로 노회와 총회 참석을 거부하고 교인들의 피해를 우려하여 교회 목회직을 사임하였다.

한편, 조영호 장로는 1941년 일제가 태평양전쟁을 일으킨 후 겪어야 했던 여러 고난을 혼자 감당해야 했다. 학교에서 조선어 사용이 금지되고 신당 설치를 강요받는 상황을 감내했으며, 교회 예배가 감시를 받는 가운데 전쟁 물자를 빼앗기고 금산교회의 종을 압수당하며 교회가 폐쇄되는 모욕을 견뎌야 했다.

조영호 장로는 동광학원을 폐쇄한 뒤 학생들을 금산면 원평초등학교로 편입시켰다. 그는 동광학원의 교실을 야학당으로 전환하여 한글을 모르는 부녀자들을 교육하며, 한글과 역사를 가르치는 데 앞장섰다. 이를 통해 금산면 문맹 퇴치 운동을 적극적으로 이끌었다.

또한, 조영호 장로는 교인들과 마을 주민들의 의식 개혁에 힘썼다. 음력설 대신 예수님이 태어나신 연도를 기준으로 한 서기력(西紀曆)을 사용하도록 권장하며, 새해를 양력설로 쇠자는 계몽 활동을 펼쳤다. 그는 청년들에게 농사 기술을 가르치며 척박한 땅을 일구어 배나무를 심고 과수원을 운영할 것을 독려하였다. 경제적으로 어려운 시기에도 일꾼들과 함께 식사를 하며 세상 돌아가는 이야기를 나누었고, 그의 집 사랑방은 항상 열려 있어 하나님의 말씀을 나누고 민족의식을 고취하는 장소가 되었다.

1945년 8월 15일, 조영호 장로는 일제의 항복 소식을 접하자 즉시 금산교회 교인들에게 이를 전했다. 그는 직접 만든 태극기를 들고 금산리에서 면 소재지인 원평까지 행진을 한 뒤 금산교회로 돌아와 폐쇄되었던 교회 문을 열고 깨끗이 청소한 후 하나님께 감사 예배를 드렸다.

그러나 해방의 기쁨이 채 가시기도 전에 좌익 세력이 등장하였다. 당시 금산리의 좌익 청년들은 남로당 입당원서를 들고 교인들을 괴롭혔고, 밤이면 모악산에서 내려온 빨치산들이 돌멩이와 몽둥이로 조영호 장로의 집을 덮치는 등 그를 극심한 고난에 처하게 했다.

조영호 장로는 주위 사람들로부터 국회의원 출마를 권유받았으나 이를 거절하고, 선배 한상용 장로(임상교회)에게 출마를 권하며 그의 선거를 적극 지원했다. 조영호 장로는 교회와 민족의 격동기를 견디며 금산교회의 신앙을 수호하고 민족의 독립을 위해 헌신하다가, 1949년 53세의 나이로 파란만장한 삶을 마치고 소천하였다. 그의 부인 이영숙 권사는 당시 고등학생이었던 장남 조세형과 가족을 데리고 전주로 이사하였다.

39-3. 조세형 장로

조세형은 1931년 8월 22일 김제 금산에서 태어나, 아버지 조영호가 교장으로 재직하던 유광학교에서 1년 과정을 수료한 뒤 원평초등학교를 졸업하였다. 이후 6년제 전주북중학교(현 전주고등학교)에 진학하였으며, 고등학교 재학 중 갑작스러운 아버지의 죽음에도 학업을 포기하지 않았다. 서울대학교 문리대를 졸업한 후 언론계와 정계에 투신하였다.

조세형 장로는 합동통신에서 기자로 언론 활동을 시작하였으며, 이후 조선일보 기자로 베트남 전쟁에 종군해 현지에서 활발한 취재 활동을 펼쳤다. 이후 경향신문 부국장과 한국일보 편집국장을 역임하였다. 그는 이철승의 권유로 정계에 입문하여 1978년 제10대 국회의원으로 당선되었고, 이후 제13~15대 국회의원까지 총 4선 의원으로 활동하였다. 또한, 주일대사와 새정치국민회의 총재권한대행을 역임하며 다양한 분야에서 활약하였다.

조세형은 국회의원으로서 금산교회 창립 100주년을 맞아 기역자(ㄱ) 예배당을 지방문화재로 지정하는 데 크게 기여하였다. 이 예배당은 1997년 7월 18일 전라북도 문화재 제136호로 지정되었으며, '보존 상태가 양호하고 한국식과 서양식 교회의 특징을 잘 결합하여 초기 교회 건축의 한국적 토착화 과정을 살필 수 있는 구조를 지닌 건물'로 인정받았다. 예배당이 문화재로 지정되자, 1999년 조세형

의원을 중심으로 '문화재보존 발기위원회'가 결성되었다. 김종완, 김종석 장로, 이인수, 김수진 목사가 위원으로 참여하였다. 같은 해, 김수진 목사는 이 문화재 보존과 관련하여『금산교회 이야기』라는 책을 집필하였다.

조세형 의원은 2000년 5월 23일 할아버지와 아버지가 장로로 시무한 금산교회에서 3대째 장로로 임직받았다. 그는 2009년 6월 17일 향년 77세로 삼성서울병원에서 소천하였다.

그의 장남 조성훈 집사는 현재 서울 성동구에 위치한 무학교회에 출석하면서도, 정기적으로 금산교회를 찾아 예배를 드리고 있다. 조덕삼 장로로 시작된 한양 조(趙)씨 가문의 신앙 전통은 어느덧 5대째 이어지고 있다.

교회사가 김수진은 2008년에『조덕삼 장로 이야기』를 집필하여 금산교회를 중심으로 조덕삼 장로와 그의 후손들의 이야기를 정리하였다.

그림 43. 조영호 장로

그림 44. 조세형 장로

40. 이자익 목사 기념 사업은 어떤 것이 있었나?

40-1. 대전신학대학교 초대 교장 이자익 목사 기념행사

이자익 목사는 세상을 떠난 후 거의 반세기 동안 역사 속에 묻혀 있었다. 그러나 2004년, 대전신학대학교 개교 50주년을 맞아 총장으로 재직 중이던 저자가 그의 삶과 업적을 재조명하는 작업을 시작했다. 우선 2005년 4월 19일 '대전신학대학교 초대 교장 이자익 목사 기념행사'를 거행하였다. 이날 행사는 문성모 총장의 사회로 증경총회장 한완석 목사가 설교했고, 예배 후 이어진 '이자익 목사 전기 출판기념식'에는 고(故) 조덕삼 장로의 손자 조세형 장로의 축사, 이자익 목사의 제자 김병연 목사의 회고담, 이자익 목사의 손자 이규완 장로의 감사 인사 후 이사장 류철랑 목사의 축도로 마쳤다.

이날은 조덕삼 장로와 이자익 목사의 손자 간에 상봉이 이루어진 날이며, 이자익 목사에게 배웠던 여러 제자들이 한자리에 모인 뜻깊은 날이었다. 그리고 김수진 목사의 『이자익 이야기』가 출판되어 참석자들에게 배포되었다.

이날 행사는 자리를 옮겨 도서관 건물에서 '이자익 기념관 현판식 및 사료관 개관식'을 가졌다. 자료 기증은 김수진 목사가 문성모 총장의 요청을 받아들여 이루어졌는데, 사진과 소장 도서 150여 점이 전시된 사료관이 문을 열었다.

같은 해, 문성모 총장은 이자익 목사 손자 이규완 장로와 함께 '이자익목사기념사업회'를 만들기로 합의하고 조직을 구성하였다. 이 기념사업회를 통하여 '이자익 목회자상'을 수여하기로 결의하였는데, 이 상은 이자익 목사처럼 농촌이나 선교지에서 수고하는 목회자 중에서 후보를 선정하여 세상에 알리는 데 목적을 두었다. 기금은 후손들과 이사들 교회가 힘을 합해 조성하기로 하였다.

40-2. 이자익 목사 서거 50주기 기념추모예배

2008년 10월 9일에는 '이자익 목사 서거 50주기 기념 추모예배 및 제1회 이자익목회자상 시상식'이 대전신학대학교 글로리아홀에서 거행되었다. 이사장 류철랑 목사의 사회로 예배를 시작하여 증경 총회장 김형태 목사[340]의 설교, 동대전교회 원로 김병연 목사의 추모사, 금산교회 조세형 장로의 축사, 이규완 장로의 후손 대표 인사가 이어졌다.

제2부로 '제1회 이자익목회자상 시상식'이 거행되었는데, 수상자는 '지리산선교동지회'(단체)였다. 제3부에서는 '이자익 목사, 한국교회의 거울'이라는 제목으로 문성모 총장이 특강을 하였다.

이날 이자익 목사의 친필 자료집 『변함없는 신앙의 거목 이자익 목사』가 출판되어 참석자들에게 배포되었다. 여기에는 이자익 목사가 펜으로 쓴 일기를 비롯하여 다니엘서, 데살로니가전후서, 히브리

---

[340]. 김형태 목사는 대한예수교장로회 제72회(1987년) 총회장을 역임하였고, 연동교회 원로 목사로 2016년에 소천하였다.

서, 요한일서, 요한계시록 강해 영인본이 포함되어 있다.

40-3. 이자익목회자상

'이자익목사기념사업회'는 '이자익목회자상'을 지난 17년 동안 격년으로 꾸준히 시행하였는데, 지금까지의 수상자 명단은 다음과 같다.

수상 연월일	회차	수상자	장소
2008. 10. 09	1회	지리산선교동지회	대전신학대학교
2010. 10. 07	2회	김영곤 목사(방파선교회 총무)	대전신학대학교
2012. 10. 09	3회	조병상 목사(한산성광교회)	대전신학대학교
2014. 11. 11	4회	김귀환 목사(필리핀 선교사)	금산교회 기역자예배당
2016. 11. 10	5회	이인수 목사(금산교회)	금산교회 기역자예배당
2018. 10. 23	6회	보나콤 공동체	보나콤 공동체 선교센터
2020. 11. 05	7회	박경천 목사(덕암교회 원로)	청주 덕암교회
2022. 10. 06	8회	김종양 목사 (에스와티니 선교사)	금산교회 기역자예배당
2024. 10. 07	9회	최준만 목사 (태백연동교회 원로)	태백연동교회

역대 수상자 중에는 목회자가 4명, 선교사가 2명, 선교기관 총무 1명, 단체가 2곳이었다. 수상식은 이자익 목사의 기일인 10월 7일을 전후로 거행되었다.

위 도표 중 금산교회 기역자 예배당에서 거행된 수상식(4, 5, 8회)은 이자익 목사 시대의 예배 의식을 재현하며 '100년 전 예배와 성찬식'이라는 부제를 붙였다. 행사는 1925년 발행된 『대한예수교장로회

예식서』에 수록된 예배 의식을 기준으로 문성모 목사가 수정·편집한 순서에 따라 진행되었다.[341]

순서를 맡은 위원들은 물론이고, 남녀 참석자들 모두 교회서 마련한 하얀 한복을 입게 하였다. 그리고 기역자 예배당에서 옛날처럼 남자와 여자 교인 사이에 휘장을 쳐서 볼 수 없게 하였다. 찬송가는 옛날 찬송가의 가사를 그대로 부르게 하고, 반주 악기는 풍금을 사용하였다. 헌금은 옛날처럼 장대 헌금 주머니를 돌려 헌금하고, 성찬식은 백설기와 포도즙을 도자기에 담아서 거행하였다.

40-4. 이자익목사기념사업회

'이자익목사기념사업회'의 이사회는 류철랑 목사가 10년이 넘는 세월 동안 이사장으로 섬기며 안정적인 토대를 마련하였고, 2024년부터는 문성모 목사가 이사장으로 섬기고 있다. 초창기부터 이사로 섬겼던 금산교회 이인수 목사는 2020년에 은퇴하여 이사직에서 물러나고, 후임 김종원 목사가 그 자리를 대신하고 있다. 오정교회 최세영 목사도 2020에 이사를 사임하고 그 자리를 후임 홍순영 목사가 채웠다. 그리고 2025년부터는 남광현 목사와 류재상 목사가 이사에 합류하였다. 현재 이사회 구성은 다음과 같다. (가나다순)

---

341. 『예수교 장로회 예식서』, 같은 책, 부록 21~23쪽의 예배순서를 중심으로 저자가 해설을 달아 편집하였다.

이사 구분	이름	직분
명예 이사장	류철랑 목사	세상의빛 동광교회 원로, 직전 이사장
이사장	문성모 목사	전 대전신학대 총장, 한국찬송가개발원장
상임이사	황순환 목사	청주 서원경교회
이사	김종원 목사	김제 금산교회
이사	김철민 목사	대전제일교회
이사	남광현 목사	서울 광성교회
이사	남청 장로	대전 오정교회 원로
이사	류재상 목사	부천 세상의빛 동광교회
이사	서종표 목사	군산중동교회
이사	이규석 목사	후손 대표, 청주 동막교회 은퇴
이사	홍순영 목사	대전 오정교회

'이자익목사기념사업회'는 2020년 이자익 목사 소장 도서 중 희귀본인 『토마스 목사전』을 현대말로 옮겨서 원본과 함께 출판하였는데, 이사 중 남청 장로와 문성모 목사가 내용을 옮기는 수고를 하였다.[342] 그리고 2025년, 문성모 목사에 의해 『이자익 목사 일기』 해제본이 현대어로 번역되어 한국 교회사와 경남 지방 교회사에 귀중한 자료로 새롭게 태어났다.[343]

40-5. 기역자(ㄱ) 예배당 전라북도 문화재 지정

이자익 목사가 시무했던 김제 금산교회 기역자(ㄱ) 예배당은 1997년 7월 18일 전북특별자치도 문화재자료 136호로 지정되어 있다. 교회는 2015년 10월 10일 창립 110주년을 기념하여 문화유산전시관 준

---

342. 오문환, 『토마스 목사전』, 남청·문성모 옮김, 이자익목사기념사업회, (서울, 대한기독교서회, 2020).
343. 문성모, 『이자익 목사 일기』, 같은 책 참조.

공식을 거행하였다. 그리고 2017년 3월 16일에는 대한예수교장로회(합동) 총회로부터 '한국기독교 역사사적지 제2호'로 지정을 받았다.

매일 기역자 예배당을 보러 오는 성지 순례객을 맞아 금산교회 담임 김종원 목사는 이자익 목사의 목회 정신과 행적을 알리는 데 힘쓰고 있다.

40-6. 이자익 목사의 묘

이자익 목사의 묘는 소천 당시 원평 선산에 모셨다가, 2012년 11월 1일 손자 이규완 장로가 시무하는 대전제일교회 동산(금산읍)에 이장하였다.(부록 사진 참조)

그림 45. 이자익 목사 기념행사(2005년)

그림 46. 이자익 목사 서거 50주기 추모행사 (2008년)

그림 47. 100년전 예배를 재현한 이자익 목회자상 수상식(2014년)

그림 48. 이자익 목사 소장 도서 영인본 발행(2020년)

그림 49. 이자익 목사 서거 50주기 기념 자료집(2008년)

부록

부록 1. 이자익(李自益) 목사 연보(年譜)   303

부록 2. 이자익(李自益) 목사 제적등본(除籍謄本)   314

부록 3. 이자익 목사 관련 도시   315

부록 4. 사람 이름 찾기   318

부록 5. 교회 및 지역 이름 찾기   326

부록 1

이자익(李自益) 목사 연보(年譜)

1879년 [0세]
- 7월 25일(음력) 경상남도 남해군 이동면 다천리(南海郡 二東面 茶川里)에서 아버지 이부일(李富日)[344] 어머니 박정근(朴定根)의 외아들로 출생하다.

1881년 [2세]
- 1월 26일 아버지가 별세하다.

1891년경 [12세]
- 12세까지 고향에서 어머니를 도와 일을 하며 글공부를 하다.
- 어머니가 별세하여 고아로 몇몇 친척 집에 맡겨져 생활하다.

1893년 [14세]
- 2월 16일 큰아버지 이영도(李永道)가 별세하다.
- 큰아버지 사망 후 남해 섬에서 여수행 배에 무임 승차하여 여수로 오다.
- 여수의 어느 여관에서 잔심부름하며 생활하다가 여관에 묵은 금산사(金山

---

344. 호적과 묘비에 부친 이름이 이부일(李富日)로 되어 있다. 지금까지 알려진 제적등본 상의 이름 이기진(李基珍)은 호적에 이부일의 자(字)로 기재되어 있다.

寺) 승려의 눈에 들어 그를 따라 김제 금산사에 오다.
- 금산사에서 청소 등 잡일을 도우며 글공부를 계속하다.

1897년경 [18세]
- 금산사에서 나와 김제 금산리의 부호 조덕삼 씨 집 마부로 고용되어 숙식을 제공받고 일하다.[345]

1900년 [21세]
- 5월경 조덕삼 씨 집의 마부 생활을 그만두고, 부농 김여장(金汝長)의 딸 김선경(金善慶)과 결혼하다.[346]
- 친구 김종규와 장사를 시작하여 돈을 벌다.

1902년 [23세]
- 최의덕(테이트) 선교사의 전도로 예수를 믿고 기독교인이 되다.

1904년 [25세]
- 봄에 조덕삼을 최의덕 선교사에게 인도하여 예수 믿게 하고, 그 집 사랑채에서 첫 예배를 드리다.[347]

1905년 [26세]
- 3월경 조덕삼의 과수원 터에 두정리(팟정리)교회 예배당을 초가 5칸으

---

345. 조덕삼 씨 집의 마부로 들어간 나이는 18세쯤으로 생각하지만, 정확히 아는 사람은 없다. 마부 생활은 3년 정도의 짧은 기간이었다. 당시 마부는 하인이 아니라 일종의 고용직이었다.
346. 이자익은 결혼하면서 마부 생활을 그만두었다. 그리고 장인에게서 받은 자금(땅문서)으로 장사를 시작한 것으로 추정된다.
347. 조덕삼이 예수 믿게 된 경위는 확실치 않다. 이자익을 통해 전도를 받고 최의덕 선교사를 만나 예수를 믿은 것으로 추정된다.

로 지어 예배를 드리다.
- 10월 11일 조덕삼, 박화서와 함께 최의덕 선교사에게 학습을 받다. 금산교회가 설립되다.

1906년 [27세]
- 4월 10일 조덕삼이 유광학교(維光學校)를 설립하고, 이자익이 교사가 되어 가르치다.
- 4월 18일 장남 이봉환(李奉煥)이 출생하다.
- 5월 30일 두정리교회(현 금산교회)에서 최의덕 선교사에게 세례를 받다.
- 세례를 받은 후 최의덕 선교사를 도와 금산교회 영수(領袖)가 되다.

1907년 [28세]
- 9월 17일 두정리교회(팟정리교회)[348] 장로 2명 가택 청원을 총회가 허락하다.

1908년 [29세]
- 연초에 최의덕 선교사의 사회로 열린 공동의회에서 이자익 영수가 장로로 피택되다.
- 3월 5일 두정리교회(팟정리교회) 초대 장로로 임직식을 거행하다.
- 3월 5일 최의덕 선교사 집에서 모인 북전라대리회에 장로회원으로 참석하다.
- 4월 4일 현재의 기역자(ㄱ)예배당이 완공되다.

---

348. 총회 자료와 금산교회 당회록에는 교회 이름이 두정리교회라고 되어 있다. 11월 27일 '예수교회보'에는 당시 교회 상황을 교인 200명에 세례교인 75명이라고 하였다.

1909년 [30세]

- 봄에 두정리교회에서 구봉리교회(현 원평교회)를 분립하여 개척하다.
- 9월 6일 장녀 이희순(李希順)이 출생하다.
- 9월 북전라대리회에서 조사(助師)로 임명되어 최의덕 선교사를 돕다.

1911년 [32세]

- 4월 1일 평양신학교[349]에 입학하다.(북전라대리회 추천)
- 재학 기간 중 계속 조사(助師)로 사역하다.

1913년 [34세]

- 9월 7일~11일 제2회 예수교장로회 총회에 장로 총대로 첫 참석하다.
- 10월 21일 차남 이봉호(李奉鎬)가 출생하다.

1914년 [35세]

- 장인 김여장이 예수 믿고 소천하다.

1915년 [36세]

- 6월 15일 평양신학교를 제8회로 졸업하다.
- 8월 15일 두정리교회(현 금산교회)와 구봉리교회(현 원평교회)가 청빙을 결의하고 노회에 청원하다.
- 9월 26일 제5회 전라노회에서 목사 안수를 받다.
- 전라노회 파송 전도목사로 최의덕 목사를 도와 두정리교회와 구봉리교회를 시무하다.

1916년 [37세]

- 4월 11일 차녀 이보은(李寶恩)이 출생하다.

---

349. 평양신학교의 당시 공식 명칭은 '조선예수교장로회신학교'였다.

- 8월 24일 제7회 전라노회에 목사 총대로 참석하다.

1917년 [38세]
- 9월 2일 제5회 총회에 목사 총대로 참석하다.
- 10월 10일 전라노회에서 분립한 전북노회에서 구봉리교회만 전담하도록 허락받고, 두정리교회를 사임하다.
- 창립된 전북노회 부회계가 되다.

1918년 [39세]
- 4월 4일 3남 이성환(李星煥)이 출생하다.
- 8월 8일 제3회 전북노회에서 두정리교회의 청원이 허락되어 구봉리교회와 함께 다시 두 교회를 목회하다.
- 전북노회 부노회장이 되다.

1919년 [40세]
- 9월 9일 제5회 전북노회 노회장에 선출되다.
- 12월 17일 조덕삼 장로가 52세로 소천하다.

1920년 [41세]
- 군산의 개복동교회와 구암교회가 공동 위임목사로 청빙하였으나 사양하고 농촌교회 목회를 계속하다.

1922년 [43세]
- 2월 27일 4남 이중환(李中煥)이 출생하다.

1923년 [44세]
- 2월 두정리교회를 사임하고 구봉리교회 목회만 전담하다.

1924년 [45세]

- 3월 21일 5남 이창환(李昌煥)이 출생하다.
- 5월 9일 다시 두정리교회에 복귀하여 구봉리교회와 함께 목회하다.
- 6월 24일 전북노회 부노회장에 선출되다.
- 9월 13일 제13회 총회장에 선출되다.(함경북도 함흥읍 신창리교회)

1925년 [46세]

- 6월 9일 전주 서문밖교회에서 열린 제17회 전북노회에서, "사역은 허락하되 이명증서는 주지 않기로"하고 경남노회에 이자익 목사의 파송을 결의하다.[350]
- 6월 30일 부산영선동교회에서 열린 제19회 경남노회에서 시무 허락을 받다.
- 7월부터 거창으로 이주하여, 호주 장로교 선교회 청빙 거창지부 선교사 대리 순회 목사로서의 활동을 시작하다.
- 10월 가족이 모두 거창으로 이사하다.

1926년 [47세]

- 12월 8일 제19회 전북노회에서 이자익 목사 이명증서를 경남노회에 보내기로 하다.

1927년 [48세]

- 1월 4일 경남노회 노회장에 선출되다.(22~23회기)
- 7월 9일 6남 이영환(李榮煥)이 출생하다.
- 9월 평양신학교 별과(연구과)에 입학하다.
- 9월 평양신학교 이사가 되어 1938년 9월까지 계속하다.

---

350. 1925년 4월 15일 제17회 전남노회에서는 이자익 목사의 이명을 허락하지 않고 파송 형식을 취했다. 이명증서는 1년 후에 발송하였다.

1928년 [49세]
- 1월 3일 경남노회 노회장에 연이어 선출되다.(24~25회기)
- 12월 11일 경남 노회 부노회장에 선출되다.(26~27회기)

1929년 [50세]
- 2월 19일 이자익을 전도한 최의덕(테이트) 선교사가 미국에서 소천하다.
- 12월 14일 3녀 이은희(李恩希)가 출생하다.
- 12월 14일 4녀 이경희(李慶希)가 출생하다.
- 12월 15일 김선경(金善慶) 사모가 경남 거창에서 소천하다.(쌍둥이 출산 후유증)

1930년 [51세]
- 2월 10일 3녀 은희가 사망하다.
- 2월 13일 4녀 경희가 사망하다.
- 6월 30일 평양신학교 별과(연구과)를 수료하다.

1931년 [52세]
- 8월 2일 황해도 봉산군 출생인 강학빈(姜學彬) 전도사와 재혼하다.

1932년 [53세]
- 1월 5일 경남노회 부노회장에 선출되다.(30~31회기)

1936년 [57세]
- 9월 30일 호주 장로교 선교회 거창지부 순회 목사 사역을 마치고, 금산교회와 원평교회 제5대 위임목사로 부임하다.
- 12월 8일 경남노회가 이자익 목사의 전북노회 이명을 허락하다. 이자익 목사가 11년 동안 10여 개 교회를 개척하고, 10여 개 교회를 건축한 공을

경남노회가 치하하다.

1937년 [58세]
- 4월 14일 총회 26회기 전도부장 시 방지일 목사를 중국 산동성 선교사로 파송하다.

1938년 [59세]
- 6월 신사참배 거부 의사 표시로 전북노회에 불참하다. (1943년까지 계속 불참)
- 9월 신사참배 거부 의사 표시로 제27회 장로교 총회에 불참하다. (1942년 제31회까지 계속 불참)[351]

1939년 [60세]
- 금산교회 시무를 사임하다.

1943년 [64세]
- 원평교회 시무를 사임하다.

1945년 [66세]
- 11월 27일 정동제일교회에서 개최된 '조선기독교 남부대회'에서 '규칙수정부장'을 맡다.

1946년 [67세]
- 6월 11일 승동교회에서 개최된 장로교 단독 '조선예수교장로회 남부총회'에 전북노회 대표로 참석하여 신사참배에 대한 결의 취소와 회개 기도를 제안하다.

---

351. 총회는 1942년 제31회 총회 이후에는 일제의 방해로 1945년까지 모이지 못하였다.

1947년 [68세]

- 3월 25일 일제에 의해 통폐합되었던 전북노회를 재건하고 다시 전북노회장에 선출되다.
- 3월 전북노회 재건 후 금산읍교회(현 금산제일교회) 동사목사로 부임하다.
- 4월 18일 대구제일교회에서 열린 '조선예수교장로회 제2차 남부총회'에서 총회장에 선출되다. (제33회 총회장)[352]

1948년 [69세]

- 4월 20일 서울 새문안교회에서 열린 제34회 총회에서 총회장으로 선출되다.
- 총회가 미국 남장로교 선교부가 요청한 대전지부 개설을 허가하다.

1950년 [71세]

- 1월경에 선교사들이 마련해준 대전시 삼성동 387번지의 일본인 적산가옥으로 이사하여, 보이열(Elmer Boyer), 인돈(William Alderman Linton) 선교사와 함께 고등성경학교 개교를 위한 준비 작업을 하다.
- 3월 7일 전북노회에서 충남노회로 이명하다.
- 4월 6일 충남고등성경학교 개교와 함께 부교장에 선임되다.(교장 보이열 선교사)
- 6월 25일 전쟁 발발로 친척 해광(海光) 스님이 있는 완주 송광사에 피신하였다가 공산당에 체포되어 고난을 당하다. 이후 김제로 내려가 셋째 아들 이성환의 집에서 지내다.

---

352. 이 총회에서 총회장 이자익 목사의 사회로 1946년의 장로교 단독 남부총회를 제32회 총회로, 1947년의 제2차 남부총회를 제33회 총회로 추인하였다.

1951년 [72세]

- 9월 대전으로 와서 고등성경학교를 자택에서 다시 개교하다.

1952년 [73세]

- 5월 20일 대전제일교회에서 열린 충남노회에서 대전노회를 분립 신설하고 초대 노회장이 되다.
- 대전노회의 신설과 함께 대전고등성경학교를 신설하고 충남고등성경학교를 합병하다.

1953년 [74세]

- 10월 4일(또는 11일) 대전 오정교회 초대 담임목사로 부임하다.[353]

1954년 [75세]

- 4월 26일 제39회기 정치수정위원장이 되어 개정된 '대한예수교장로회 헌법'을 발행하다.
- 8월 15일 오정교회 담임목사를 사임하다.[354]
- 8월 20일 대전신학교(현 대전신학대학교)를 설립하고 초대 교장으로 부임하다.
- 12월 17일 제6회 대전노회에서 공로목사로 추대되다.
- 12월 대전신학교 교장직을 사임하다.

1955년 [76세]

- 12월 30일 대전노회 주최 '이자익 목사 77회 생신(희수) 및 성역 47주년 기념 예배'를 드리다.

---

353. 오정교회 부임일은 10월 4일이나 10일 중 하나이다.
354. 오정교회 사임일은 확실하지 않으나 대전신학교 교장 취임 전 주일로 계산하였다.

1956년 [77세]

- 3월 대전기독학원 설립 위원으로 대전대학(현 한남대학교)의 대학 인가를 얻다.
- 3월 원평에 사는 삼남 이성환의 집으로 이사하다.[355]

1958년 [79세]

- 10월 7일 김제시 원평에서 79세로 소천하다.
- 10월 9일 대전노회장으로 장례식이 거행되다.

1960년

- 11월 7일 강학빈 사모가 소천하다.

---

355. 외손녀 장옥문 권사의 증언에 의하면 이자익 목사는 대전에서 전주예수병원에 한 달 정도 입원했다가 3남 성환의 집으로 갔다고 한다.

부록 2

이자익(李自益) 목사 제적등본(除籍謄本)

※ [각 괄호]의 내용은 저자의 설명이다.

本籍 본적	全北 金堤郡 金山面 雙龍里 282番地 전북 김제군 금산면 쌍용리 282번지		前戶主 전호주	李基玨 이기진[356]
	* 전호주 이기진 사망에 因하여 　단기 4214년 1월 26일 호주 됨 [1881년 2세] * 단기 4249년 1월 6일 임실군 신평면 소천리 　10의 2호에서 이거(移居) [1916년 37세] *김제군 수류면 구월리 326번지에서 전적계 　(轉籍屆)(제)출 단기 4258년 10월 26일 수 부(受付=접수). 　[1925년 46세] * 단기 4262년 12월 15일 처(妻) 김선경(金善慶) 사망 [1929 　년 50세] * 강학빈(姜學彬)과 혼인계 (제)출. 단기 4264년 8월 6일 수부 　(受付=접수). [1931년 52세] * 김제군 금산면 금산리 343번지에서 전적계 　(제)출 단기 4275년 10월 10일 수부(受付=접수). [1942년 63세] * [일부 글씨가 뭉개져서 안 보임] 6월 30일 본 호적을 재제함. 　(再製=다시 제작) * 단기 4291년 8월 25일 오후 9시 본적지에서 사망. [1958년 　79세] 동거 이봉환 단기 4294년 10월 5일 신고. * 단기 4294년 10월 28일 이봉환의 호주상속 　신고에 의하여 본 호적을 작성.		戶主 호주	전호주와의 관계 亡李基玨의 子 父 亡李基玨 母 亡朴正根 男 李自益 本貫(본관) 長水 出生단기4212년 7월 25일 (1879년)
	*단기 4262년 12월 15일 경상남도 거창군 거창 면 하동 390 번지에서 사망. 호주 (사망)계 (제) 출. 동월(소月) 19일 수부(受付=접수). *삭(削) 일자(壹字). [訂正印 날인]		妻 처	父 亡金汝長 母 亡金姓女 長女 金善慶 本貫(본관) 金海 出生 단기 4221년 3월 14일 (1888년)

---

356. 호적에는 이부일이 본명이고 이기진은 자(字)로 기록되어 있다. [자 기진(字 基玨)]

314　이자익 목사 – 그 생애를 묻고 답하다

부록 3

이자익 목사 관련 도시

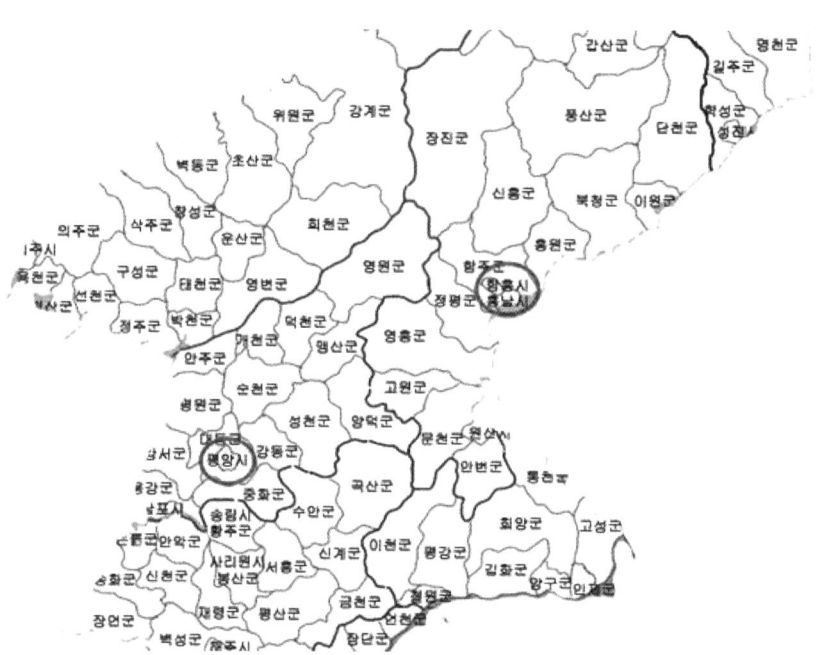

그림 50. 이자익 목사 관련 도시(1)

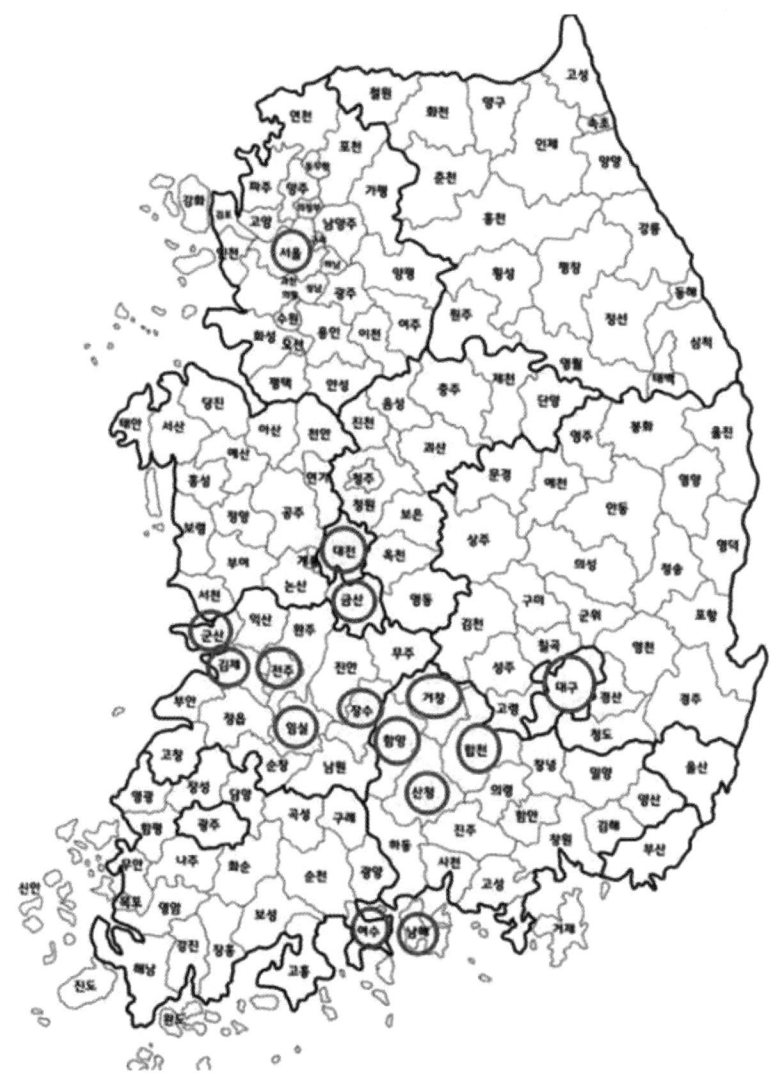

그림 51. 이자익 목사 관련 도시(2)

■ 관련 도시 설명

장수: 장수 이씨(長水李氏) 집안에서 태어남

남해: 출생지

여수: 소년 시절 여수 여관에서 일하던 곳

김제: 금산사에 머물다가 조덕삼 지주의 마부로 일하던 곳. 금산교회, 원평교회 목회

임실: 조사(助師) 시절 머물던 곳.

전주: 최의덕 선교사와 이자익 목사의 선교지

군산: 이자익 목사를 청빙한 개복동교회와 구암교회가 있는 곳

거창, 함양, 합천, 산청: 이자익 목사가 호주선교회 초청으로 순회 목사로 사역한 지역

평양: 평양신학교가 있는 곳

함흥: 함흥 신창리교회에서 13회 총회장으로 선출된 곳

대구: 대구제일교회에서 33회 총회장으로 선출된 곳

서울: 서울 새문안교회에서 34회 총회장으로 선출된 곳

금산: 동사목사로 사역한 금산읍교회(현 금산제일교회)가 있는 곳

대전: 미국 남장로교 선교부 요청으로 말년에 사역한 곳

부록 4

사람 이름 찾기

(가)

강만달 [영수] 130
강숙희 [집사, 손자부] 283
강신명 [목사] 198, 204, 207, 208
강신충 [목사] 238, 239
강운림/ 클라크 [선교사] 107
강일순 [교주] 261, 262, 263
강평국 [장로] 106
강학빈 [사모] 29, 127, 236, 255, 259, 309, 313, 314
계일승 [목사] 166, 172, 216
계창봉 [목사] 238
고도열 [선교사] 141
고무송 [목사] 37
고운서 [조사] 130
곽진근 [목사] 137, 139
구연직 [목사] 183
군예빈/ 쿤즈 [선교사] 268
권남선 [목사] 181, 182, 183
권대순 [권사, 손자부] 284
권임함 [선교사], 172
길선주 [목사] 115
김가전 [목사] 155
김관식 [목사] 146, 147, 148, 149, 150, 151, 152, 164, 186
김광수 [목사] 172
김광현 [목사] 169, 170, 222, 223, 224

김귀환 [목사] 296
김극인 → 해광
김기수 [선교사] 241, 260
김기환 [교인] 95
김길창 [목사] 179, 180, 181, 182, 183, 188, 189
김동선 [조사] 130
김만일 [목사] 182
김만제 [목사] 227, 233, 236, 237, 238, 239, 241, 242, 243, 245, 247, 254, 260
김명찬 [목사] 37
김병연 [목사, 제자] 17, 35, 256, 257, 259, 294, 295
김병찬 [영수] 130, 135
김상균 [집사, 손사위] 285
김상진 [손사위] 280
김상호 [장로] 238
김선경 [사모] 29, 30, 59, 65, 66, 67, 68, 69, 71, 73, 74, 77, 127, 255, 259, 304, 309, 314
김성녀 [장모] 67
김성호 [장로] 130
김세열 [목사] 183
김수진 [목사] 32, 36, 47, 56, 57, 66, 67, 69, 71, 80, 81, 82, 99, 110, 115, 116, 117, 138, 139, 140,

　　　　　　　　　153, 154, 156, 170, 235,　　　　　　　　173, 174, 192, 193, 194,
　　　　　　　　　254, 293, 294　　　　　　　　　　　　　195, 196, 229, 230, 236,
김순덕 [자부]　284　　　　　　　　　　　　　　　　　239, 240, 258
김승자 [권사]　17, 33, 48, 56, 69, 70, 73,　김재환 [사위]　281
　　　　　　　　　77, 89, 255　　　　　　　　　　김정숙 [권사]　273
김양선 [목사]　168, 171, 194　　　　　　　　김종규 [장로]　60, 64, 84, 90, 107, 139,
김양호 [권사, 자부]　17, 33, 34, 35, 47, 48,　　　　　　　　　304
　　　　　　　　　52, 53, 54, 55, 56, 57, 65, 67,　김종대 [목사]　153
　　　　　　　　　73, 74, 76, 77, 89, 100, 101,　김종석 [장로]　293
　　　　　　　　　234, 252, 253, 255, 257, 275,　김종양 [목사]　296
　　　　　　　　　276, 279, 283, 284　　　　　　김종완 [장로]　293
김여장 [장인]　65, 66, 67, 304, 306　　　　　김종원 [목사]　13, 17, 19, 19, 297, 298,
김영곤 [목사]　296　　　　　　　　　　　　　　　　　　　299
김영국 [교인]　95　　　　　　　　　　　　　　김종혁 [목사]　133
김영생 [목사]　238, 245, 246, 247, 254, 260　김준기 [장로]　79, 137, 139, 141
김영선 [집사, 손사위]　283　　　　　　　　　김진수 [장로]
김영섭 [목사]　148　　　　　　　　　　　　　김진홍 [목사]　172
김영자 [권사, 손녀]　281　　　　　　　　　　김철민 [목사]　298
김영주 [권사, 손자부]　281　　　　　　　　　김춘배 [목사]　161, 164
김영환 [목사]　183　　　　　　　　　　　　　김태성 [장로, 손사위]　284
김옥례 [자부]　60, 280　　　　　　　　　　　김필수 [조사]　67
김옥순 [집사, 손자부]　284　　　　　　　　　김현문 [집사, 손자]　281
김용일 [장로, 손사위]　282　　　　　　　　　김현배 [집사, 손자]　281
김원희 [장로]　166　　　　　　　　　　　　　김현숙 [선교사, 손녀]　281
김은성 [자부]　285　　　　　　　　　　　　　김현정 [목사]　183
김응순 [목사]　153　　　　　　　　　　　　　김현철 [집사, 손자]　281
김응태 [목사]　146　　　　　　　　　　　　　김형대 [목사]　17, 33, 34, 37, 47, 49, 51,
김익자 [권사, 손녀]　281　　　　　　　　　　　　　　　　　53, 127, 128, 129, 142, 279
김인전 [목사]　155　　　　　　　　　　　　　김형태 [목사]　295
김자경 [장로]　209　　　　　　　　　　　　　김호연 [목사]　238
김재석 [목사]　183, 189, 237　　　　　　　　김홍집 [정치가]　38
김재준 [목사]　165, 167, 169, 170, 171, 172,　김효숙 [집사, 손자부]　284

김흥수 [목사] 17, 21, 152, 220

(나)
나삼진 [목사] 176, 177, 332
남광현 [목사] 297, 298
남대리 [선교사] 112, 115, 225
남영환 [목사] 203
남청 [장로] 298
노라복 [선교사] 166
노승익 [목사] 236, 237
노진현 [목사] 198, 209, 210, 213, 254
노해리 [선교사] 166
니스벳(애너벨) → 애너벨 니스벳
니스벳, 존 → 유서백

(다)
도별익 [선교사] 120, 123

(라)
레이놀즈 → 이눌서
류재상 [목사] 297, 298
류철량 [목사] 294, 295, 297, 298
리기풍 → 이기풍

(마)
마로덕 [선교사] 104, 156
맥계익/ 매카그 [선교사] 37, 123, 125, 126, 130, 140, 246, 294, 295, 297, 298
명신홍 [목사] 172
문성모 [목사] 17, 18, 19, 20, 21, 22

문숭사 [장로, 손사위] 282
문승아 [목사] 166
문옥배 [교수] 164
문용수 [집사, 손사위] 281
문전섭 [목사] 245
문정일 [장로] 17, 50
민경배 [목사] 200, 201, 223
민관홍 [목사] 152
민영호 [장로] 233, 238

(바)
박경천 [목사] 296
박용규 [목사] 177, 178, 182, 189, 190, 191, 193, 194, 199, 200, 205, 206, 209
박윤선 [목사] 166, 175
박재진 [외조부] 43
박정근 [어머니] 43, 47, 48, 303
박정태 [집사, 손사위] 285
박종원 [조사] 130
박창욱 [목사] 139
박창환 [목사] 176
박화서 [집사] 85, 305, 310
박형룡 [목사] 165, 166, 169, 172, 173, 174, 176, 177, 179, 180, 192, 193, 197, 198, 199, 200, 201, 202, 203, 219, 229, 230, 244
박희몽 [장로] 209
방병덕 [목사] 227
방지일 [목사] 310
배성근 [목사] 183

배유지/ 유진벨 [선교사]   111
배은희 [목사]   153, 155, 156
배익조 [조사]   130
배정숙 [집사, 손자부]   285
백낙봉/백락봉 [목사]   227, 245, 246, 260
백응수 [목사]   238, 243, 247
백인숙/ 백인석 [목사]   247
변홍규 [목사]   147, 151, 152, 186
보이열 [선교사]   30, 231, 232, 233, 234, 311
봉환 → 이봉환

(사)

서고도 [선교사]   172
서국태 [선교사]   290
서재신 [목사]   207
서정민 [목사]   144, 146, 147
서정태 [목사]   183
서종표 [목사]   298
손순열 [목사]   183
손양원 [목사]   142
손영대 [손사위]   285
송복년 [자부]   282
송영애 [교수]   72
송창근 [목사]   146, 147, 165, 167, 172, 173
스크랜튼 [선교사]   274
신성종 [목사]   37
신옥순 [사모, 손자부]   282
신인현 [목사]   246
심문태 [목사]   172

(아)

아펜젤러 [선교사]   78

안경전 [종도사]   261
안광국 [목사]   209, 212, 213, 216, 217, 226, 227, 234
안병렬 [손사위]   285,
안흥진 [장로]   238
애너벨 니스벳/ 유애나 [선교사]   33, 34, 35, 36, 82, 87, 88, 89, 90, 91, 93, 97
양낙흥 [목사]   179, 203-218, 226, 227
양성은 [목사]   243, 245
양승백 [목사]   156
양요안 [선교사]   121, 123
양정호 [목사]   37
양창삼 [목사]   37
양치관 [목사]   227
양화석 [목사]   226, 227, 233, 236, 237, 238, 239, 240, 241, 243, 244, 245, 246, 247, 252, 254, 260
언더우드 [선교사]   78
엄요섭 [목사]   151, 186
예원배 [선교사]   125
오경신 [장로]   242
오세형 [장로, 손사위]   281
오진문 [장로]   233, 236, 237, 238
오형선 [조사]   130
옥호열 [선교사]   172
왕순칠 [장로]   108
유부웅 [목사]   193
유상복 [집사, 손사위]   285
유서백/ 존 니스벳 [선교사]   34, 82, 97
유애나 → 애너벨 니스벳

유학자 [권사, 손자부] 281
유호준 [목사] 216
윤술용 [목사] 178, 179, 180, 181, 183
윤한선 [조사] 130
이강주 [장로, 손사위] 284
이경희 [4녀] 285, 309
이공충 [11대 조부] 39, 43
이규삼 [도지사] 43
이규상 [집사, 손자] 284
이규석 [목사, 손자] 17, 34, 44, 47, 52, 53, 73, 74, 75, 234, 279, 282, 298
이규선 (권사, 손자) 282
이규옥 [권사, 손녀] 284
이규완 [장로, 손자] 32, 34, 35, 44, 141, 282, 294, 295, 299
이규재 [집사, 손자] 284
이규택 [장로, 손자] 282
이규팔 [집사, 손자] 284
이규홍 [손자] 285
이근석 [장로] 238
이금자 [권사, 손녀] 280
이금혜 [손녀] 285
이기진 → 이부일
이기풍/ 리기풍 [목사] 111, 112
이길상 [19대 조부] 39, 42
이눌서/ 레이놀즈 [선교사] 186, 187, 236, 186, 187, 236
이단아 [손녀] 285
이덕주 [목사] 220
이동환 [조카] 33, 34, 38, 47, 49, 51, 52, 53
이디모데 [목사] 245

이맹삼 [5대 조부] 39, 41
이면직 [조부] 39, 43
이몽열 [9대 조부] 39, 41
이미선 [집사, 손녀] 284
이미화 [집사, 손녀] 285
이민자 [권사, 손녀] 17, 34, 282
이민화 [집사, 손녀] 285
이보은 [차녀] 236, 283, 306
이봉조 [작곡가] 43
이봉춘 [15대 조부] 39, 40
이봉호 [집사, 차남] 74, 75, 235, 236, 306
이봉환 [장로, 장남] 34, 60, 92, 141, 157, 253, 257, 280, 286, 305
이부일/ 이기진 [아버지] 27, 39, 43, 44, 46, 47 , 303, 356
이상규 [목사] 172, 181, 182, 183, 191
이상민 [정치가] 43
이서욱 [증조부] 39
이석준 [회장] 43
이선미 [집사, 손녀] 285
이성학 [손사위] 283
이성헌 [목사] 211
이성환 [집사, 3남] 234, 235, 236, 253, 279, 283, 307, 313
이세정 [6대 조부] 39
이수림 [13대 조부] 39
이수영 [가수] 43
이순신 [조선조 장군] 40
이숙희 [권사, 손자부] 35, 44, 47, 49, 282
이순엽 [권사, 손자부] 282

이승만 [대통령] 185
이승선 [손녀] 285
이승하 [목사] 37
이승희 [권사, 손녀] 285
이신화 [집사, 손녀] 285
이영도 [큰아버지] 43, 49, 52, 303
이영숙 [권사] 292
이영자 [권사, 손녀] 282
이영환 [6남] 285, 308
이영희 [집사, 손녀] 285
이예모 [독립운동가] 43
이용표 [경찰청장] 43
이원만 [19대 조부] 39, 42
이유복 [사촌] 43
이은석 [목사] 238
이은소 [권사, 손녀] 65
이은희 [3녀] 285, 309
이을진 [17대 조부] 39, 42
이이권 [7대 조부] 39
이익화 [조선조 문신] 41
이인규 [목사] 241
이인범 [목사] 157
이인소 [집사, 손녀] 34, 280
이인수 [목사] 293, 297
이일홍 [고조부] 39
이임 [14대 조부] 39
이임간 [정승, 시조] 39, 42
이재화 [목사] 238
이정수 [체육인] 43
이종무 [조선조 장군] 39, 40, 42, 43
이종성 [목사] 193
이종화 [16대 조부] 39, 43

이준상 [집사, 손사위] 283
이중섭 [화가] 43
이중환 [4남] 284, 307
이지화 [8대 조부] 39, 41
이창규 [목사] 213, 216
이창환 [5남] 284, 308
이천근 [군인] 43
이철승 [국회의원] 292
이태석 [목사] 241
이한경 [12대 조부] 39
이호종 [장로] 140
이홍식 [목사] 175
이환수 [목사] 207, 208
이효원 [시장] 43
이희급 [조선조 문신] 40, 41
이희순 [장녀] 236, 281, 306
이희점 [10대 조부] 39, 40
인돈 [선교사] 231, 260, 311
인진희 [손자부] 281
임일준 [장로] 236, 237
임택권 [목사] 115
임채광 [교수] 17
임한상 [목사] 243, 247
잉골드 [선교사] 71, 72, 80, 81, 82, 102

(자)

장금식 [사위] 252, 283
장문춘 [조사] 130
장수호 [교수] 51
장옥문 [권사, 손녀] 54, 252, 283
장원두/ 장원도 [교수] 51
장은선 [권사, 손녀] 283

부록 4. 사람 이름 찾기 323

장은옥 [권사, 손녀] 52, 54, 283
장창문 [집사, 손자] 283
장행문 [집사, 손자] 283
전삼덕 [교인] 274, 335
전성천 [목사] 193
전영철 [집사] 37
전필순 [목사] 216
정규태 [목사] 237
정기환 [장로] 243, 245, 247
정길환/ 정규환 [장로] 238, 247
정대위 [목사] 167
정덕주 [목사] 17
정동민 [목사] 156, 157
정병준 [목사] 191, 202, 205
정윤곤 [목사] 279
정창화 [교인] 95
정행업 [목사] 246
조덕삼 [장로] 50, 54, 56, 57, 58, 59, 60,
              61, 63, 64, 65, 66, 79-89,
              95, 101, 104, 108, 110, 118,
              287-289, 294, 304, 307
조병상 [목사] 296
조성훈 [집사] 293
조세형 [장로, 국회의원] 81, 141, 287,
                      292, 293
조암석 [교인] 119
조영진 [집사] 118, 287
조영호 [장로] 56, 118, 119, 141, 287, 288,
             289- 293, 294
조영찬 [집사] 75
조영환 [집사] 287
조윤동/ 조원동 [목사] 236, 237

조재룡 [장로] 130
조중식 [집사, 손사위] 285
존 니스벳 → 유서백
주기철 [목사] 142, 175
주남고(주남선) [장로, 목사] 130, 131,
                           142, 175
주명준 [교수] 50, 51, 58, 59, 69, 85, 97,
              104, 107, 111, 118, 137, 140,
              141, 142, 273, 274
주수겸 [장로] 164
지수왕 [목사] 183
진남숙 [제자] 34, 226, 227, 259, 260
진영동 [집사, 손사위] 280
진윤옥 [제자] 34

(차)

차종순 [목사] 37
채필근 [목사] 165, 277
최대진 [목사] 104
최동휘 [장로, 손사위] 280
최복락 [장로] 233
최상림 [목사] 142
최상전 [손사위] 285
최세영 [목사] 297
최세현 [장로]
최영진 [선교사, 손사위] 281
최완열 [안수집사, 손사위] 282
최의덕/ 테이트 [선교사] 71, 72, 80, 81,
                      82, 83, 84, 93, 95, 97,
                      99-119, 170, 305, 309
최재화 [목사] 173, 181, 258
최정원 [목사] 37

최준만 [목사] 296
최희덕 [목사] 290

(카)
쿤즈 → 군예빈
클라크 → 강운림

(타)
타마자 [선교사] 111, 112, 260
타요한 [선교사] 245, 260
테이트 → 최의덕

(하)
하위숙 [집사, 손자부] 283
한경직 [목사] 192, 216, 229, 230
한상동 [목사] 142, 165, 175, 178, 179, 189, 229, 230
한상용 [장로] 291
한상학 [손사위] 285
한석진 [목사] 276, 277
한완상 [목사] 193
한완석 [목사] 294
한인수 [목사] 46, 48, 60, 64, 65, 80, 82, 84, 87, 88, 90, 92, 93, 97, 99, 102, 111, 115, 116, 226, 234, 235, 236, 252, 253, 257, 258
함태영 [목사] 115, 153, 159, 257
해광/ 김극인 [스님] 67, 73, 74, 75, 76, 77, 234, 311
허호익 [목사] 35, 56, 88, 172
황금천 [목사] 207
황보기 [조사] 130
황순환 [목사] 298
홍순영 [목사] 297, 298
홍순행 [장로] 238
허순길 [장로] 207

> 부록 5

교회, 신학교, 지역 이름 찾기

(가)

가북교회 128, 130
가북면 127, 128
가조교회 128
가천교회 128
감산면 96
강진 104
개복동교회(군산) 111, 307, 317
개평교회 127, 129
거창/ 거창군 13, 14, 20, 26, 29, 34, 37, 98, 118-128, 144, 174, 183, 228, 255, 287, 290, 308, 309, 314, 317
거창읍교회/ 거창교회 127, 128, 130
계월 96
고막산 41, 47, 48
고베(神戶) 115
고려신학교/ 고신대학교 165
고베(神戶) 중앙신학교 115, 166, 170-183, 188-190
관기교회 127, 128
광복교회 179
광성교회 298
광주 34, 40, 111
구봉리/ 구봉 96
구봉리교회/ 구암리교회/ 구월리교회→ 원평교회
구암교회/ 구암리교회(군산) 119

구암리(김제) 96
구원교회 127, 129
구월리 96, 98, 314
군산중동교회 298
금구군 96
금산/ 금산리/ 금산면/ 수류면 33, 56, 66, 96, 98, 106, 254, 255, 289~291, 314,
금산교회/ 금산리교회/ 두정리교회/ 팟정리교회/ 용정리교회 13, 14, 29, 71, 74, 85, 86, 91-98, 100, 104~109, 111, 118~120, 139, 254, 305, 306, 307, 308
금산읍 156, 157, 255, 280, 299
금산제일교회/ 금산읍교회 280, 299, 311, 317
금석리 38
김제 28, 30, 33, 48, 52, 53, 82, 96, 98, 100, 111, 118, 122, 136, 139, 140, 156, 157, 193, 228, 234~236, 252~255, 261, 289, 290, 311, 313

(나)

남상면 129, 129
남원 52, 97, 128
남해/ 남해군 124, 254. 303, 317

농산교회　128, 130

(다)
다천리/ 다정리/ 다초리 /탑정리　29, 38, 41, 53, 303
대구제일교회　158, 311, 317
대남교회　127, 129, 130
대산교회 → 청림교회
대전/대전시　14, 26, 31, 34
대전고등성경학교　34, 226, 232, 241, 242, 256, 312
대전신학교/ 대전신학대학교　14, 26. 30, 31, 226, 228, 242-246, 252, 298, 312
대전제일교회　32, 34, 198, 227, 232, 237, 238, 242, 244, 246, 254, 255, 298, 299, 312
대전중앙교회　198, 213, 221, 226, 240, 244, 244
대전중앙성결교회　281
대한예수교장로회신학교→장로회신학교
덕암교회/ 청주 덕암교회　296
도동교회　128-130
도평교회　128, 130
독골　129
동광학원　140, 290
동경대학　283
동대전교회　35, 256, 295
동막교회　44, 298
동심리/ 순창 동심리　97
동원교회　128, 130
두동교회　273, 278

두정리교회 → 금산교회

(마)
마산　125, 183,
말흘교회/ 마리교회　128, 130
멜버른　128
목원대학교　17, 21, 50
목포　82, 193
무학교회　293
문창교회[마산 문창교회]　127, 182, 183
묘산면　128

(바)
방교리　97
백석대학교　17, 23, 182
백양교회　104
병영교회　104
봉남면　66
봉천신학교　66
부산　33, 34, 127, 133, 166, 177, 279
부산 산성교회[산성교회]　34, 125
북상교회　128, 130

(사)
사근교회/ 수동교회　128-130
사리　96
산성교회/부산산성교회　34
삼성동　232, 311
삼애교회(광주)　35
상남교회　128-130
새문안교회　147-149, 158, 183, 198, 213,

311, 317
서문교회(전주)[서문밖교회] 71, 106, 124, 308
서문교회(대구) 188, 189, 196, 237
서문외교회[평양 서문외교회] 143
서상교회 128-130
서울장신대학교 201
서울총회신학교 34
서원경교회 298
성기교회 127, 128
세상의빛동광교회 298
소야교회 128, 130
소천리 314
수동교회 → 사근교회
수류면 → 금산면
수탕리[수탕리교회] 106
숙구지/ 숙구지교회 106
순창 97
승동교회 59, 102, 153, 165, 197, 200, 206, 207, 214, 310
신덕/ 신덕교회 106
신원면 128
신창(거창군) 129
신창리교회(함흥) 117, 308, 317
신평면 98, 314
신흥교회 289
신흥리 97

(아)
안의[안의교회] 125, 128, 129
안동교회[서울 안동교회] 276, 277
안동교회(경북 안동) 169

야로교회 127, 129, 130
양림리 106
영선동교회 308
어유 96
여수 28, 52, 53, 54, 235, 282, 303, 317
연동교회 59, 199, 201, 213, 214, 216, 295
연희전문학교 157, 235, 280, 282, 286
예동교회 106
오정교회 15, 26, 30, 233, 2136, 240, 241, 297, 298, 312
완대리 129
완주 75, 76, 234, 235
용계리/ 용계 129
용암리/ 용암 129
용정리교회 → 금산교회
용평리/ 용평 129
운곡교회 128-130
웅양교회 127, 128
웅양면 129
웅천교회[진해 웅천교회] 127
원기교회 128
원평 13, 14, 15, 29-31, 82, 95-98, 101, 104, 119, 137, 139
원평교회/ 원평리교회/ 구봉리교회/ 구암리교회/ 구월리교회 13, 14, 29, 79, 95, 96, 98, 100, 101, 104~111, 118, 119, 139, 141, 142, 155, 157, 228, 273, 274, 280, 306~308
월곡리 96
월성교회 67
월성리 66
월평리/ 월평 129, 255

위천교회 127, 128
유정　　96
이동면　29, 33, 38, 40, 41, 44, 303
인동교회/ 인동　238, 240, 241
임상교회 291
임실　　28, 52, 96-98, 314, 317

(자)
장대현교회[평양 장대현교회] 274
장로회신학교[대한예수교장로회신학교]
　　　　115, 169, 173, 174, 177, 180, 188,
　　　　192-198, 306
장로회신학대학교　229
장항교회 237
적화교회 127, 128
전주　　34, 71, 72, 75, 82, 106, 107, 124,
　　　　140, 155, 235, 252, 283, 284,
　　　　288, 290, 292, 308, 313, 317
전주선암교회 189
정동제일교회 148-150, 273, 274, 310
제주도　111, 112, 139
조선신학교 154, 159, 165-176, 188,
　　　　192-196
조선예수교장로회신학교 → 평양신학교
주상면　128, 129
중강진　112, 113
진주　　121, 123, 125, 180, 181
진해　　127

(차)
청덕교회 128-130
청도리　60

청림교회[대산교회] 128
초계[초계교회] 125, 127, 128
초계면　128
총회신학교/ 총신대학교
　　　　172, 195-199,
　　　　201, 221, 242, 244, 254
충남고등성경학교 14, 30, 23-233, 241,
　　　　311, 312
충남노회 232

(타)
탑정리 → 다천리
태백연동교회 296
태인/ 태인군　96, 97, 235, 282
통영　　125, 183

(파)
팟정리교회/ 팟정이교회 → 금산교회
평양 서문회교회 → 서문외교회
평양신학교/ 조선예수교장로회신학교
　　　　28, 29, 63, 79, 99~101, 104,
　　　　127, 159, 165, 166, 169, 173, 180,
　　　　188, 192, 194, 195, 254, 306,
　　　　308, 309, 317
평양여자고등성경학교(평양여자신학교)
　　　　282
평양 장대현교회 → 장대현교회

(하)
하동　　28, 52, 314
한국신학대학(한신대)/ 한신대학교[한신신
학교]　　165, 192, 193, 196

한산성광교회 296
함양/ 함양군/ 함양읍 14, 125, 130, 172, 317
함양읍교회[함양교회] 127, 129, 133
함흥 114, 117, 317
합천/ 합천군/ 합천읍 125, 127, 128
합천읍교회/ 합천교회
항서교회 177, 180-183
흥덕 97

참고문헌

※ 이자익 목사 생애를 정리하는 데 도움이 될 만한 책은 소수에 불과하다. 오히려 증언자들의 증언이 더 중요한 자료이다.

1. 종이(책) 문헌

김수진, 『금산교회 이야기』(금산, 금산교회문화재보존위원회, 1999).
김수진, 『이자익 이야기-마부에서 총회장까지』(서울, 한국장로교출판사, 2005).
김수진, 『조덕삼 장로 이야기』(서울, 진흥, 2008).
김수진, 『호남기독교100년사』(서울, 쿰란출판사, 1998).
김양선, 『한국교회 해방 10년사』(서울, 대한예수교장로회 총회교육부, 1956).
김형대, 『섬기는 리더십』(부산, 도서출판 GloVil, 2017. [2025년 개정]).
문성모, 『한국교회 설교자 33인에게 배우는 설교』(서울, 두란노, 2012).
문성모, 『이자익 목사 일기, 1929년 자필본 해제(解題)』(서울, 한들, 2025).
문옥배, 『한국찬송가100년사』(서울, 예솔, 2002).
민관홍, "세계교회협의회와 한국교회의 관계사를 통해 본 주요 인물들", 「기독교사상」, 2013년 11월호.
민경배, 『한국기독교회사』(서울, 대한기독교출판사, 1986[5판]).
박용규, 『한국기독교회사 2』(서울, 생명의말씀사, 2004).
박태안, 「거창 지역 기독교 전래와 성장에 관한 연구(1904년부터 1960년대까지)」, 대전, 2020년, 건신대학원대학교 박사학위 논문.
서정민, "일제 말 '일본기독교조선교단' 형성 과정", 「한국 기독교와 역사」, 제16호, 2002년 2월호.
송영애, "선교사 기록에 나타난 전주의 풍속, 마티 잉골드의 자료를 중심으로", 「전북학 연구 제4집」, 전주대학교(2021.12.30.).
양낙흥, 『한국장로교회사』(서울, 생명의말씀사, 2008).
양낙흥, "합동과 통합측의 분열에 대한 교회론적 분석과 평가", 「장로교회와 신학」 3 (2006), 한국장로교신학회, 143~206쪽.
양명득(편저), 『호주선교사, 거창에 오다』, 고양, 나눔사, 2025.
양명득(편저), 『호수선교사 겔슨 엥겔』, 고양, 나눔사, 2023.
양명득, 『호주선교사 열전-마산과 거창』, 고양, 나눔사, 2023.
양명득(편역), 『호주장로교 한국선교역사 1889~1941』, 에디스 커, 조지 앤더슨 지음(서울, 동연, 2017).

이덕주, 서영석, 김홍수(공저), 『한국감리교회역사』(서울, 기독교대한감리회출판국, 2017).
이상규, 『교회 쇄신 운동과 고신교회의 형성』(서울, 도서출판 생명의양식, 2016).
이상규, 『부산경남지방 기독교회의 선구자들』(부산, 고신대학교출판부, 2012).
이상규, 『왕길지(Gelson Engel)의 한국선교』(서울, 숭실대학교 한국기독교문화연구원, 2017).
이상규, 『해방 후 한국장로교회의 역사와 신학』(서울, 한국기독교역사연구소, 2015).
정병준, 『한국교회 역사 속 에큐메니컬 운동』(서울, 도서출판 오이쿠메네, 2024 [개정판]).
정병준, 『호주장로회 선교사들의 신학사상과 한국선교 1889-1942』, 연구총서 19, (서울, 한국기독교역사연구소, 2007).
정병준, "해방 이후 한국장로교회 분열과 근본주의", 『정통주의를 흔드는 실체 근본주의를 파헤친다』(서울, 가스펠투데이편집부, 2023).
주명준, 『원평교회100년사』(서울, 민영사, 2011).
한인수(역), "시험을 극복한 신앙: 이자익 목사", 『호남선교 초기 역사』, 에너벨 메이지 니스벳 지음, 『Day In and Day Out in Korea』(서울, 경건, 1998).
한인수, 『호남교회 형성 인물』(서울, 경건, 2000).
한인수, 「호남교회춘추」 3호(1995. 5.).
허호익, 『이자익 목사의 영성과 리더십』(서울, 동연, 2014).

『경남노회100년사』(대한예수교장로회 경남노회, 부산, 육일문화사, 2017).
『경남(법통)노회100년사(1916-2016)』, 경남(법통)노회100년사편찬위원회(서울, 키아츠(KIATS) 출판, 2016).
『금산제일교회100년사』, 금산제일교회역사편찬위원회(서울, 한국장로교출판사, 2009).
『기독교대백과사전 [1~16]』, 기독교대백과사전편찬위원회(서울, 기독교문사, 1991).
『내한선교사사전』, 내한선교사사전편찬위원회 편(서울, 한국기독교역사연구소, 2022).
『대전노회35년사』, 대전노회역사편찬위원회(대전, 대전노회, 1986).
『대전노회50년사』, 대전노회50년사편찬위원회(대전, 대전노회, 2002).
『대전신학대학교 50년사』, 대전신학대학교(서울, 한국장로교출판사, 2004).
『대한예수교장로회100년사』, 대한예수교장로회총회 편(서울, 한국장로교출판사, 1894).
『대한예수교장로회 헌법』, 대한예수교장로회총회 편(서울, 대한예수교장로회 종교교육부, 1954).

『미국장로교 내한 선교사 총람』, 미국장로교 한국선교회 편(서울, 도서출판 동방커뮤니케이션, 2020)[PDF].

『변함없는 신앙의 거목 이자익 목사』, 이자익목사기념사업회(대전, 대전신학대학교 출판부, 2008).

『안동교회90년사』, 안동교회(서울, 한들출판사, 2001).

『예수교 장로회 예식서』(경성, 1925[대정 14년]).

『오정교회50년사』, 오정교회역사편찬위원회(대전, 오정교회, 2003).

『장로회신학대학교 100년사』(장로회신학대학교 100년사 편찬위원회, 서울, 장로회신학대학교 출판부, 2008).

『전주서문교회100년사(1893~1993)』, 전주서문교회 100주년기념사업위원회, 전주, 전주서문교회, 1999.

『조선예수교장로회 사기(史記) [상권]』(경성, 조선예수교장로회 총회, 1925~1968).

『조선예수교장로회 연보』(서울, 한국교회사 문헌연구원, 2002).

『증산도 도전』(대전, 상생출판, 2003).

『한국기독교의 역사 III』, 한국기독교역사학회(서울, 한국기독교역사연구소, 2009).

『함양교회 90년사 고난과 은총의 길』(김종혁 편저, 부산, 함양교회, 1998).

「금산교회 당회록」 1918~1925년. (영인본)
「기독공보」(1958.10.20.)
「대전노회록 제1회~제30회」, 대전노회 대전서노회 노회록출판위원회(1992). (영인본)
「이자익 제적등본」(2022.8.2.).
「장수 이씨 대동보 제1권」(長水李氏大同譜卷之一)
「장수 이씨 대동보 제2권」(長水李氏大同譜卷之二)
「전라노회록」, 제5회, 제6회, 제7회.
「전북노회록」 제4회, 제7회, 제14회, 제17회, 제34회.
진남숙, 「손편지」(이자익 목사에 대한 회고의 글).
「한국기독공보」, 1981.9.5. (평양신학교 역대 졸업생 명단)
「예수교장로회조선총회 제2회 회의록」(1913). (영인본)
「조선예수교장로회 제13회 회록」(1924). (영인본)
「조선예수교장로회총회 제33회 회의록」(1947). (영인본)
「조선예수교장로회총회 제34회 회의록」(1948). (영인본)

「대한예수교장로회총회 제37회 회의록」(1952). (영인본)
「The Missionary Chronicle」(September 1, 1923).
「The Missionary Chronicle」(October 1. 1928).

2. 인터넷 자료

나삼진, "다큐 '고신교회 70년 역사 산책'(8) 박형룡 박사의 고려신학교 교장 부임과 철수", 고신뉴스 KNC(2022.01.11.)
  (https://www.kosinnews.com/news/articleView.html?idxno=23322)
나무위키, 자(이름) (https://namu.wikiw/%EC%9E%90(%EC%9D%B4%EB%A6%84)
나무위키 – 장수 이씨(https://namu.wiki/w/%EC%9E%A5%EC%88%98%20%EC%9D%B4%EC%94%A8)
나무위키 – 조혼 (https://namu.wiki/w/%EC%A1%B0%ED%98%BC)
남해유배문학관, 난계 이희급 선무원종공신녹권 전시, 프레시안(2018.01.28.)
  (https://www.pressian.com/pages/articles/184147).
대한성서공회 홈페이지, 연혁
  (https://www.bskorea.or.kr/bbs/content.php?co_id=subpage1_3_3_4)
디지털금산문화대전 –중학교
  (https://geumsan.grandculture.net/geumsan/toc/GC09201013)
디지털김제문화대전 – 구월리
  (https://gimje.grandculture.net/gimje/toc/GC02600293)
디지털서산문화대전 – 머슴새경
  (https://seosan.grandculture.net/seosan/toc/GC04101673)
리폼드뉴스 – 총회의 역사성과 정통성을 고스란히 간직한 노회는 10개 노회뿐
  https://www.reformednews.co.kr/10613
박시영 목사의 역사 칼럼/ 휘장세례
  https://m.cafe.daum.net/mjgjw3927/mA7v/1
사찰 종남산 '송광사 松廣寺' 소개 – 선종대가람.
  (www.buljahome.com)
성씨뉴스닷컴
  (http://www.sungssi.co.kr/news/12146)
완주 송광사 – 송광사 연표
  (http://songgwangsa.or.kr/%ec%86%a1%ea%b4%91%ec%82%ac%ec%86%

8c%ea%b0%9c/%ec%86%a1%ea%b4%91%ec%82%ac%ec%86%8c%ea%b0%9c/)

송현강, "일본기독교조선교단 조직", 주간기독신문(2006년 7월 18일).
(https://www.kidok.com/news/articleView.html?idxno=43681),

우리역사넷 - 여성의 조혼
(https://contents.history.go.kr/front/km/print.do?levelId=km_027_0060_0010_0010&whereStr=)

이상규, "고신총회의 역사문서(9) 고신교회와 국제기독교연합회(ICCC)", 고신뉴스 KNC, (2023.03.10.).
(https://www.kosinnews.com/news/articleView.html?idxno=27652)

"이상규의 새롭게 읽는 한국교회사(71) - 경남 지방에서 교회 분열." 국민일보(2012.7.15.).
(https://www.kich.org/news/articleView.html?idxno=2846)

위키백과 - 대한예수교장로회
(https://ko.wikipedia.org/wiki/%EB%8C%80%ED%95%9C%EC%98%88%EC%88%98%EA%B5%90%EC%9E%A5%EB%A1%9C%ED%9A%8C)

장공김재준목사기념사업회, "[장공의 삶] 6장 : 교육의 꿈을 펴다(1939-1959) - 한국기독교장로회가 탄생하다."
(2018-07-19)(https://www.changgong.or.kr/index.php/03-2/life/?mod=document&uid=1135)

정병준의 교회사 교실, 스텔라 메이 스코트 디커니스
(https://blog.naver.com/jbjoon63/30102101709)

정병준의 교회사 교실/ 한국 역사 속 에큐메니컬운동
(https://blog.naver.com/jbjoon63/30101725792)

"정병준의 교회사 교실 - 10강 분열하는 교회. 통합과 합동의 분열, 합동 내부의 분열."
(https://blog.naver.com/jbjoon63/30101943239).

탁월한 지도력의 사람 이자익
(https://blog.naver.com/kjyoun24/60056486390)

한국민족문화대백과사전 - 금산사 미륵전 본존상(金山寺 彌勒殿 本尊像)
(https://encykorea.aks.ac.kr/Article/E0074170)

한국민족문화대백과사전 - 대처승
(https://encykorea.aks.ac.kr/Article/E0078273)

한국민족문화대백과사전 - 머슴(https://encykorea.aks.ac.kr/Article/E0018100)

한국민족문화대백과사전 – 조혼
   (https://encykorea.aks.ac.kr/Article/E0052771)
호놀룰루 한인장로교회 홈페이지
   (http://m.hawaiichurch.org/core/mobile/board/board.html?Mode
   =view&boardID=www40&num=6437&page=330&keyfield=subject
   &key=&bCate=)
호주선교부의 거창지부
   (http://bpkist.net/jboard/?p=detail&code=ilban-aa002&id=491&page=98)
"휘장세례로 여성교육의 선두에 선 전삼덕", 웨슬리안타임즈(2021.08.08.)
   (https://www.kmcdaily.com/news/articleView.html?idxno=2418)

3. 증언자
고 이은소 권사(손녀)
고 이규완 장로(손자)
고 니스벳 선교사
고 잉골드 선교사

김양호 권사(자부)
김승자 권사(김양호 동생)
이동환 성도(조카)
이숙희 권사(손자부)
장은옥 권사(손녀)
이규석 목사(손자)
장옥문 권사(손녀)
최완열 안수집사(손사위)
이민자 권사(손녀)

김병연 목사(제자)
진남숙 사모(제자)

이자익 목사

화보

그림 52. 이자익 목사 연도별 근영(近影)

그림 53. 말년의 이자익 목사
(1954년 대전 삼성동 자택)

그림 54. 이자익 목사 (1954년)

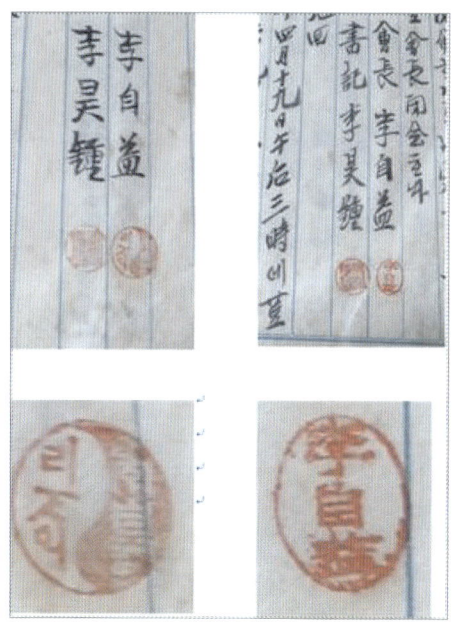

그림 55. 이자익 목사가 금산교회 당회록에 사용한
도장(태극 문양이 인상적이다)

그림 56. 이자익 목사
(1924년 제13회 총회장 시절)

그림 57. 모친 밀양 박씨의 묘 앞에서 후손들(남해)

그림 58. 부친 이부일의 묘
(남해읍 이동면 다천리)

그림 59. 이자익 목사 부부 묘 비석(소천 당시 원평 선산)

그림 60. 이자익 목사 묘 (2012년 대전제일교회 동산에 이장)

그림 61. 이자익 목사가 목회한 원평교회 (구봉리교회) 현재 모습

그림 62. 기역자 예배당에서 100년 전 예배를 재현하는 '이자익 목회자상' 수상식 예배 (2022년 10월 6일, 이자익목사기념사업회 제공)

그림 63. 금산교회 기역자 예배당

그림 64. 이자익 목사가 목회한 금산교회(두정리교회) 현재 모습

그림 65. 장남 이봉환 장로 김옥례 권사 부부

그림 66. 장남 이봉환 장로와 장녀 이희순 권사의 어린 시절

그림 67. 차남 이봉호 집사

그림 68. 차남 이봉호 집사 송복년 권사

그림 69. 차녀 이보은 집사

그림 70. 차녀 이보은 집사
(영어는 오빠 이봉호의 손 글씨)

그림 71. 3남 이성환 집사와
김양호 권사 부부

그림 72. 증언자 - 자부 김양호 권사(우측)와
그 동생 김승자 권사 (2025년)

그림 73. 증언자 - 손녀 김익자 권사와
손사위 오세형 장로

그림 74. 증언자 - 손자 고 이규완 장로와 손자부 이숙희 권사 부부

그림 75. 증언자 - 손자 이규석 목사와 손자부 신옥순 사모

그림 76. 증언자 - 손녀 이민자 권사와 손사위 문숭사 장로

그림 77. 증언자 - 손녀 이영자 권사와 손사위 최완열 안수집사

그림 78.. 증언자 - 손녀 장은옥 권사와 손사위 이준상 집사

그림 79. 증언자 - 손녀 장옥문 권사와 손사위 김영선 집사

그림 80. 『이자익 목사 일기』 출판감사예배에 참석한 후손,
이자익목사기념사업회 이사, 내빈들(2025년 6월 11일 대전 오정교회)

그림 81. 『이자익 목사 일기』 한들출판사 2025

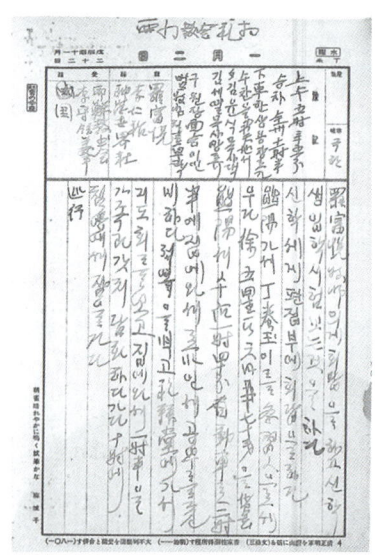

그림 82. 『이자익 목사 일기』 부분

346 이자익 목사 - 그 생애를 묻고 답하다

그림 83. 원평에서 모인 전북지방 교육자들과 장로 일동(맨 앞줄 왼쪽 이지익 장로, 1913년경)

그림 84. 원평교회 전별 기념, 김준기 장로와 함께 앉은 이자익 목사
(오른쪽 두 번째, 1943년 5월 2일, 소화 18년으로 적혀 있다.)

그림 85. 총회 전도부장 시절 방지일 목사 중국 선교사 파송 기념
(아기 안고 있는 방지일 목사와 그 위 이자익 목사, 1937년 4월 30일)

그림 86. 이자익 목사 성역 33주년 기념
(가운뎃줄 중앙 검은 양복, 원평교회 단독 목회 시절, 1939년 12월 28일)

그림 87. 김재준 교수에 관한 탄원서를 총회에 제출한 51인과 함께한 이자익 목사 (앞줄 중앙, 1947년 9월 15일)

그림 88. 장로회신학교 졸업식에서 권세열 선교사 부부, 박형룡 교장과 함께(앞줄 왼쪽 두 번째 이자익 목사, 1948년 총회장 시절, (사진 제공: 권세열(Francis Kinsler) 박사의 손자 마은지(John Kinsler) 교수.)

이자익 목사 – 그 생애를 묻고 답하다
지은이 문성모
펴낸이 정덕주
발행일 2025. 9. 16
펴낸곳 한들출판사
　　　　서울시 동대문구 한천로 58길 139
　　　　등록 제2-1470호. 1992년
홈페이지 www.handl.co.kr
전자우편 handl2006@hanmail.net
전화　　편집부 02-741-4069
　　　　영업부 02-741-4070
FAX　　 02-741-4066
ISBN 　 978-89-8349-865-6　93230

* 잘못된 책은 구입하신 곳에서 바꾸어 드립니다.
* 이 책의 내용을 무단 복사, 복제, 전제하는 것은 저작권법에 저촉됩니다.